SANJIN SHIHUA CONGSHU

《三晋史话》丛书

三晋史话·运城卷

主编 于波

山西出版传媒集团
山西人民出版社
三晋出版社

《三晋史话》丛书编委会

编委会主任　胡苏平
编委会委员　李高山　王　蕾　杜学文
　　　　　　刘英魁　尹天五　董晓林
　　　　　　朱新才　吕芮宏　王宇鸿
　　　　　　梁宝印　琚林勇　陈河才
　　　　　　马　斌　陈义青　张敬平
　　　　　　黄耀春　杨永生　王辅刚
　　　　　　张志仁　黄翠莲　于　波
编　　务　　崔　力　武献民　谢振中
　　　　　　高小勇　赵　玉

丛书总主编　胡苏平

《三晋史话》丛书学术顾问

渠传福　山西博物院研究员
赵瑞民　山西大学历史文化学院教授
李书吉　山西大学历史文化学院教授
王灵善　山西出版传媒集团重点出版工程办公室主任、编审
降大任　山西省社科院研究员、三晋文化研究会特聘专家
高春平　山西省社科院历史研究所副所长、研究员
巨文辉　中共山西省委党史办公室副主任、研究员

《三晋史话·运城卷》编委会

主　编　于　波
副主编　黄勋会
编　委　秦建华　王振川　李永康　王鸿翔
撰　稿　李文涛　杨　强　李　文　姚文永
　　　　张启耀　刘发明　吴振江　杨方岗

总 序

中共山西省委常委、宣传部长

胡苏平

近年来,越来越多的人走进山西,领略表里山河的壮美风光,感受一脉相承的历史文化。山西这块古老而厚重的土地,充满了神奇。如何为这些远道而来的客人们提供帮助,给他们留下一个简要、生动而又难忘的记忆,这就促使我们萌发了编撰一套介绍山西历史文化丛书的想法。

经过大家的努力,《三晋史话》丛书终于和读者见面了。这套书总体成套、分体成册,图文并茂,好看、好记、好用也好带,能够把山西最具历史文化价值、最想告知读者的精华展示出来,让朋友们能够在较短的时间里对山西的历史文化有一个大致的了解。

参与编撰的各位作者和专家以严谨认真的态度,对历史负责、对民族文化负责的精神,精心设计,反复研讨,认真修改,完成了这套12卷200余万字的丛书。这是我省文化建设的又一重要成果,也是向社会宣传介绍山西悠久历史与文化贡献的珍贵典藏。

在此,我向参与丛书编撰、出版工作的同志们表示由衷的感谢!

山西表里山河,物华天宝,历史悠久,人文荟萃,是中华文明的重要发祥地。省委书记王儒林同志将山西历史文化的特色概括为"三个一":一是"一缕曙光",即距今约4500万年前,山西垣曲就有被专家称之为"类人猿亚目黎明时的曙光"的曙猿存在,它不仅证实了人类远祖很有可能起源于中国,并且把类人猿出现的时间向前推进了1000多万年;二是"一堆圣火",大家知道火的使用是人类历史的开端,而距今约180万年前,山西芮城西侯度就出现了古人类活动的身影,先民们在这里点燃了第一把圣火,留下了中国最早的人类用火遗迹;三是"一座都城",近40年的考古探明,距今4300年左右,尧帝在山西襄汾陶寺建都,陶寺就是尧都,山西南部所在的"中土之国"是"最早的中国","古中国"正是从这里走来!

在中华文明发展的历史进程中,山西作为中原农耕文明的核心区域,早在人类揖别洪荒之初,神农炎帝就在晋东南高平羊头山一带播五谷、尝百草,实现了从渔猎到农耕、从游牧到定居的重大历史转折,开创了延续几千年灿烂的农耕文明。尧都平阳、舜都蒲坂、禹都安邑凸显出"古中国"的遥远和厚重;夏县及周边丰富的夏文化遗存、垣曲及周边确凿的商文化遗存,生动展示了夏商时期河东大地在文化演进中扮演的不可替代的角色。西周春秋时期,晋国延续600余年,对推进华夏文明的进程发挥了主导和引领作用。战国时期,韩、赵、魏都源出山西,胡服骑射、围魏救赵、长平之战等重大事件,都直接影响着中国的发展进程。秦汉以降,山西始终发挥着民族熔炉的作用,谱写了中华民族大融合的辉煌篇章。宋元时期,山西新的经济、文化发展元素不断滋生,杂剧演出繁荣兴旺,成为中华戏曲的摇篮。明清时期,晋商把山西人的智慧与勇气推向了极致,让世人认同了"无西不成商"的历史事实。抗日战争时期,党领导的八路军三大主力在山西创立晋察冀、晋绥、晋冀鲁豫三大敌后根据地,成为全国抗战的重要战略支点,为民族解放和新中国的诞生,建立了不朽功绩。

山西历朝历代的杰出人物灿若星辰,影响深远。炎黄二帝、尧舜禹等英雄先祖,奠定了中华民族的人文精神与基本价值体系。后世山西,名人辈出,诸如称霸中原的晋文公,胡服骑射的赵武灵王,抗击匈奴的卫青、霍去病,经营西域的班超,忠义仁勇的武圣关云长,推行改制的冯太后,杰出女皇武则天,再造大唐的郭子仪,精忠报国的杨家将……仅闻喜裴氏一门就有宰相59人,大将军59人,正史立传者600余人,名垂后世者不下千余人,七品以上官员多达3000余人。还有狄仁杰、司马光、杨继宗、傅山、于成龙、陈廷敬、栗毓美、祁寯藻、徐继畬等一大批廉吏能臣,卫夫人、法显、王通、王绩、王勃、王维、王之涣、王昌龄、王翰、柳宗元、白居易、卢纶、温庭筠、米芾、马远、元好问、关汉卿、郑光祖、罗贯中等名垂青史的文化名人。

山西多样性的历史文化具有不断变革和进步的鲜明特色,许多影响中华文明的改革,首先是在山西地区孕育、展开,进而推动了社会进步。著名的"曲沃代翼",为晋国的全面发展掀开了崭新篇章;"郭偃之法",为晋国称霸中原提供了思想源泉;三家分晋、李悝变法、魏文侯改革,顺应了历史潮流。以子夏、荀子为代表的儒家,以李悝、韩非子为代表的法家,以吴起、尉缭子为代表的兵家,以公孙龙、惠施为代表的名家,以苏秦、张仪为代表的纵横家,在中国思想史上写下了浓墨重彩的篇章。秦汉以后,均田制及全面"汉化"的政策,从根本上改变了天下政治的格局和发展方向。隋唐以后的一些著名政治人物如柳宗元、司马光等,致力于社会改革与改良运动,为中华文明进程的延续提供了动力,也为后人留下深刻印记。

山西这块土地上留存着多姿多彩的文化遗产,是观瞻5000年中华文明的"金色名片"。目前,山西境内已发现各类不可移动文物5万余处,其中有五台山、平遥古城、云冈石窟3处蜚声中外的世界文化遗产。全国重点文物保护单位有452处,数量居全国第一。旧石器文化遗址有464处,早、中、晚期自成序列,为全国仅有。新石器时期各种文化类型在我省都有发现。最值得注意的是,全省现存各类古建筑共计28000余处,时代连续,品类齐全,全国仅有的四座唐代木结构建筑都在山西,元以前的木结构建筑占到全国存量的75%左右,素有"中国古代建筑博物馆"之称。全省现存古壁画24000余平方米,彩塑12000余尊,素有"东方艺术博物馆"美誉。全省现存大小石窟石刻1112处,东汉以来各类碑碣5万多通,在全国占有重要地位。全省现存古民居、古城池9300余处,高平中庄村元代姬氏民居是我国现存最早的民居实例,襄汾丁村民居、灵石王家大院、祁县乔家大院、太谷曹家大院及定襄阎锡山旧居等,集中反映了我国明、清和民国时期北方民居的建筑艺术特色。全省现存历代长城1400多公里,涉及战国、汉、北魏、东魏、北齐、隋、宋、元、明、清等多个朝代,是我国保存长城朝代跨度最大的省份,其中东魏、北齐、隋、宋4个朝代的长城为我省独有,雁门关、宁武关、偏头关、娘子关、平型关等关隘至今仍回荡着战争的声响。全省现存革命旧址和纪念建筑1466处,武乡八路军总部旧址、五台白求恩模范病室旧址、晋绥边区政府旧址、平型关战役旧址、百团大战旧址等承载着抗战胜利的伟大记忆。经国家有关部门认定,山西有国家级历史文化名城6座、历史文化名镇8个、历史文化名村32个。四大梆子、民间歌舞、锣鼓艺术等国家级非物质文化遗产116项,国家舞台艺术精品工程8部,均居全国前茅。山西荣获中国戏剧大小梅花奖的演员有217位,在全国遥遥领先。文化产业蓬勃发展,山西文博会已成为在全国具有很高美誉度的知名展会。

山西从北到南,根据各地文化遗产的禀赋和特点,分为五大特色文化区:北部(大同、朔州、忻州)边塞佛教文化区,通过充满沧桑的边关、长城,见证中华民族融合的历史风云;透过享誉世界的云冈石窟、应县木塔、悬空寺、五台山,体悟博大而深邃的佛学文化。中部(太原、晋中)晋商文化区,通过闻名遐迩的乔家大院、王家大院、曹家大院、渠家大院、常家庄园等晋商大院展示晋商的辉煌;透过一间间店铺、一座座票号、一本本字据等实物遗存展示诚信的魅力。南部(临汾、运城)根祖文化区,通过西侯度、匼河、丁村、陶寺等重要考古遗址,领略文明源头的震撼;透过德孝天下的尧舜文化、义薄云天的关帝文化和荡气回肠的大槐树文化,品味华夏血脉的传承。中西部(吕梁山脉及沿黄地带)黄河民俗文化区,通过悠悠的临县碛口古渡、河津龙门古渡、芮城风陵渡、永济蒲津渡等古镇、古渡口,追溯逝去的华章;透过娓娓的民歌、民舞和民间技艺等非物质文化遗产,倾听历史的回声。东南部(长治、晋城及阳泉)太行生态文化区,通过王莽岭、太行大峡谷、皇城相府、沁河古堡、娘子关等自然人文景观,见证迷人的太行风光;透过女娲补天、精卫填海、后羿射日、愚公移山、神农尝百草等神话传说领略历史的变迁。也正是依托这些厚重绚丽的文化,山西逐渐形成了华夏之根、黄河之魂、佛教圣地、晋商家园、边塞风情、关公故里、古建瑰宝、太行神韵八大文化品牌,立体式、全景观地展现了华夏文明看山西深厚的文化内涵。

　　行走在三晋大地,你随时随地都能感受到山西悠久的历史、灿烂的文化,也能感受到山西人民淳厚善良、忠义仁勇、坚韧执着、乐于奉献的优秀品格与崇高精神。回顾并梳理山西的历史文化,可以从一个极为重要的角度了解中华文明及其对人类文明的伟大贡献,找回民族文化之根,延续优秀文化之脉,增强我们创建现代文明的自信心与自豪感;特别是弘扬源远流长的法治文化、博大精深的廉政文化、光耀千秋的红色文化,能使我们从中汲取强大的精神动力与无穷智慧,对我们展示山西形象,促进富民强省,建设小康社会,具有十分重要的现实意义。

　　是为序。

2016 年 5 月于太原

概 论

　　中华民族的母亲河——黄河,滔滔奔流到秦、晋、豫三省的汇交处,弯转向东,在山西省的西南端形成了一个金色的三角地带,这就是运城。

　　运城因地处黄河之东,古称河东,是华夏文明的重要源头、中华民族的根祖之地。这里钟灵毓秀,人杰地灵,集中体现了传统文化的原始基因,处处闪烁着传统文化的思想光芒。

　　运城因盐池开发而得名。春秋战国时期,运城称为"盐邑"、"盐氏";汉代改为"司盐城"、"盐监城";宋元时期名为"凤凰城"、"运司城"、"运城"。世人称之为"盐务专城"——因盐运而设城,中国仅此一处。

　　战国初年,魏国的都城从安邑迁到了大梁,河东地区变成了魏国的边郡,始称"河东郡"。秦汉时期,仍称"河东郡"。以后两千多年,一直惯称这里为"河东"。

　　新中国建立后,成立运城专署。1954年,运城、临汾两专署合并为晋南专区。1970年,晋南专区撤销,分为临汾地区和运城地区。2000年,经国务院批准,撤销运城地区和县级运城市,设立地级运城市。

现今的运城市位于山西省西南端,处于晋、陕、豫三省交界处的黄河金三角中心地带。北起吕梁山南麓,与临汾市接壤;东以中条山为界,与晋城市相邻;西、南隔黄河,分别与陕西省、河南省相望。运城市是山西省下辖的11个地级市之一,下辖1区2市10县5个省级经济开发区,即盐湖区、永济市、河津市、绛县、夏县、新绛县、稷山县、芮城县、临猗县、万荣县、闻喜县、垣曲县、平陆县、运城经济开发区、风陵渡经济开发区、绛县经济开发区、空港经济开发区及盐湖工业园。全市现有人口520多万,是山西省人口最多的城市。

运城市国土面积约为14000平方公里,有平原、山地、丘陵、盆地、台地等多种地貌类型。其中平原面积约占六成,山地和丘陵约占四成。主要山脉有中条山、吕梁山、稷王山、孤峰山等,主要河流有黄河、汾河、涑水河与姚暹渠等,主要湖泊有伍姓湖、盐池、硝池、汤里滩、鸭子池、北门滩等天然湖泊和上马水库、苦池水库等人工湖泊。地形是东北向西南倾斜,最高点在中条山核桃凹南峰,海拔1494.7米,最低点在盐池,海拔324.5米。

运城年平均气温13.3℃,年平均降雨量387.9毫米。每年日照时长2039.5小时,无霜期达212天。农业生产条件相对比较优越,长期以来一直是山西省的农业大市和粮棉基地。

《汉书·地理志下》记载"河东土地平易,有盐铁之饶"。运城盐池的食盐开采历史有数千年之久,其经营利润有力支持了历代王朝的财政,在现代则发展成具有相当规模的盐化工业。现代的地质勘探结果,运城矿产资源丰富,列入山西省矿产储量表的有煤、铁、金、银、铜、铝、锌、铅、钴、钼、芒硝、岩盐、白钠镁矾、卤水、熔剂灰岩、灰岩、黏土、磷、长石、玻璃石英砂岩、重晶石等。其中,具有开采价值的50余种,具有优势的矿产资源为铜、铅、镁(镁盐、白云岩)、芒硝、石灰岩、大理石、硅石等,而铜矿是运城第一大矿业支柱。

上溯运城的历史,人们一向有"五千年文明看运城"的说法。垣曲发现的"世纪曙猿"化石,距今约4500万年,推翻了人类起源于非洲的论断,把类人猿出现的时间向前推进了1000万年;西侯度遗址发现了人类用火遗迹,距今约180万年,把人类用火的时间向前推进了100多万年。运城遍布的中国上古传说时代的遗迹,处处散落着具有"古中国"标识的文化遗存。风陵渡的地名,和伏羲女娲的风姓部落密切相关;万荣后土祠,留有黄帝祭后土的遗迹。还有我国开发利用最早的内陆盐池。盐池周边的蚩尤村、解州城,有黄帝、炎帝、蚩尤等部落发生大战的地点阪泉、涿鹿;夏县的西阴遗址,据考与黄帝的妃子嫘祖养蚕有关。另外,舜都蒲坂、禹都安邑,均在运城辖区内。如果把尧舜禹时期称为国家形成前的雏形,那尧舜禹建都的地区,就应是最早叫中国的地方。

东周时期,位于今运城、临汾一带的晋国逐渐崛起,成为春秋五霸之一,其霸业持续百余年。三家分晋之后,魏国占据包括运城在内的原晋国核心地带,魏文侯变法图强,把魏国建设成为战国初年的第一强国,其强势也持续了近百年。

秦汉时期,运城所在的河东郡,距离首都咸阳、长安、洛阳都很近,地理位置重要,是京师的屏藩。农业发达,粮食充足,又有盐铁之利,被誉为朝廷的"股肱郡"。太平盛世为朝廷提供物资和财赋,到了乱世,又成为兵家争夺之地。直到隋唐时期,河东仍然是"股肱郡",位置非常重要。

运城的风土气候,虽然稍显干旱,但农业发展比较早。上古时候嫘祖养蚕、舜耕历山、大禹治水、后稷稼穑,历来就有精耕细作、重视农业的传统。粮食充足,因而也人口众多,到现在仍然是山西省人口最密集的地方。加上有盐池这个财赋之源,历代经济比较发达,也促进了文化教育的发展。春秋战国之际,卜子夏设教西河;隋朝末年,文中子王通绛帐授徒,皆培养出一大批人才;明朝中期,理学家薛瑄罢官家居,在河津兴办教育,培养人才,更是繁衍出一个河东学派。历史上运城人才辈出,仅河东闻喜裴氏,就涌现过59位宰相和59位将军。除裴氏之外,尚有柳氏、薛氏、卫氏、王氏等彪炳史册的名门望族。中国封建时代民间信仰最盛的是观音、关公、吕洞宾,后二位的籍贯都在运城。一个被尊为关圣、关帝;一个被尊为道教领袖、八仙之一。运城代有才人出,各领风骚数百年。王勃、王维、王之涣、柳宗元、司马光等在中华文明史册上曾留下灿烂的一页。特别是辛亥革命以来,运城英才辈出,活跃在各个时期的历史舞台,其事迹可圈可点,可歌可泣。

运城市有全国重点文物保护单位90处,位居全国地级市之首。这里的名胜古迹在人类文明史上多属根祖孤品,无与伦比。正如2007年运城获得中国十佳魅力城市颁奖词所说:关公的忠义诚信就是这座城市源远流长的人文精神。华夏之根、诚信之都——山西运城。中华文化从这里一路摇曳而来,这里是中华五千年文明的主题公园。

运城解州关帝庙

目 录

总序
概论

第一章　远古人类的理想家园
　　　　（史前时期）

概述 / 001
运城盐池：来自远古的宝藏 / 003
世纪曙猿：人类遥远的祖先 / 006
西侯度：第一把文明圣火 / 008
早期人类的活动中心 / 009
西阴文化：华夏文明的滥觞 / 010
古老的火种器 / 012
远古的农业遗存 / 013
周家庄：四千多年前的神秘聚落 / 014
采矿炼铜的遗迹 / 015
清凉寺遗址：
　阶级分化的重要体现 / 016
东下冯遗址：
　早期国家形成的重要遗迹 / 018

垣曲的商代古城 / 019

名不见经传的古䣛国 / 020

第二章　最早叫中国的地方
（三皇五帝时期）

概述 / 025

风陵渡与风后传说 / 027

黄帝、炎帝与蚩尤 / 028

天下明德皆自虞帝始 / 030

《南风歌》与盐池 / 032

大禹治水与夏都安邑 / 037

后稷教民稼穑 / 039

傅说举于版筑之间 / 040

虞芮让田的故事 / 042

第三章　山川险固的乱世强国
（西周至春秋战国时期）

概述 / 043

西周时代的封国 / 045

曲沃代翼 / 047

晋献公的强国之路 / 048

"割股奉君"及寒食清明 / 050

魏庄子之歌钟 / 053

卜子夏西河设教 / 054

魏文侯变法图强 / 056
纵横家张仪 / 058

第四章　**大汉帝国的股肱之郡**
（两汉及三国时期）

概述 / 061
魏豹城与韩信沟 / 063
河东,吾股肱郡 / 065
番系渠田与赵过代田 / 067
泛楼船兮济汾河 / 069
扬雄与《河东赋》 / 073
邓禹定河东 / 074
刚强不屈的太守史弼 / 076
汉献帝巡幸河东 / 077
钟繇平定河东 / 079
杜畿安民兴教 / 081
武圣关公 / 083

第五章　**群雄争霸的战略要地与世族文化**
（两晋南北朝时期）

概述 / 095
战略要地蒲坂 / 097
玉壁之战与敕勒歌 / 099
"独立使君"裴侠 / 103

名将杨㯋 / 104

闻喜裴氏 / 106

汾阴薛氏 / 113

河东柳氏 / 117

卫门书法 / 120

大学者郭璞 / 126

我国第一部历史地图集 / 129

裴頠与《崇有论》/ 130

史注的经典范本《三国志裴注》/ 132

四大名楼之鹳雀楼 / 133

蒲州桑落酒 / 137

第六章　**中都时代的辉煌**

（隋唐时期）

概述 / 139

姚暹渠：伟大的水利工程 / 141

文坛领袖薛道衡 / 142

王通汾阴设教 / 143

《古镜记》：最早的"唐传奇" / 145

屈突通、尧君素蒲州拒唐 / 146

李世民大战柏壁 / 149

唐玄宗祭祀后土 / 151

"初唐四杰"之王勃 / 152

书法家薛稷 / 153

河东名将薛仁贵、裴行俭、封常清 / 154
猗氏的"三相张家" / 157
宰相世家：唐代裴氏 / 158
裴耀卿与盛唐经济 / 161
裴度平淮西 / 163
张彦远与《历代名画记》 / 165
一代文豪柳宗元 / 166
司空图与《诗品》 / 168
唐中都蒲州城之盛况 / 169
普救寺与《西厢记》 / 172
绛州城之盛况 / 175
产盐工艺的革新 / 179
唐代河东诗人 / 180

第七章　河东文明谱华章

（宋金元时期）

概述 / 183
宋真宗祭后土 / 184
薛田与"交子" / 185
范祥改革盐法 / 186
司马光与《资治通鉴》 / 187
金代刻印大藏经 / 193
稷山的宋金墓群 / 194
薛景石与《梓人遗制》 / 196

永乐宫元代壁画 / 197

兴建于元代的运城 / 202

关汉卿：元代杂剧奠基人 / 203

"巴尔思"姚天福 / 204

第八章　经济繁荣　人文昌盛

（明清时期）

概述 / 207

薛瑄与河东学派 / 208

河东盐业与晋商 / 210

守边名将：王崇古与杨博 / 212

首辅张四维 / 214

对联名家乔应甲 / 215

勇斗阉党的曹于汴与韩爌 / 216

韩霖与《守圉全书》/ 217

清初诗人王含光与吴雯 / 218

李家大院 / 219

历史文化名城——绛州 / 224

李毓秀与《弟子规》/ 230

铿锵激越的蒲州梆子 / 231

第九章　悲壮激烈的近代历史画卷
（晚清至抗战爆发前）

概述 / 233
太平军北伐在河东 / 234
丁丑大荒 / 235
杨深秀与戊戌变法 / 237
永济抗柿酒税斗争 / 239
慈禧太后过河东 / 240
名臣阎敬铭 / 241
河东籍的辛亥元勋 / 242
李岐山与李健吾 / 246
民国宪法起草人景耀月 / 248
同盟会元老景梅九 / 250
教育家解荣辂 / 252

第十章　峥嵘岁月的英雄足迹
（抗日战争与解放战争时期）

概述 / 255
王鸿钧与河东党组织 / 257
革命志士嘉康杰 / 259
八路军赴晋抗日 / 262
血战中条 / 263
抗日根据地的重建 / 265

杜任之与牺盟会 / 267
"野有遗贤"薛笃弼 / 269
北平和平解放的功臣：
　　傅作义与刘厚同 / 271
"无冕大将"程子华 / 273
新中国空军奠基人常乾坤 / 276
三打运城 / 277

参考文献 / 283
后　记 / 287
编后记 / 289

第一章

远古人类的理想家园
（史前时期）

■ 概述

古老的河东是中华文明最早的发祥地之一。这里气候适宜，物产丰富，在远古时期就适宜人类活动。

形成于6000万年前的盐池，发现于垣曲的"世纪曙猿"化石，以及芮城西侯度遗址，经见了人类从蒙昧进入文明的曙光，孕育了古老的中华文明。

运城一带有着丰厚的旧石器时期、新石器时期人类文化遗存。芮城的匼河遗址群、垣曲的南海峪洞穴遗址、夏县的西阴遗址、万荣的荆村遗址，均表明河东是古人类活动的重要区域之一。

运城也是国家这一社会形态形成的重要地区。从聚落遗址看，绛县的周家庄遗址，是目前发掘的最大的聚落遗址，其社会组织至少具有复杂的酋邦性质。从早期青铜器开采看，这里发现了多处早期青铜器开采与冶炼的遗址，可以确定的有8处早期的冶炼遗址和4处早期采矿遗址。这些遗址以闻喜的玉坡村铜矿遗址最为典型。运城地区的早期青铜器冶炼，采、冶、铸各自分离，生产的主要产品在王权的控制之下采用复杂的陶范制成礼器，这种青铜器产业格局的背后表明运城周边地区存在强大的王权。从盐业考古看，芮城的清凉寺墓地以及夏县的东下冯遗址，表明河东盐池的盐业生产和分配就已经由国家介入了。这一政策是和国家起源同时诞生的。这些遗址表明，在运城地区，有早期国家出现的重要条件，是早期国家形成的重要区域。

运城盐池：来自远古的宝藏

运城现存最为古老的标志，就是盐池。

运城盐池，也称河东盐池，缘于喜马拉雅构造运动，地壳发生新的变化，中条山北麓造成断裂，自然形成一个狭长的陷落地带，盐池从此形成。

河东盐池南依中条山，北滨峨嵋岭，东靠安邑，西临解州，东西长，南北狭，周长约60公里，总面积132平方公里，形状宛如一个天然沐盆。它由数个大小不等的盐池组成，主要包括东池、西池、六小池。东池在安邑境内，面积最大，亦称大盐池，是古代河东盐池组成的主体，也就是今天我们所称的运城盐池。西池在解州境内，因为含硝量大，因此也称硝池。六小池是六个小盐池的总称。

古河东盐池图

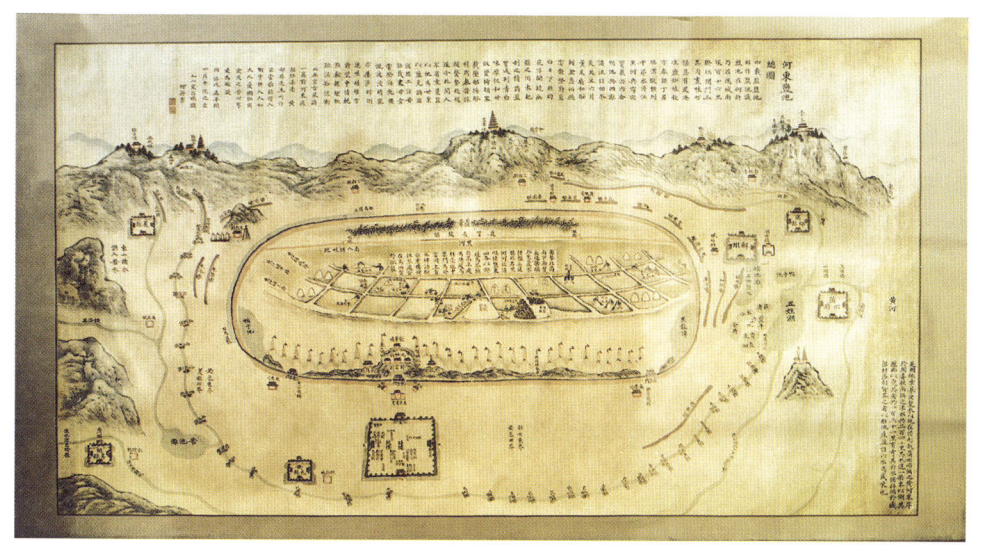

河东盐池生产图

  河东盐池是人类开发利用最早的内陆盐池,距今已达5000年历史。盐是人类维持生命的必需品。在猿人向人类进化的过程中,盐起着重要的作用。盐对于人类的生存、繁衍和发展有着特殊的作用。在人类发展的早期,盐池借助风吹日晒就能结晶成盐。人类的祖先为了自身的需要和发展,总是向有盐蕴藏的地区聚集,休养生息,从而形成部族群落。考古发现的十余处原始人类活动文化遗址,均分布在运城盐池周围50~200公里间辽阔的土地上。

  正是有了河东池盐,在黄河中游四季分明、肥沃宽阔的平原上,发展出一种独特的文明形态——农耕文明。这也是中华文明区别于世界上其他文明的主要标志。人类早期文明的产生,基本上集中在沿海,唯独华夏文明产生于大陆深处。何以至此?是河东盐池提供了生存、生活的必需品——食盐。

运城盐池

第一章 远古人类的理想家园

在历史上,河东盐池有个专用名字——鹽。据《说文解字》,"鹽"是指河东的盐池。这个字,由"盐(鹽)"字省去"卤"字作形旁,读"古"音。在众多盐池中,唯河东盐池独名"鹽",专名专义,强调河东盐池不同于其他。在华夏大地诸多的盐湖中,它是最古老、最负盛名的一座。

河东盐池,从远古走来,经历了千万年前的沧桑巨变,开启了人类从蒙昧进入文明的曙光。它是历代封建国家的财政支柱,记录着中华文明的历史变迁、文明演进,是大自然和华夏先祖留给我们的一份珍贵遗产。

世纪曙猿:人类遥远的祖先

关于人类的起源,一直有众多的说法。我国素有女娲抟土造人之说,西方传说是上帝造人,印度佛教说人类是从光音天下来的。达尔文的进化论,解释了人类起源的奥秘。20世纪90年代在运城市垣曲县发现的"世纪曙猿"化石,又给"人类起源"提供了新的观点和证据。

1994年,中美科学家来到山西省垣曲县进行考察。次年5月,他们在黄河北岸的寨里村,发现了世界上最早的具有高等灵长类动物特征的猿类化石,主要是牙齿化石和颌骨化石,将其命名为"世纪曙猿"。所谓"曙猿",意为"类人猿亚目黎明时的

垣曲县曙猿化石

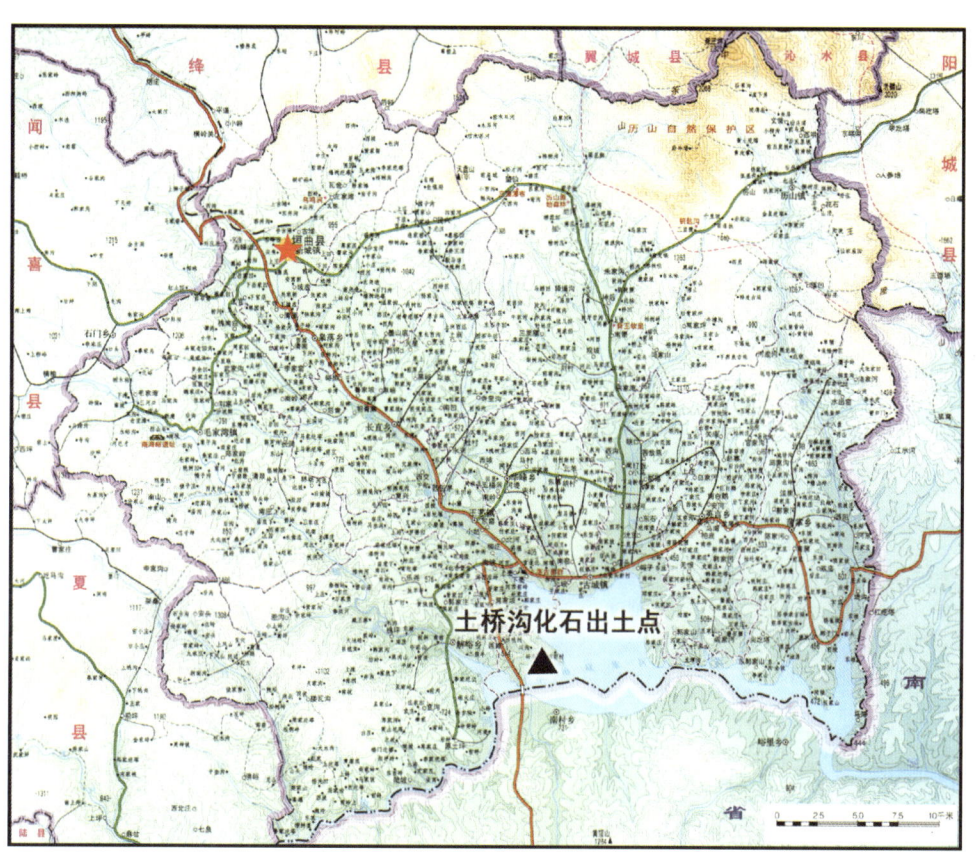

垣曲县曙猿发掘遗址

曙光"。

据考证,"世纪曙猿"生活在距今4500万年以前,主要活动在热带或亚热带地区的温暖湿润的林地里,是人类迄今为止发现的最小的灵长类动物,其个头与家猫相近,重约200克。从发掘的化石看,曙猿已具有高等灵长类动物的许多特征,比如门齿小,犬齿大,下颌角圆等。

垣曲盆地是中国第三纪地层和哺乳类动物的发祥地。这个原本在地图上并无标识的偏僻荒野,竟成了世界上古人类学家目光聚焦的地方。而"世纪曙猿"化石的发现,再一次证明垣曲盆地曾经是人类诞生的热土。我们人类遥远的祖先,就曾经在这方热土上留下活动踪迹。

西侯度：第一把文明圣火

在中国的古老传说中，发明取火的是"燧人氏"。他们敲击石块或者摩擦木头，弄出一点点火星，然后用柴火烤制食品，让部落里的原始人群吃上熟食，结束了茹毛饮血的时代。"燧人氏"是什么时候的人，现在当然不容易考察。但要说世界上目前发现的最早的人类用火痕迹，就是运城市芮城县的西侯度遗址。

1961年至1962年，山西省文物工作委员会在西侯度村附近作过两次发掘，出土了大量的石器和动物化石，古地磁测定的年代为距今约180万年。

西侯度文化石器的特点主要是用石片加工，属于石片传统技术，同欧洲石核传统技术存在着根本差异。在加工石器中，以向器身单面加工为主。如在当地发现鹿角化石长80厘米，在靠近角节主枝的后外侧，有一个与主枝斜交的沟槽，深5厘米，横断面呈"V"形，应是人工用器物切割或砍斫出来的。

动物化石的品种比较丰富。有鲤、鳖属和鸵鸟属，还有22种哺乳动物，包括刺猬属、巨河狸属、兔科、鬣狗属、剑齿象属、平额象、纳玛象、李氏猪、双叉麋鹿、晋南麋鹿、步氏真梳鹿、粗面轴鹿、山西轴鹿、鹿亚科、步氏羚羊、古中国野牛、粗壮丽牛、山西披毛犀、真犀亚科、古板齿犀、中国长鼻三趾马、三门马。其中绝灭属占47%，绝灭种占100%，属早更新世的动物群。我们现代人看到这批奇特的动物名单，免不了会惊诧不已。其实，这正说明180万年以前，我们黄河中游这一带平均气温比较高，接近亚热带气候。那时西侯度周边靠山近水的一大片地方，生长着大量的动植物，给原始人群提供了丰富的美餐。

在西侯度遗址文化层中还发现了一批特殊的化石标本，颜色有黑、灰和灰绿几种，大多是哺乳动物的肋骨、鹿角及马的牙齿。化验结果表明,其中大部分标本是用火烧过的。北京人用火是人们熟知的,但人类用火的历史并不是从北京人开始的。陕西蓝田人的用火遗迹,距今大约80万年;云南元谋人的用火遗迹,距今大约100万年;西侯度这批烧骨材料的发现,把人类用火的历史推到距今180万年前。目前世界上其他国家还没有发现如此古老的烧骨。我们可以形象地描述:西侯度点燃了人类文明的第一把圣火。

早期人类的活动中心

远古的河东以温暖湿润的气候、丰富多样的物种,让我们远古时代的祖先们一代一代地生活,一代一代地发展。在距今60万年的更新世早期,处于黄河中游的这一大片热土,已经是原始人类活动的中心地区。在今运城市的地域内,有代表性的文化就是匼河遗址群。

匼河文化是中国华北地区旧石器时代早期的文化,分布于山西省运城市芮城县匼河村一带。由11个地点组成,它们分布在中条山西南麓的黄河左岸,文化遗物埋藏在中更新世红色土及其以下的沙砾层或泥灰岩之中。匼河文化以石制品为代表,以大石片制作的砍砸器、石球和三棱大尖状器为特色。与蓝田猿人文化和丁村文化较为接近,可以认为匼河文化上承蓝田猿人文化,并发展为旧石器中期的丁村文化,在文化发展上具有承上启下的性质。

与匼河文化共存的动物化石中,象、野猪等动物化石的存在,表明当时匼河一带有茂密的森林;鹿、马等食草动物化石的存在,说明附近还有开阔的草地;而从软体动物"对丽蚌"、水牛化石等判断,

芮城县匼河遗址

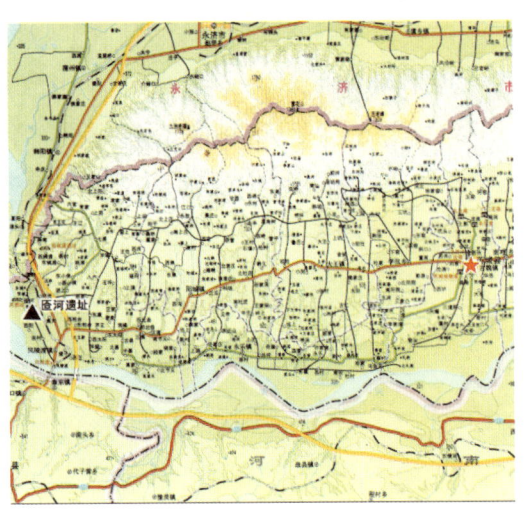

芮城县匼河遗址

附近应有湖泊、沼泽和河流。水牛和象喜欢温暖和湿润,披毛犀喜欢干燥和凉爽,它们的存在,说明当时晋南基本上属于亚热带气候,与现在的华中地区接近。匼河文化的主人生活在这种自然环境中,使用挖掘工具三棱大尖状器和投掷武器石球,过着采集和狩猎的集体生活。这充分表明晋南黄河三角地区是早期人类活动的中心地带之一,有了规模比较大的原始人群落。

另外,在中条山西部的垣曲盆地,也发现了山西省境内唯一的一处旧石器早期洞穴遗址,称为"南海峪遗址",是一个由石灰岩生成的洞穴。遗址内堆积物中发现了具有清晰打制和修整痕迹的石器十余件,证明南海峪遗址的地质年代,相当于旧石器时期早期或者稍晚些,亦是人类早期活动的佐证。

西阴文化:华夏文明的滥觞

西阴遗址位于山西省运城市夏县尉郭乡西阴村西北部一高地,俗称"灰土岭"的地方。该遗址是中国考古学者发现并主持发掘的第一处新石器时代文化遗址,也是中国人首次独立主持的田野考古工作。出土文物中有"半个人工切割下来的蚕茧标本",现存于台湾,经考察分析,被认为是家蚕的老祖先。晋南地区也被认为是夏代以前中国北方人工养蚕的起源地。

西阴遗址被考古界作为一个单独的文化类型，即西阴文化。西阴文化以盆、罐（瓮）、瓶、钵（钵形甑）为大宗。陶质分为泥质和夹砂两类。彩陶占有相当高的比重，基本主题是生殖。陶器制法完全为手制，最普遍的制法是泥条盘形后慢轮整修，少量小陶器也有捏塑而成的。

西阴文化彩陶构图十分复杂，绘画语言极为丰富，表现手法多样，表达含义比较隐晦。基本的构图要素是弧线三角和圆点，但其中的弧线三角均可以同时从阴文和阳文两个角度来观察。从阴文的角度观察，呈现出花瓣的形状；从阳文的角度观察，呈现出鸟的造型。花和鸟可以理解为女性和男性，或阴和阳的象征。西阴文化彩陶用阴阳互衬的手法，表达阴阳对比的概念，用非常具体的形式表达出抽象的哲学思想。

夏县西阴遗址出土文物

武汉大学余西云著的《西阴文化》一书曾这样介绍：西阴文化发端

夏县西阴遗址

于陕晋豫交界区，鼎盛时期控制了中原的广大地区。影响所及东至于海，西披甘青，南抵长江之滨，北达燕山之阴，奠定了先秦时期中国的空间基础。西阴文化在其萌芽、发展、扩张、收缩、瓦解的过程中彻底摧毁了固有的文化格局，造成了诸多族群的重组与融合，其以绚丽多姿的彩绘"花"纹为旗帜，开启了"华"夏族群浩荡洪流的先河。西阴文化晚期，传统的家庭模式趋于瓦解，社会的层级化已然显现，私有观念逐步形成，成为中国文明的滥觞。

古老的火种器

东庄遗址位于山西省运城市芮城县西南部的黄河岸边，为新石器时代遗址，距今约6500年。1958年，考古学者在5万平方米的仰韶时期的村落里发现：圆形半地穴式的房址、储藏食物的窖穴、烧制陶器的陶窑；外表绘有精美的黑色三角形图案和鱼形花纹的陶器；还有石斧、石锛、石刀、陶刀、弹丸、纺线轮、敲砸器、陶锉等生产工具，及石头和动物骨骼制成的箭头，以及骨笄、牙饰、陶环等装饰品。同时发掘出5座墓葬，其中有双人同性合葬墓、多人二次合葬墓，以及用陶瓮盖石块作为葬具的小孩瓮棺墓。据考古发现表明，此时期晋南古人类已进入农业、狩猎、纺织为一体的生活，也有了装饰自己的爱美观念。墓葬还说明，此

石器

时的人类还处在母系氏族社会，存在于氏族之内的经济单位是若干分离的母系家庭。

东庄遗址中有1件"用途不明"的陶器，当时暂名为"镂孔柱状器"。

最近的研究表明，这一器物是用来保持火种的，可称之为"火种器"。在此之前，先民们贮存火种的方法主要是"灶坑法"。即在灶坑内余火上覆以薪柴并适度密封，使余火在低氧状态下缓慢引燃，次日扒开火坑并借助火具吹火，灶坑中的薪柴便继续燃烧。这种方法保存火种，极易引发火灾。为此先民们根据在长期实践中所积累的贮存火种的经验，经过多次摸索和试验，制成了一种耐高温、筒状、有孔、能够满足火源在低氧状态下持续引燃的陶器。火种器的发明与使用，对于改善先民们的生存条件，对于古代社会生产力的发展，具有重要意义。

远古的农业遗存

新石器时代，北方诸多遗址中发现的碳化粟粒、粟壳或粟的谷灰多达40余处，这表明早在远古时代，粟已经成为北方居民的主粮。20世纪30年代，在万荣荆村瓦渣斜遗址出土的粟壳，其年代为仰韶至龙山文化时期，这一发现当时曾经引起国外学术界的重视。考古专家董光忠、毕晓普、高桥基、和岛诚一等曾发表论文，认为荆村遗址中发现的"黍稷"有黍和高粱两种。此外，在夏县西阴村，也有谷子的遗迹存在。

就农业文明的起源而言，长江流域的农业起源甚至比黄河流域还要早一些。但是，进入农业社会后，长江流域发展缓慢，黄河流域则很快有突破性的进展，率先迈入文明社会。华北先民培育出来的粟，生长期较短，又有明显的耐旱、抗瘠、分蘖力强、滋生力旺等特点，比较适合于当地气候、土壤等自然条件。因此，学者们断言，黄土是原始农耕的理想土壤，而粟类作物又是旱地农业的理想作物之一，原始人类耗费较少的劳动代价就有一定的收获。华北先民还培育出了稷和黍，栽培更容易，生长期更短。这些干旱性作物容易耕种，耗时费力少，适应性强，易于形成剩余产品。它们的较早出现，为畜牧业的进步，家庭副业的发展，乃至私有制的萌芽与发展，以及人类社会向文明社会的转变奠定了物质基础。

周家庄：四千多年前的神秘聚落

　　周家庄遗址位于山西绛县横水镇周家庄、崔村之间，地处紫金山之阳，向南地势缓降，俯瞰涑水河谷地，对岸又有中条山为其屏障，襟山带水，气势磅礴，是一处以龙山时代遗存为主，兼有仰韶、庙底沟二期、二里头、二里冈、东周等时期遗存的大型环壕聚落遗址。这个聚落以壕代城，"环壕"之内有居址、墓地，根据钻探所提供的线索还应有一些高等级的设施。经过考古发掘，通过各种遗迹的早晚关系和叠压顺序，已知遗址经历了由居址到墓地的转化过程。墓地中成人竖穴土坑墓与儿童瓮棺葬混杂共处的现象较为罕见，为研究该聚落的社会组织结构、儿童死亡率与人口构成情况、社会等级分化等问题都提供了直接的资料。周家庄遗址排列有序、规模大而又保存较完整的墓地的揭露，对于研究晋南乃至整个中原地区龙山时期的丧葬制度和社会发展状况都有非常重要的意义。

绛县周家庄遗址

采矿炼铜的遗迹

运城地区是早期青铜器开采、冶炼的地区之一,闻喜的余家岭以及绛县西吴壁、柿树林等都发现了史前时期的铜渣,绛县周家庄遗址也发现了龙山时期的铜渣和黄铜片,初步分析应属于炼铜所剩残渣,距今约4500年。

周家庄遗址距离现在的中条山铜矿比较近,很容易引起人们的联想,也许这四千多年前的铜片,就是采自中条山。但奇怪的是,周家庄铜片含有镍元素,而中条山铜矿以氧化矿和硫化矿为主,含镍则很少,这就让周家庄铜片的来历显得扑朔迷离。

2011年,在运城市闻喜县石门乡玉坡村西南,又发现了一座采矿炼铜遗址。现存遗迹有露采坑、矿井、巷道、烧制木炭的窑穴等20余处

闻喜县余家岭铜矿遗址

和采矿用的大小石锤、生活用的陶质器皿（残片）100余件。从现场采集的标本推断，其采冶历史悠久，约从夏代一直延至战国早期。晋国为春秋五霸之一，光耀历史600余年。从近些年的考古发掘成果来看，晋国的青铜器极为丰富，且精品很多，特别是春秋中叶以来晋国时期的青铜艺术由原来的周文化共同元素转变为具有鲜明区域性和地方性的青铜艺术风格，以晋国铸造的青铜器为首构成了中原地区青铜文化的一个类型。因此，这里很有可能就是当时生产铜器的原料采集和粗加工的场地之一，并且有相当长的历史。

掌握青铜冶金技术通常被认为是进入文明时代的重要标志之一。运城地区的青铜采、冶、铸工序的分离，形成了铜和锡等合金元素各自单独的物料供应链，生产的主要产品是在王权严格控制下采用复杂的陶范铸造成型的礼器。这种以冶、铸分离，将铸造工序置于王权的控制之下，以陶范铸造礼器为特点的产业格局实际上一直持续到春秋战国时期。这样的产业格局表明这一带有强大的王权介入青铜器生产，这一时期王权的中心应该在运城地区及周边地区。

清凉寺遗址：阶级分化的重要体现

芮城清凉寺墓地属于寺里—坡头遗址（即"坡头遗址"），遗址最早发现于1955年，属新石器时代庙底沟二期文化，墓地总面积近5000平方米。

该遗址位于山西省运城市芮城县东北部，经考古发掘，已清理墓葬262座。墓葬排列有序，南北成行，东西成列。

墓葬死者关系比较复杂，墓内个别墓葬的规格明显超出普通死者，墓内弃置有成人，甚至有的死者被迫跪在别人脚下，这些特殊情况是阶级压迫的先声，表明当时已经存在不平等现象。如清凉寺墓葬第三期中，人口构成中男性是女性的三倍，显然不是一个部族应该存在的现

芮城县清凉寺出土文物

象，表明这里不再是原来那个普通的部族墓地，而是设在附近的一个机构或集团的集体墓地，这个集团一般被认为是与负责外销解盐的机构有关。这个由男人主导的机构运转水平在当时达到了鼎盛时期，也是这里商业最发达的时期。

随着贫富分化，富裕起来的少数人开始谋求控制其他人群，利润的获取、控制和分配的需要催生了新的社会制度。为了规范人们的行为，维系社会秩序的礼制开始形成。

总之，清凉寺墓地代表的时代是史前一个十分关键的时期，而墓葬所在的区域是中原的核心地区，也是庙底沟二期文化腹心之地。当时中原地区正在发生一次大规模的文化变革，周边各种文化因素和理念在这里汇聚。这批以随葬玉石器、特殊葬制为特色的墓地，对诠释这一地区的兴衰历程、对中原地区文明起源及与此相关的学术课题研究，皆具有重要作用，属于当时少见的重要考古新发现。

东下冯遗址:早期国家形成的重要遗迹

东下冯遗址位于山西省运城市夏县东下冯村东北的青龙河南、北岸台地上。自1959年,发现发掘遗址西部有庙底沟二期文化和河南龙山文化遗存,东、南部发现有二里冈期商代城墙和圆形建筑基址,北部有东周时期遗存,皆为夏商时期的文化遗存。

东下冯遗址是早期国家在晋南建立的政治军事据点,旨在获取当地的重要资源:铜和盐。在遗址中,除了有大量出土文物外,还有二里冈期的圆形建筑基址群,约50座。通过圆形建筑地面土壤的化学成分分析,这些圆形建筑是二里冈时期储存河东盐的盐仓。据推算,这些盐仓

夏县东下冯遗址

总储盐量在 12000 吨左右,相当于当时一年的产盐量。因此,可以推断,东下冯作为一个地区中心,其功能与早期国家控制河东盐业的生产与分配密切相关。

东下冯盐仓的确定,重写了我国古代国家控制盐业生产的历史,齐国的管仲应不是发明食盐官营的第一人。河东盐池盐业生产的特点有利于国家的控制和垄断。解盐资源高度集中,收获期短,产量不稳的特点也使得修建大规模盐仓成为必要,它不仅是食盐集散地必备的设备,而且将丰年的收获储藏起来,以备歉年所用,这也是控制食盐分配的重要措施。同时表明,至迟在公元前两千纪中期河东盐池的盐业生产和分配就已经由国家介入了。这一政策也许是和国家起源同时诞生的,是早期国家形成的重要遗址。

垣曲的商代古城

垣曲商城坐落在垣曲县古城镇境内,位于黄河北岸陡起的高台地上,三面河流环绕,一面背倚山岭。此城与举世瞩目的仰韶文化发现地——渑池县仰韶村,仅一河之隔。城址状如梯形,西、南两面墙均修筑了双道夹墙,为目前全国发现的商城中所罕见。

垣曲商城是商代前期垣曲盆地重要的经济文

垣曲南海峪铜矿遗址

化中心。与其他商代城址一样，这座城同样是阶级和国家产生之后的产物，能够驱使大批本族或异族人建成这座军事城堡，是动用国家机器才能实现的。城址宫殿区里大型夯土台基的存在，则是统治阶级至高无上的权力的标志。在这座城址里，各种经济部门及制陶、制骨、冶铜、建筑等各种手工业的发达是劳动分工的结果，特别是制陶等手工业区的划分，一般居民区与宫殿区的明显分区与对立，更是表现了等级的分化与阶级的对立。城址的墓葬中，一般平民只有少数陶器或无随葬品，而贵族墓葬却都随葬有铜器、玉器，有的还有殉人。另外在许多灰坑中都发现了散乱的人骨架，或被砍头，或被腰斩，说明人祭已经出现，充分地表现了国家作为阶级压迫的工具这一职能。

垣曲商城建立的主要目的是为了占领及控制这里丰富的水、木材、铜、锡、铅有色金属等自然资源，尤其是铜矿资源。垣曲商城遗址出土了大量的冶炼遗迹、遗物，充分表明垣曲商城已经出现了以多种铜合金元素及微量元素所代表的硫化矿还原冶炼工艺，同时，还出现了砷铜冶炼技术以及我国最早出现的高锡淬火炼铜技术。铅和锡是当时的两种主要合金，加锡青铜的存在表明在金属熔化过程的后期配置合金进行铸造的过程已较成熟。总之，垣曲商城出土的大量铜炼渣所代表的硫化矿还原冶炼技术和铸造前合金化的铜熔化技术，以及遗留的数处片状的熔炼冶铸遗迹，表明这里确实存在着集冶炼、熔化、铸造为一体的铜冶铸过程，是商代早期重要的冶炼基地。

名不见经传的古倗国

倗国墓地发现于2004年，由山西省考古研究所等文物考古部门进行发掘。该墓地属西周时期墓地，位于山西省运城市绛县横水镇横北村。墓地面积约30000平方米，发现墓葬300余座，共发掘191座，出土青铜器、玉器、陶器等各类文物2000余件。

绛县横北倗国遗址发掘图

一、二号墓随葬品丰富，主要包括铜礼器、车马器以及陶器、漆木器、玉器等。墓室四周设有二层台，墓中葬具为一椁二棺。椁室为木结构，整体平面呈"Ⅱ"字形。根据这一对墓葬的形制、随葬器物以及铜器铭文可以推定，墓主人为文献失载的西周中期的倗伯夫妇。此外，在一号墓中发现了十分珍贵的荒帷遗物，保存状况较好。

倗国墓地的考古发掘，对于西周时期诸侯国的历史地理范围、晋国都邑、晋初封地范围和早期疆域情况，以及晋国早期民族关系问题有重要研究价值。

绛县横北倗国遗址全景图

绛县横水墓地出土青铜觥

绛县横水墓地出土青铜貘尊

绛县横水墓地出土夔龙纹觚

闻喜县上郭村出土西周刖人守囿挽车

绛县横水墓地出土青铜盉

第一章 远古人类的理想家园

商代饕餮纹圆鼎(平陆前庄出土)

第二章

最早叫中国的地方

（三皇五帝时期）

■ 概述

运城不仅有众多的古人类活动遗迹，在历史传说和历史文献中，运城同样是中华古圣先贤活动的大舞台。

芮城风陵渡传说是伏羲氏、娲皇氏活动的地方，有著名的风后陵。运城盐池的东南岸，传说是九黎族首领蚩尤的故里。而黄帝与炎帝大战的阪泉，黄帝与蚩尤大战的涿鹿，传说都在盐池的周边，而黄帝还曾经一度在涿鹿城建都。到了传说中的尧舜禹时期，运城及临汾一带，正是公认的统治中心。传说帝尧建都于平阳，但在运城境内的永济、绛县等地，现在都有丰富的帝尧遗迹及传说。帝舜建都于蒲坂，在今永济一带，但运城的垣曲县、盐湖区等地，也有丰富的帝舜遗迹和传说。大禹建都的地方有多处，但自古以来"禹都安邑"的说法最为流行，古安邑城至今还有遗迹。周朝的祖先后稷，曾经在尧舜禹时代担任大司农官职，他在稷王山周边的稷山、万荣、盐湖区、闻喜、新绛等地都留下了丰富的遗迹，足够证明其部落的起源地就在于此。另外，像商朝的名相傅说，其故里在今平陆县圣人涧；商朝末年发生的虞芮让田故事，传说就发生在今平陆、芮城交界的地方。而后世流传不衰的帝舜《南风歌》，也和古代盐池生产的繁荣紧密地联系在一起。

　　因为尧舜禹的都城及夏朝初年的都城皆在晋南运城一带,在部落联盟时代,这些都城就是当时所知的天下四方的中央之城、中央之国,所以史籍中常用"中国"来称之。

风陵渡与风后传说

运城市的西南端，同时也是山西省的西南端，黄河折冲而东拐弯处，有个地名叫风陵渡，今属芮城县。铁路和公路交通都是从这里出省，过河即是河南灵宝市和陕西潼关县，素有"鸡鸣一声闻三省"的说法。风陵渡的地名来历，传说是"风后"的陵墓所在地。而这个"风后"，有说是黄帝时期的宰相，也有说是著名的女娲。

《史记·五帝本纪》记载："举风后、力牧、常先、大鸿以治民。"风后，就是风姓部落的首领。该部落是黄帝的臣属或者盟友，其活动地域就在黄帝统治的周边地区。风姓，为伏羲氏部落的姓氏。《竹书纪年》记载："太昊伏羲氏，以木德王，为风姓。"所以风后即是伏羲氏部落的首领。

伏羲氏部落起源于甘肃天水，这个部落还有一个著名的人物，即女娲。伏羲与女娲既是兄妹关系，又是夫妻关系，这种关系反映了早期人类社会中的兄妹婚。关于女娲的传说有很多，女娲也被称为是中华民族传说中的人文始祖，所谓女娲抟土造人、女娲补天，等等。伏羲氏部落在迁徙的过程中，也把女娲的传说带到各地，因此后世许多地方都有女娲庙、女娲山、女娲墓等。

今芮城县的风陵渡，就是伏羲氏部落在迁徙过程中留下的著名遗迹。郦道元在《水经注》中写道："关之直北，隔河有层阜，巍然独秀，孤峙河阳，世谓之风陵。"郦道元是从陕西潼关的角度观察风陵的，说风陵在潼关正北的黄河对岸，是一座"巍然独秀"的小山丘，当时的人称之为"风陵"。

到了唐代，"风陵"就被人们直接称为"女娲墓"。《新唐书》卷35《五行志二》记载："天宝十一载六月，虢州阌乡黄河中女娲墓因大雨晦暝，失其所在，至乾元二年六月乙未夜，濒河人闻有风雷声，晓见其墓踊出，下有巨石，上有双柳，各长丈余，时号风陵堆。"这段记载颇为神奇，一场大雨就把女娲墓给沉入黄河了,一阵风雷又把它从黄河里升出来了。而且,从黄河底部升出的女娲墓,居然还长着两棵一丈多高的柳树,人们把这个神奇的墓称为"风陵堆"。这些足以证明,伏羲氏的风姓部落,曾经在黄河中游周边地区活动,留下过遗迹。到了黄帝时期,风姓部落与黄帝部落结盟,参与了黄帝讨伐蚩尤的战争,并发挥了重要的作用,其首领风后还做了黄帝的"宰相",流芳千古。

黄帝、炎帝与蚩尤

我们华夏民族号称是炎黄子孙,意思是炎帝和黄帝的后代。现在中国南方很多民族,又自称是蚩尤子孙。而黄帝、炎帝、蚩尤三位,现在被尊为"中华三祖"而设"始祖祠"祭奠,他们的传说和遗迹遍布全国各地,但其中免不了有大量的争议。比如,黄帝和炎帝之间发生的阪泉之战,黄帝和蚩尤之间发生的涿鹿之战,其地点究竟在哪里?

现代著名历史学家钱穆曾经判断,阪泉和涿鹿不在人们通常认为的河北省西北部,而在山西南部,具体地说,是在"解县",也就是现在的运城市盐湖区。钱穆先生是江苏人,并不偏爱山西,他只是从炎黄活动的区域范围及晋南古地名的流变来判断的。另外,柏杨等一批历史学家也持此观点。学者张其昀更明确地说:"盐,国之大宝,这一次炎黄血战,盖因食盐而起。"

我们从运城人的角度来说:解州的地名,传说是从肢"解"蚩尤而来;盐池的卤水,传说是蚩尤血化成的;盐池的东南边,现在还有一个蚩尤村,留下一批遗迹和传说;北宋时期,解州盐池传出了"关公战蚩尤"的故事;宋朝以后的一批诗人吟咏盐池附近景物,动辄以"涿鹿城"指代解州,比如王翰的《盐池晓望》:"涿鹿城头分曙色,素池如练迥无尘。"虽然现在仍然众说纷纭,我们认为,黄帝、炎帝、蚩尤发生大战的阪泉、涿鹿以及黄帝后来建都的"涿鹿之阿",就在我们现在的运城境内。

黄帝是少典之子，复姓公孙，名轩辕。他从小就不同凡响，是"生而神灵，弱而能言，幼而徇齐，长而敦敏，成而聪明"。黄帝生活的时代，属于神农氏的晚期，统治力已经十分薄弱。部落联盟里的各个部落，互相侵伐，欺凌百姓，神农氏管不了，黄帝部落就乘时而起。黄帝训练了一支强大而勇敢的军队，专门讨伐那些不讲理的部落。

这时候，出现了两支敌对的力量。一个是蚩尤部落，军事力量很强大，谁都打不过它；一个是炎帝，经常欺负其他弱小部落，那些部落都因此投靠了黄帝。

黄帝是新兴的部落，实力大概比炎帝差很多。据传，为了对付炎帝，黄帝花费了很多功夫。首先从内政做起，修养自己的品德，修治自己的兵器，完善金木水火土五行之气以及春夏秋冬的历法，研究五谷等粮食作物的种植，安抚教育部落里的人群，团结招揽周边的部落民众，最后是驯化"熊罴貔貅貙虎"等猛兽或者是训练以猛兽命名的军队。他做好充分的准备后，在阪泉之野与炎帝部落展开了大战，先后打了三次，才把炎帝部落彻底征服。

黄帝收服炎帝部落后，终于有实力和蚩尤部落决一胜负了。于是，双方在涿鹿之野发生了战争。这次战争，《史记》讲得较为简单，后世的传说则充满了神奇色彩。

传说蚩尤有兄弟81人，身体长得像猛兽，但会说人话。头上有铜，额上有铁，坚硬无比，吃的都是沙石子，异乎寻常。实际上，是蚩尤部落善于打造各种坚利的兵器。刚开始，黄帝打算用自己的仁义来感化蚩尤，结果无济于事，蚩尤根本不理会这个。黄帝仰天长叹，上天便派下一位玄女，把"兵信神符"传授给了黄帝，专门克制蚩尤。黄帝就命令玄女来统率军队。又说，黄帝派长翅膀的应龙来进攻蚩尤，蚩尤则请风伯雨师兴起大风雨来助阵，击退了应龙。黄帝则请负责旱灾、名为"魃"的天女下来助阵，击退了风伯雨师。又说，蚩尤能制造大雾，让黄帝的部队无法辨别方向。而黄帝的大臣风后则发明了指南车，利用指南车指引，成功地冲出了大雾。

最后的结果是，黄帝部落取得了胜利，擒杀了蚩尤。之后，天下还有部落反叛的，黄帝就画了蚩尤的形象向天下示威。那些部落以为勇猛的蚩尤还活着，都归顺了黄帝。

黄帝击败蚩尤后，统一了天下，取代了神农氏的帝位，开始治理天下。他的势力范围，据说东到大海，西到崆峒，南到长江，北到荤粥。其都邑则定在"涿鹿之阿"，大约就是现在解州附近的一处高地。

天下明德皆自虞帝始

帝舜是中国的五帝之一，其传说和遗迹遍布全国各地，同时也存在大量的争议，但舜都蒲坂一直是比较权威的说法。蒲坂就在今运城境内的永济市，现存大量帝舜的遗迹。而今运城市盐湖区，有舜帝陵古迹；垣曲县，有历山、舜王坪等一大批帝舜的遗迹。

帝舜姓姚，名重华，传说是帝颛顼的六世孙，其部落号称有虞氏。他在青少年时期，以多才多艺和孝顺著称。据说，舜曾经在历山一带耕田，其德行和技艺受到历山人的敬佩，大家在他的教化下，都有了"让畔"的美德。舜又曾经到雷泽一带打鱼，结果又把良好的风气带到了雷泽，雷泽人学会了"让居"。舜又去黄河边烧陶器，因为技艺高超，他烧的陶器次品很少，受到当地人的赞扬。另外，舜还曾经去过寿丘，制作各种器物；去过负夏，贩卖粮米货物。总之，不管去什么地方，不管做什么行业，舜好像都很成功，都很有人缘，深受大家的拥戴。

舜的父亲瞽叟是个瞎子，性情脾气既懦弱又暴躁。继母握登则是个恶毒的妇人，只偏爱自己生的儿女，讨厌前房留下的舜。弟弟叫象，性情十分狂傲，把哥哥视为眼中钉。因为舜创下了一些家业，象便想把舜害死，夺走那份财产。舜是位既孝顺又聪明的人，他尽量地孝敬父母，善待兄弟，同时又巧妙地保护自己。家人想害他的时候，他就跑掉找不见。家人找他有正事的时候，他又很快出现了。

当时帝尧在位，想寻找一位出色的继承人，四岳就推荐了在民间颇有名气的虞舜。帝尧为了进一步考察确认，就把自己的两个女儿娥皇、女英嫁给了舜，又把自己部落里的九个小伙子派到了舜的部落，想看看

运城舜帝陵

舜如何安排管理这些人。结果,娥皇、女英很守妇道,堪称贤妻良母,九个小伙子的品行也越来越好。这样,帝尧就放心了,赏赐给舜一套细葛布衣、一张琴;知道舜的农业生产搞得好,余粮多,还帮舜建造了仓廪,用来储粮;又赏赐了一大批牛羊,让舜发展畜牧业。

尧的大力支持,无疑壮大了舜的有虞氏部落。但舜的父母兄弟,仍然恶心不改,想置舜于死地。有一回,让舜去修仓廪,舜刚上了房,他们就撤了梯子,在下边放起火来。结果,舜只能拿斗笠当"降落伞",从房上跳下来。又有一回,让舜去掏井,舜刚下了井,他们就用石头封死了井口,舜只能另挖了一个洞口钻出来。舜回到家的时候,弟弟象已经瓜分了舜的财产,正弹着舜的琴唱歌呢。在传说故事中,舜能够幸免于难,多亏了料事如神且有法术的娥皇、女英,事先给舜穿了绣着龙凤花纹的衣服,让舜借着龙凤的神力逃生。

不久,帝尧就提拔舜去做官,舜首先推举了一批帝尧未能发现的优秀人才,比如高阳氏的"八恺",舜任命他们主管"后土",也就是农业;高辛氏的"八元",舜任命他们"布五教于四方"。帝尧时代,还有一批坏人未能受到处罚,比如帝鸿氏的浑沌、少暤氏的穷奇、颛顼氏的梼杌、缙云氏的饕餮,这四大家族号称为"四凶",舜毫不客气地把他们流放到远方。

经过一系列的考察和考验,帝尧终于确认舜可以继承帝位。让舜"摄行天子政",代理自己的帝位。帝尧逝世后,舜正式登帝位。他任命大禹担任司空,负责工程,后来还因为大禹的功劳和威望,把帝位传给了他,而大禹的后代建立了中国历史上的夏朝;他任命善于种植的弃为后稷,负责农业,弃的后代建立了中国历史上的周朝;他任命契为司徒,负责教化,契的后代建立了中国历史上的商朝。其他的,还有皋陶为士,负责刑法;垂为共工,负责制作;益为虞,负责山泽畜牧。大家各司其职,共同治理天下,开创了一个上古时期的太平盛世。史书称赞说:"天下明德皆自虞帝始。"

颂扬帝舜功德的乐舞名叫《九招之乐》,又名《韶乐》,最初演奏时就曾经有"凤凰来翔"的祥瑞。春秋时代,吴国公子季札听了《韶乐》,赞为"尽善尽美",并且"叹为观止"。孔子在齐国听了《韶乐》,竟然"三月不知肉味"。唐朝大诗人杜甫的理想就是:"致君尧舜上,再使风俗淳。"伟大领袖毛泽东曾诗咏"六亿神州尽舜尧",对尧舜时代给以极高评价。

《南风歌》与盐池

在运城市中心,有个被人们誉为城市大客厅的广场,叫南风广场。依托运城盐池、国家最大的无机盐生产企业集团,也以"南风"命名。这个"南风"便取自舜帝创作的《南风歌》。

据说,《南风歌》是帝舜在盐池之畔,抚五弦之琴而弹唱的。词曰:

南风之薰兮,
可以解吾民之愠兮;
南风之时兮,
可以阜吾民之财兮。

《南风歌》石刻

运城盐池的食盐,是自然形成的颗粒盐。人类直接开发利用盐池具体始于何时,现在尚无定论。运城盐湖区吕儒遗址中,罐状器比较多,可能与盐的开采有关。东下冯有盐仓,表明盐的开采已经初具规模。甲骨文和金文中没有"盐"字,但金文中有"卤"字。段玉裁在《说文解字注》中说:"盐,卤也;天生曰卤,人生曰盐。"周穆王时期的"免盘"就出现"卤"字,东周初年的"晋姜鼎"中也出现"锡卤赍千两"的字样,说明周代盐业资源已经大规模开采并用于交换。另外,在商代的甲骨文中,"西"与"卤"是相通的。我们现在可以推测,商代或夏代以前,人类就开始捞采盐池的食盐了。日本学者宫崎市定认为:"中国最古的文明,实兴起于河东盐池附近,我想夏、商、周三代的国都大体上都位于消费池盐的地区,毫无疑问,盐池就是三代文明的经济基础。"

《南风歌》赞美自然界的南风,能够帮助万物生长,解百姓的忧愁。南风每年来得十分准时,能给百姓带来财富。四句诗中,原本看不出和盐池生产的关系,但运城盐池的食盐生成,确实依赖南风。《梦溪笔谈》提到:"解州盐泽之南,秋夏间多大风,谓之盐南风,其势发屋拔木,几欲

三晋史话 运城卷
Sanjin Shihua Yunchengjuan

034

第二章 最早叫中国的地方

运城池神庙　035

动地。然东皆不过中条,西不过席张铺,北不过鸣条。解盐不得此风不冰。"炎热的阳光,干燥的大风,都能促进盐池中食盐颗粒的生成。

舜是位很有作为的帝王。他任命伯益为掌管山泽的大臣"虞",以收山林湖海之利。可见他是重视山泽的开发、利用和收益的。由于伯益的努力,山泽湖海得到开发。运城盐池作为距舜都近在咫尺的珍贵的盐湖,得到相当的开发,有很大的收益。

舜又很喜欢音乐,能歌善琴。他曾作《韶乐》九章,名为《九韶》。在运城盐池得到开发,给他提供了大量物质财富的情况下,舜亲临运城盐池观察,欣喜之余,抚琴作歌,歌颂南风给臣民"解愠"、"阜财"。因此,在后世的传说中,帝舜巡游到盐池北岸的卧云岗,远远望着盐池里繁忙的生产状况,感受着中条山吹来的南风,情不自禁地抚琴一曲。南风应时吹来,既可以解除百姓的痛苦、忧患,又可以给人民增加财富。南风给人民带来的既有精神上的慰藉,又有物质上的增益,同时又反映了南风与盐生成的关系。

运城盐池的盐在生成过程中,须借助于南风。盐池南的中条山上有个盐风洞,"仲夏应侯风出,声隆隆然,俗称盐南风,盐花得此,一夕成盐"。舜歌咏的南风,就是盐南风。舜在那时就能够认识到南风与盐的生

运城南风广场

成关系,而有《南风歌》之咏。这是了不起的事,是人类对自然风力与运城盐池的盐生成关系的重要认识,显示了极高的文化水平和认识水平。

在舜当年抚琴作歌的盐池之畔的卧云岗上,唐代始建了规模宏大、气势宏伟的池神庙。在庙之南修建有歌薰楼,历代的文人雅士来到这里登楼眺望盐池,常常萌发出怀古之幽情,表达后人对虞舜歌咏南风的称颂、怀念之深情。

大禹治水与夏都安邑

运城市河津与陕西省韩城相邻的黄河河段,有个古渡叫"禹门口",旧称"龙门",附近还有一个龙门村,是大禹治水传说的著名遗迹。旧时建有禹王庙,是封建时代祭祀大禹的重要场所。明朝理学家薛瑄曾著《游龙门记》,详细记述了龙门与禹王庙的名胜景观。可惜庙宇在抗战时毁于日军炮火中。而今运城市的夏县,古称安邑,是大禹建都的地方;芮城县黄河岸边则有著名的大禹渡,有大禹治水时亲植的"禹柏"。这里不仅是古渡口,还建有电灌站及风景区——这些都是大禹和夏朝在运城的遗迹。

大禹姓姒,名文命,也是黄帝的后代,他父亲名叫鲧。帝尧时代,洪水泛滥成灾,帝尧任命鲧为治水大臣去治水。结果治了九年,洪水还是没有缓

大禹像

安邑县图（旧）

解。神话传说，鲧偷了天帝的"息壤"去阻塞洪水，取得一时之效，但天帝发现后，把"息壤"要回去了，所以治水不成。后人又说，鲧采用的是筑堤阻水的方法，效果很不理想。帝舜摄政后，巡视天下，追究鲧治水不力的责任，把鲧押送到羽山处死，同时又提拔任用鲧的儿子禹来治水。帝舜即位后，又进一步任命禹为司空，主管工程，继续从事治水事业。

《史记》中关于大禹治水的记载，较为翔实。大禹和伯益、后稷等人一起工作，征调各部落百姓，"行山表木，定高山大川"。大禹因为父亲死于工作不得力，就加倍努力地工作，在工地上住了十三年，好几次路过家门都不回去。他自己吃穿很俭朴，但祭祀鬼神时却很丰盛；自己的房屋很狭小，却尽量把建筑材料都用到水利工地上。为了工作方便，他还充分利用了各种交通工具，在陆地乘车，在水里乘船，在沼泽乘橇，在山地乘檋。测量工具也很完备，是"左准绳，右规矩"。以前，他父亲鲧是用"堵"的方法治水，到大禹这里，就改进成了"疏"，也就是开通水道，把洪水放到下游去。所谓的"禹凿龙门"，就是疏通水道的一个典型案例。

在治水过程中，大禹还令伯益教百姓在潮湿的地方种稻，令后稷教百姓种植其他粮食作物。另外也适当调配有余与不足，让大家都吃上饭。九州、九山、九川基本上定好以后，各地生产恢复，百姓们的生活也过好了，大禹就根据各地物产的不同，制定贡赋标准，让大家给中央政府做贡献。大禹治水成功后，帝舜选择大禹为继承人。帝舜去世后，大禹曾让位给舜子商均，但诸侯都拥戴大禹，大禹于是便即帝位。

大禹的都城，一向就有多种说法，有说都阳城，也有说都平阳，都晋阳，都安邑。但后世一般的传说，都认为帝尧都于平阳，帝舜都于蒲坂，而夏禹都于安邑。古安邑就在今夏县境内,现有东下冯、西阴、禹王城等多处文化遗址。

传说大禹在位时,曾选择皋陶、伯益作为继承人。大禹去世后,伯益也按照传统,让位给大禹的儿子启。因启威望高,诸侯没有拥戴伯益,都去朝拜夏启,于是夏启便继承了帝位,开创了中国历史上的夏朝。

夏朝初期的都城,仍然在今运城境内的安邑。后来夏启的儿子太康跑到了河南。西周初年分封诸侯,晋国和虞国都封在称为"夏墟"的地方。"夏墟"就是夏朝的故地,都在今山西晋南一带。

后稷教民稼穑

后稷是中国农业的始祖。而后稷的故里,又有两种说法,一说在陕西,一说在山西南部的运城市境内。今运城市的峨嵋岭北部,有一座稷王山,处于盐湖区、闻喜、稷山、万荣的交界。此山旧时也称稷神山、稷山。山上有稷祠,山下有稷亭。现在稷山县的得名,就和稷王山后稷有关。另外,在万荣、闻喜、新绛等相邻的地方,建有好几处稷王庙、稷益庙,表明当地的后稷文化,有其悠久的历史。

传说后稷的母亲姜嫄,是有邰氏之女,嫁与帝喾为元妃。有一天她去郊外,看见巨人的脚印,十分好奇,

后稷画像

就踩了几脚,没想到因此就怀孕了。因为这孩子不是帝喾的血统,出生之后就被母亲抛弃。第一次抛在隘巷之中,想让牛羊把他踩死,结果牛羊都绕着走。第二次想丢到山林,没想到山林里人来人往,根本没有机会。第三次把孩子丢在河流的冰面上,心想孩子一定会冻死,没想到一群鸟儿用羽翼保护了孩子。既然三次都未能抛弃,说明这孩子福大命大,应该养育,姜嫄就给孩子取名为弃。

弃自幼就喜欢种植庄稼。长大以后,他很快就成了部落里的农业专家。帝尧时代,弃被提拔任命为"农师",帝舜时代仍然担任旧职,但改名叫"后稷"。在大禹治水的时代,后稷和伯益是大禹的得力助手,洪水消退后,他们就帮助各部落百姓种植五谷,生产粮食,后世称为"教民稼穑"。

"稷勤百谷而山死",意思是说后稷很可能是在推广农业种植技术的过程中,积劳成疾或者遭遇突发事件,在某山区突然去世。据说,稷王山上曾经有后稷陵,抗日战争期间曾被盗掘,石棺之中发现一具巨人的骨骼,上交政府后下落不明。

后稷的后人曾任过夏朝的农官,后弃官迁徙陕西,因重视农业而兴旺,形成了强盛的周部落,最终取代商朝建立了周朝。说陕西为后稷故里,当是后稷的后人故里。

傅说举于版筑之间

中国历史上,有一位从苦役犯被举荐为宰相的圣贤人物,他的名字叫傅说。他出身的地方叫傅险,又称傅岩,在今运城市平陆县圣人涧。

商朝建立以后,历经二十二代传至高宗武丁。武丁即位后,很想复兴商朝,但是既没有好办法,也没有好人才,武丁就来了个"三年不言"。他把朝政交给宰相代理,自己成天观察思考。有天晚上,武丁梦见一位圣人,名字叫"说",说是上帝派来辅佐他的。天亮之后,武丁召集大小百

平陆县版筑遗址

官,一个一个观察鉴别,没有一个是梦中所见之人。于是,武丁就把"说"的形状描绘出来,派出大量使者,到天下各地去寻找。结果,在黄河北岸一个叫"傅险"的地方,真的找到一位名字形体完全符合的人。但这人是个服苦役的奴隶,正在修筑城墙。使者便把"说"带到都城和武丁会面,果然印证了武丁梦中所见之人。两人交谈以后,武丁发现"说"果然是位圣人。于是,就任命"说"为宰相,辅佐自己治理国家,商朝天下果然复兴。因为"说"是在"傅险"这个地方找到的,后来就以"傅"为姓,称为"傅说"。傅说从奴隶到宰相,从人臣到圣人,经历了为奴、为相、为圣三部曲。他的人生本身就是一个不断超越的奇迹。为奴时发明版筑。用两块木板相夹,填入汲土,用杵夯实,层层加高,形成一堵厚实的土墙,用于筑堤、筑坝、筑墙建房,筑城墙保国家,为中国建筑业发展奠定了根基。为相时,辅佐高宗实现了"武丁中兴"。为圣是指他勤于国事,敬于学业,撰写了《说命》三篇,即《正命》《随命》《尊命》,记载了他的执政方略。他还发明了干支记时,编历书、造甲骨文,不愧为我国历史上第一位圣人。

　　武丁是商朝的中兴之主,在位50余年,国势强盛,政治清明,百姓富庶。傅说则是千古贤臣榜样,几千年来曾经激励了无数身处困境的有志之士。今天的平陆县,重建了傅相祠,还有大量的傅说遗迹,可供人们发思古之幽情。

虞芮让田的故事

在平陆县和芮城县交界的地方,历史上曾有一块特殊的田地,两县人都不肯耕种,称为"闲田"或"闲原",附近还有"让畔城"等遗迹。这里长期流传着一段著名的历史佳话。

殷商末年,位于今陕西一带的周国逐渐强大起来,成为西部的霸主。周国的首领是周文王姬昌,他不但能处理好本国的事务,还经常为各诸侯国主持公道,排解纠纷,威信非常高。而在今运城市一带,有个古虞国和古芮国,为争夺相邻的一块土地发生了矛盾,争执不下,最后两国国君便相约到周国去,找周文王主持公道。

虞芮二君进入周境之后,一边走一边观察,发现周国的风气和别处完全不同。田野里耕种的农民互相让地畔,路上的行人互相让路,年少的人让年长的。另外,官员们也有礼让之风,升官时都先让同僚,不争不抢。虞芮二君还没有见到周文王本人,就已经被感动了,互相沟通了一番:"咱们所争的,在周国都是可耻的事情。咱们不要自讨没趣了。"回国之后,虞芮二君都做出了后退礼让,结果就让出了一大块闲田。金代史天骥有《虞芮二君让德记》碑文记载此事,流传后世。

后稷部落原本就生活在今运城境内,夏朝时开始迁徙至今陕西一带。到周文王的时候,周部落已经重新崛起,雄视天下,而"老家人"也跑来找自己主持公道,这确实是个成功的标志。过了没有多久,周文王的儿子周武王就灭了殷商,建立了周朝。

《虞芮二君让德记》碑

第三章

山川险固的乱世强国
（西周至春秋战国时期）

■ 概述

运城是尧舜禹的建都之地，但自从夏朝都城迁往中原后，运城一带逐渐脱离了统治中心，但由于经济地位重要，夏族仍然有一部分残部生活在运城一带，被称为"夏墟"。夏朝末年，商汤伐桀，夏桀逃回老家，在运城鸣条岗战败。为了防止夏朝残余力量的反抗以及控制当地的铜、盐资源，商朝一方面在此地建城，另一方面也分封一些方国。此外，商朝曾经短期建都于耿，即今运城市河津一带。

西周初年，周天子在运城一带分封了一批诸侯国，其中晋国、虞国有一些故事见于史册，其他大部分小国都名不见经传。西周末年和东周初年，晋国逐渐强大起来，吞并周边小国，不断扩张领土。在经过多年的内乱调整之后，晋国成为春秋五霸之一，威震中原，独领风骚。晋国的都城屡经变迁，其统治的中心在今运城和临汾交界地区，属于运城的主要有绛县、新绛、闻喜等地。晋国对外强大，但内部却是强大的卿大夫势力在掌权。春秋末年，韩、赵、魏三家瓜分了晋国，取而代之。韩、赵、魏三家被周天子封为诸侯，是中国历史进入战国时代的标志。其中的魏氏势力，最初起步于芮城的古魏国一带，后来发展到今临汾、霍州一带，最后建都于今夏县的安邑。

战国初年,魏文侯重用贤才,变法图强,把新成立的魏国打造成为战国初年的第一强国。后来,魏国不断向东发展,统治中心迁移到河南。运城这一带就成为边郡,称为河东郡,最后被秦国吞并。

春秋战国时代,可以称是古河东——运城的另一个辉煌期。

西周时代的封国

西周初年,在今运城一带分封了一批诸侯国。其中,晋国和虞国的分封,颇具传奇色彩。

周武王的夫人叫邑姜,是齐太公的女儿。有天晚上,武王和邑姜在一起时,做了个有趣的梦。梦中天帝告诉武王:"我赐给你一个儿子,名字叫'虞',我把唐国的地方封给他。"这天晚上,邑姜果然就受孕了,后来生了一个儿子,掌纹很像是"虞"字,于是就命名为"虞"。

武王去世后,年幼的周成王即位,周公旦辅政。帝尧后裔建立的古唐国,发生了叛乱。周公带兵消灭了古唐国,把唐国的贵族迁徙到别的地方,其国土暂时还没有分封。有一天,年幼的周成王和弟弟"虞"在一起玩耍,成王捡起一片桐叶,用刀子削成玉圭的样子,一本正经地递给"虞"说:"我把这个封给你。"侍候在旁边的史官"佚"听见了,就当了真。上前奏道:"请大王挑选个吉日,正式分封'虞'。"周成王说:"我只是开个玩笑罢了。"史佚接着说:"天子是不能随便说话的。说出来,史官就要记录,然后用正规的礼仪来落实它,用乐舞来歌颂它。"

于是,这个孩子之间的小玩笑就变成了历史的真实。西周王朝很正式地把"虞"封到了唐国。唐国的位置,在河汾之东,方圆百里左右。其核心范围,就在今临汾、运城两市之间,都城在翼城。从运城这边讲,主要包括新绛、绛县、闻喜这一带,当时称为"夏墟",是夏朝的故地,夏人、戎人杂居。"虞"姓姬名虞,字子于。因为排行小,当时称为"叔虞",分封以后称为"唐叔虞"。唐叔虞的儿子叫"燮",他即位后迁了一次都,新都城在晋水旁边,所以国号就改成了"晋"。

虞国的分封,相对复杂一些。

周文王的祖父周太王,生了三个好儿子,分别是太伯、仲雍、季历。其中,第三子季历最有贤德,而且,季历还生了一个据说有天命的圣子姬昌。所以,周太王就想打破常规,把王位传给小儿子季历,以后再由季历传给姬昌。这样,老大太伯和老二仲雍就要做出牺牲才行。太伯、仲雍果然贤德,充分发挥了"让"的美德,远远跑到南方的荆蛮部落去了。而且入乡随俗,按荆蛮部落的习惯,断发文身,以表示自己再也不回来了。太伯自号"句吴",得到了南方人的拥戴,建立了一个吴国。他去世以后,又传位给弟弟仲雍。仲雍之后,吴国又传了几代君主。

周武王灭商之后,分封天下。姬氏子弟和功臣们都得到了封国,而太伯、仲雍的后人却还没有消息。周武王于是下令寻访,终于打听到遥远的南方有个吴国,是太伯、仲雍之后,当时的国君叫周章。既然周章已经做了国君,那就不再动他,给了个正式的封号。周章还有个弟弟,周武王就把这个弟弟请回中原,封在北部的"夏墟",为虞国。他排行第二,又是虞国之君,后来就称为"虞仲"。虞国的都城,在今平陆县张店一带,现在还有遗迹可寻。

值得注意的是,西周初年的这两次分封,人名、地名、国名都是古意盎然。古唐国原是帝尧后裔建的,古虞国原是帝舜后裔建的,而这几个地方统统又称为夏墟。天帝给武王托梦,也很有意地把"唐"、"虞"两个概念联系起来。这一切都说明,在西周初年乃至商周之际人们的心目中,晋南的运城、临汾这一带,是那个遥远的古文明尧舜禹的故地。

除了晋国和虞国,今运城一带还有一大批封国,现在可考的有这几个:

韩国:姬姓,在今河津、万荣之间。

魏国:姬姓,在今芮城。

冀国:为商代贤人傅说后裔分封之地,在今河津。

耿国:姬姓。也有人认为是少昊之后,嬴姓,商朝就已存在,周朝续封,在今河津。

郇国:或作荀、珣、筍、旬。姬姓,始封为文王子,在今临猗。

北虢:姬姓。西周晚期由西虢东迁,都下阳,在今平陆。后为晋国所破,迁都河南的上阳,称为南虢。

董国:是夏商时期就存在的一个诸侯国,西周初年续封,在今闻喜。

倗国:新近考古发现的周代诸侯国,在今绛县。

曲沃代翼

西周时期,晋国没有流传下多少历史故事。到了东周时期,周天子的权威降低,"礼崩乐坏",晋国就发生了著名的"曲沃代翼"故事。曲沃,不是指现在的曲沃县,而在今运城境内的闻喜县。翼,是指晋国当时的都城,在今曲沃翼城一带。这个事件的起因,可谓源远流长。

早在西周时期的晋穆侯时代,晋穆侯在伐条戎的时候,生了长子,取名为"仇";在伐千亩(今介休附近)的时候,生了次子,取名为"成师"。当时的晋国大夫师服就议论说,这两个孩子的名字取错了,以后会发生叛乱。晋穆侯去世后,国家果然发生叛乱。穆侯的弟弟殇叔夺取了君位,太子仇逃亡到外国。四年之后,太子仇带人杀回来,击败殇叔,夺回了君位,是为晋文侯。晋文侯在位三十五年,他那位叫"成师"的弟弟一直没有封地,也没有叛乱的机缘。文侯的儿子昭侯即位后,把叔父成师封在故曲沃(今闻喜上郭到邱家庄一带),称为曲沃桓叔。他为人有贤德,有凝聚力,很多晋国人都去投奔他。曲沃城的规模比晋国的都城翼还要大,军事和经济实力自然也超过了翼。这样,在晋国内部就形成了第二个政治中心。

晋昭侯七年,大臣潘父杀害了昭侯,迎请曲沃桓叔为君。但晋国贵族百姓动员起来,赶跑了桓叔,处死了潘父,另立了晋孝侯。八年后,曲沃桓叔去世,儿子曲沃庄伯即位。又过了七年,庄伯杀害了晋孝侯,想夺取君位,但晋国人又把曲沃庄伯赶走,立了晋鄂侯。

野心勃勃的曲沃庄伯及儿子曲沃武公曾两次伐晋,杀了晋侯,但因周王朝派兵干涉,又退回曲沃。直到晋侯缗二十八年,也就是齐桓公称霸的那一年,曲沃武公发动了最后一次伐晋之战,消灭了晋侯缗。曲沃武公把晋国的宝器全部献给周釐王,换取周天子的支持。这一招果然奏效,周釐王不但没有派兵干涉,反而正式承认曲沃武公的地位,封他为晋君,拥有晋国的全部领土。这样,曲沃武公就改称晋武公了。

成师的后代就这样取代了太子仇的后代,小宗取代了大宗。这一次权力斗争,持续了67年,杀害了五位国君,赶跑了一位国君。曲沃方面,也先后换了三代人。有趣的是,这67年的内乱,没有削弱晋国,反而锻炼了它,让它很快就变成了强国。

晋献公的强国之路

曲沃武公夺取晋国君位之后,过了两年便去世了。他的儿子姬诡诸即位,后世称为晋献公。他们曲沃这一系,是靠武力叛乱而得势,又靠行贿周天子得到承认,信奉的完全是另一套文化,根本不管西周时代周公定的礼乐制度。在晋献公时代,靠武力讨伐扩张,很快就强大起来。

晋献公五年,讨伐骊戎,掳获了骊姬姐妹。这姐妹二人受到了晋献公的宠爱,后来分别生了儿子,给晋国埋下了内乱的祸根。

晋献公八年,晋国大夫士蔿给晋献公出了一个毒辣的主意,说晋国的公族,也就是"群公子",人数多实力强,不早早处理,以后必定叛乱。晋献公于是下令诛杀了群公子,晋国的公族势力从此便被铲除殆尽。士蔿献的这个主意,削弱了晋国的公室,但助长了晋国的大夫势力。大概是因为杀人太多,结仇太多,晋国原来的都城翼就不好再住了。晋献公下令营造"聚"城,改名为"绛",把国都迁到了绛,其地在今绛县车厢城。

晋献公十二年,骊姬生了儿子奚齐。子以母贵,晋献公就想换掉原来的太子申生,让奚齐做太子。晋献公一共有八个儿子,除了申生外,两位狐氏生的儿子重耳、夷吾也有贤名。晋献公没舍得杀儿子,就找借口分封,让太子申生住在老家曲沃,今闻喜;重耳住在蒲,今临汾隰县;夷吾住在屈,今临汾吉县。

晋献公十六年,晋国又扩充了军队,将原来的一个军扩为两个军。晋献公自己统领上军,太子申生统领下军,马不停蹄,连灭三国。即位于

虞坂古盐道

今芮城的魏国、今河津的耿国、今霍州的霍国。

晋献公十九年,决定出兵讨伐虢国。晋国和虢国之间,还隔着一个虞国。当时晋国的都城在绛县,虞国和虢国的都城都在平陆。从今运城市盐湖区翻越中条山到平陆,有一条运盐的虞坂古道,现在还有遗迹,地势非常险要。如果没有虞国的允许,晋国军队是很难从虞坂古道顺利通过的。当时的虞公贪财好利,晋国君臣准备了玉璧和名马,送给虞公做礼物。虞公一时糊涂,就答应了晋军的借道请求。晋军顺利地通过虞国,攻占了虢国的都城下阳,虢国被迫迁都到黄河南岸的上阳。

晋献公二十一年,晋献公发动了第二次伐虢之战。这一次,虞国君臣有一次著名的对话,大夫宫之奇认为晋军灭虢之后,会同时消灭虞国。虞公则认为晋虞同姓,不可能发生这样的事。宫之奇又讲了一番道理,说晋国不但对同姓诸侯国从来都不客气,对他们内部的同姓贵族,也从来不会手软。另外还讲了虞国与虢国唇齿相依的道理,给后世留下一个"唇亡齿寒"的成语。虞公没有听从宫之奇的意见,晋军从虞国借道,顺利地消灭虢国之后,回师途中又攻灭了虞国。虞公当了俘虏,晋献公送给虞公的玉璧和名马,又被晋军夺了回来。晋献公开玩笑说:"马还是我的马,只不过老了几岁。"这故事就是著名的"假虞灭虢"。

晋献公二十五年,晋献公时代的一系列内外争斗告一段落。此时的晋国已经相当强大,疆土越过黄河西岸,到达今陕西省,与秦国接壤;北边和翟国相连;东边到今河南省的黄河北岸地区。至于南边,已经灭了黄河南岸的南虢,势力已达今河南三门峡一带。

"割股奉君"及寒食清明

申生、重耳、夷吾都是晋献公的儿子,因权利之争,都曾受到晋献公夫人骊姬的迫害。

申生被迫自杀,夷吾外逃梁国,重耳在外流亡十九年,晚年回国为君，称晋文公。他少年时代就礼贤下士，团结了一批晋国的贤人。在流亡过程中，这批贤人起了重要的辅佐作用。其中，有一位介子推，其割股奉君、功成隐退、淡泊名利的清名流芳千古。

重耳受骊姬迫害，从狄国逃出去，投奔齐国。中途路过卫国，随从中有一位叫头须的，偷了重耳仅有的一点干粮，逃入深山。重耳一行人，只得挨饿。

路过五鹿时，重耳派人向田里的农民讨饭。那农民嘲笑重耳一行，捡了个土块，放在食器里送给重耳。重耳很生气，但赵衰给他解嘲，说土块代表着土地，拥有土地就等于能做国君。这是好兆头，不要计较了。重耳这才罢休，但肚子还是饿呀。随从中的介子推，看见重耳饿得不行了，就悄悄离开人群，拿刀子在自己腿上割了一块肉，找个锅煮了煮，然后端回去送给重耳，说是自己讨饭讨回来的肉。重耳高高兴兴地吃了一顿，这才继续赶路。后来，大家发现介子推腿上有伤，查问起来，原来是割自己的肉给重耳吃。重耳非常感动，承诺以后做了国君会答报深恩。

后来，重耳得到秦穆公的帮助，在秦军的保护下渡黄河回晋。就在渡河的时候，重耳的舅舅狐偃寻思，流亡十九年，虽然立过大功，但也多次冒犯自己外甥。现在，外甥要做国君了，万一要秋后算账怎么办？狐偃就给重耳道歉。重耳是个知恩图报的人，立即在舟中盟誓，表示要和大家共富贵，还把一块玉璧投进黄河，以示态度坚决。

这时候，介子推也犯了寻思，认为重耳得国是天

夏县介子推墓碑

命,并非狐偃本人的功劳。现在狐偃要挟君主,实在是可耻。他想象着回国以后,随从的这批人大概要摆功劳,争爵位,可耻的事情还会发生很多,自己绝对不能同流合污。于是,渡河之后,介子推就悄悄地溜走了,回家乡在母亲身旁行孝。

重耳即位为晋文公之后,要平定内乱,要改革政治,要施惠百姓,还要帮助周襄王平定王子带的叛乱,忙得不可开交。对跟他流亡的那批功臣,也进行了一些封赏,但却遗忘了曾经"割股奉君"的介子推。介子推呢,心情倒是十分平静,认为重耳即位是天命,不是某几个人的功劳,自己不愿意受到封赏。但是邻居解张深为他鸣不平,编了一首诗歌,贴在晋文公的宫门上。晋文公看见后,既悔恨又愧疚,忙派人去找介子推,发现介子推母子隐居了。再派人寻找,听说他们隐居在绵山中,不肯出来。晋文公一着急,就下令火烧绵山,一定要把介子推给逼出来。没想到,介子推宁死也不肯下山。母子二人最后抱着一棵柳树,被活活烧死。晋文公把那棵枯柳伐下来,做成一双木屐,用以纪念介子推,常常对着木屐称"足下,足下"。

为了纪念介子推被烧死的日子,晋文公让晋国百姓每年这天都不生火做饭,只吃预备好的冷食,后来称为"寒食",成了民间著名的节日。再后来,寒食与清明节合二为一,人们又用清明节纪念介子推及自己的祖先。民间很多风俗,都与介子推有关。

介子推隐居和被烧死的绵山,现在一般认为是介休的绵山。还有的说是翼城的绵山,并说介子推是翼城绵山脚下的王庄人。但介休在晋国的北边,路途遥远,当时还是狄国的地盘,介子推不可能远赴胡人控制的地方去隐居。现在万荣县境内有座孤峰山,又名孤山、介山。西汉时期汉武帝到汾阴祭后土,还称"有事于介山"。有学者考证,万荣孤山才是介子推隐居的地方。而夏县裴介镇就是介子推的故里,现还遗存有介子推墓和秦二世时立的墓碑。

魏庄子之歌钟

苏东坡在《石钟山记》中，曾经用"魏庄子之歌钟"形容石钟山的水石相击之声。所谓魏庄子，就是晋悼公时期的名臣魏绛。

当初，晋献公灭掉位于今芮城境内的古魏国之后，把魏地封给功臣毕万。之后，毕万这个家族就姓了魏。毕万的儿子后世称为魏武子，曾经跟随重耳流亡十九年，重耳即位为晋文公后，魏武子也重新被封在魏地。魏悼子时期，魏氏移封到今天临汾市霍州一带，魏绛就是在霍邑出生的。

魏绛的崭露头角，是从一次严格执法开始。晋悼公三年，大会诸侯，魏绛担任军中司马，执掌军法。悼公的弟弟杨干不守军纪，车马冲乱了仪仗。魏绛不畏权贵，依法斩杀了杨干的随从，给了杨干一个严重警告。晋悼公知道后，非常生气，认为侮辱国君弟弟，就等于侮辱了国君。魏绛呢，一方面坚持原则，上书申诉；一方面，因为得罪了国君，准备自杀谢罪。这时候，贤臣羊舌赤向晋悼公进谏，说明魏绛做得完全正确，严格执法，就是维护国家尊严，是忠诚的表现。晋悼公也是一位贤君，立即改变态度，设宴招待魏绛，并提拔魏绛为新军佐。

第二年，无终戎人的头领嘉父派孟乐到晋国，通过魏绛送给晋国一批虎豹毛皮，请求建立外交关系，和睦相处。晋悼公认为"戎狄贪而无亲"，可以趁势讨伐他们。魏绛则认为和戎有五大好处：第一，可以利用游牧民族轻视土地，重视财货的习俗，发展对戎狄的贸易，购买戎狄的土地以扩充国土；第二，边疆安定，人民乐业，有利于发展农业生产；第三，对诸侯有威慑作用；第四，与戎狄和睦相处，可以让军队得到休息，可以保存晋国的实力；第五，放弃武力，以德服人，可以让远方归服，近处平安。

晋悼公很高兴地采纳了魏绛的意见，并且让魏绛专门负责"和戎"

事宜。魏绛按计划行事,团结北方诸戎,巩固了后方。魏绛还建议给老百姓恩惠,让百姓致富。他又提倡节俭,不添置新的器物,车马服饰只要够用便可。这些措施推行之后,晋国国力大大增强。

晋悼公重用了魏绛等一批贤臣,成为新一代霸主。郑国赠送给晋国一批乐器、乐师以及女乐,晋悼公感念魏绛的功劳,把其中的一半分赐给魏绛。又把安邑封给魏绛,安邑在今夏县,后来成了魏国的都城。

卜子夏西河设教

春秋末年,孔子传承六艺,兴办私学,门徒据说有三千之多,开创了儒家学派。他虽然也曾周游列国,但足迹竟没有到达晋国境内。孔子去世后,他的弟子卜子夏居住到西河一带,设帐授徒,教出了一批著名的

子夏书院

门生，开创了新的战国文化。

子夏的故乡在今河南温县一带，他晚年很可能是回到故乡或者在故乡附近教学的。现在，运城河津有子夏墓的遗迹，后世传说子夏教学是在河津。在古魏芮城，也有子夏墓、子夏书院、西河书院等遗迹。

河津子夏祠碑

说明子夏和新兴的魏国有密切关系，而魏国的主要疆域就在今运城一带，说子夏是在运城一带设教，自在情理之中。

子夏对传播儒家经典贡献很大。他比孔子小44岁，在孔门以文学著称。相传《论语》就是由子夏等人合撰的；《毛诗》传自子夏，《诗序》即是子夏的作品；《仪礼·丧服篇》也传自子夏；《易传》一卷，也是子夏的作品。汉人徐防称"诗、书、礼、乐，定自孔子；发明章句，始于子夏"，可以说是对子夏学术地位的评价。

一位好老师，不但要会教书，还要会育人。子夏"育人"的成绩，也可以称是硕果累累。其最著名的弟子，是战国初年的贤君魏文侯魏斯，他任用贤才，变法改革，很快就把魏国建设成为战国初年的第一强国。另外，魏文侯手下的一批著名贤臣，也都是子夏的弟子。比如主持变法的李悝、名将吴起、高士田子方、大商人段干木，甚至墨家的禽滑厘等。由于魏文侯君臣以变法图强

河津卜子夏墓碑

著称,他们又都是子夏的弟子,所以后世人认为,子夏的思想中包含了法家的成分。

子夏又是健康长寿的典范,据说活了一百多岁。唐玄宗时代,追封子夏为"魏侯",宋朝又加封为"河东公",明确地把"西河设教"的地点认定在了河东。

魏文侯变法图强

战国时期,大致是从韩赵魏三家分晋开始。现在运城这一带,当时是魏国的地盘。魏国的都城,就在今夏县境内的禹王城遗址,当时叫安邑。魏国的第一位君主叫魏斯,后世称魏文侯。他是中国历史上一位有名的贤君,拜孔门弟子卜子夏为师,又礼敬田子方、段干木等高士,重用李悝、吴起、乐羊、西门豹等一批名臣,变法图强,很快就把魏国建设成为战国初年的第一强国。魏国的变法图强经验,被众多诸侯国借鉴或采纳。

在内政方面,他重用卫国人李悝,推行"尽地利之教",充分利用土地资源,精耕细作,增加粮食产量。为了保护农业和农民,李悝还推行了"平籴法",国家在丰年收购粮食,储存起来,到荒年再售出。这样,既稳定了粮价,也增加了储备。李悝又制定了《法经》六篇,健全完善了魏国的法律制度。

治国方面的典型故事就是"西门豹治邺"。魏文侯把西门豹派到位于今河北临漳一带的邺城,西门豹用智慧和特殊手段打击了巫婆神汉,禁止了"河伯娶妇"的陋俗,然后又修渠引水,灌溉农田,大力发展农业,把邺城建设成为魏国的大粮仓。

魏国的商业也十分发达。魏文侯鼓励魏国百姓和周边各国进行土特产贸易,然后抽取商业税,充实国库。魏国最著名的商业资源就是盐池,食盐可以供应周边各国。著名的"伯乐相马"故事,就发生在盐池东南方向中条山上的虞坂古道。伯乐发现的那匹千里马，当时正驮着沉重的盐车，艰难地爬山，极为劳累痛苦。我们透过这个故事，也可以了解到春秋战国时期盐运业的繁荣。

魏文侯礼敬的高士段干木，实际上就是一位大商人，是晋国末年的"大驵"，以贩卖牛马为主。另外，春秋战国之际，魏国境内最著名的大商人是猗顿。猗顿本来是鲁国的贫士，后来受到陶朱公范蠡的指点，到今临猗县一带大力发展畜牧业，很快就富裕起来。后来又从事食盐、珠宝贩卖，生意做得越来越大。后世与陶朱公齐名，人称"陶朱猗顿之富"。今临猗县还有猗顿墓的遗迹，而且临猗旧称"猗氏县"，其名称就是为纪念猗顿的。

军事方面，魏文侯则任命名将吴起等人推行"武卒制"。挑选"武卒"的标准是：士兵要穿三层护甲，携带十二石的弓，五十支箭，背三天的干粮，半天能够行军一百里。达到这个标准，才能进入军队，并且享受优厚的士兵待遇，比如赐予田宅、免除徭役等。吴起还有一套完整的练兵方法，把不同资质的士兵编入不同的战术队伍，发挥其特长。吴起平时与士兵同甘共苦，一起生活，一起作战，有了赏赐就分发给大家。吴起甚至亲自给士兵治疗伤病，亲口舔舐士兵身上的脓疮。就这样，"魏武卒"成了战国初年最强大的军队。

魏文侯任命吴起与秦国争锋，夺取了黄河西岸今陕西境内的大片领土。又任命乐羊征伐位于今河北境内的中山国，最终占领了中山。向东则与齐国争锋，在东方夺取了大片领土。

魏文侯在位50年，之后他儿子魏武侯在位26年，实力一直在发展。魏武侯的儿子魏惠王即位后，和秦齐韩赵等国多次交战，打了几个败仗，魏国才渐渐弱了下来。据说魏惠王三十一年，迫于秦国的压力，魏国从安邑迁都到今河南开封一带的大梁。又说早在魏文侯时代，就把都城从安邑迁到今河北魏县的洹水。其实，当时魏国十分强势，在东西两边都有扩张，很可能安邑和洹水是同时并存的两个统治中心。另外，有两件事，其一，魏武侯即位后曾经修筑安邑城；其二，魏惠王即位之初，兄弟争位，引来韩、赵二国入侵，三国战于今运城境内的浊泽。这说明在魏武侯、魏惠王时期，安邑仍然是魏国的中心。

纵横家张仪

我国战国时期著名的纵横家张仪,他的家乡就在山西省万荣县王显乡,其故里张仪村就是以他的名字命名的。

张仪小时候家里很穷,他和合纵家苏秦一道拜鬼谷子为师,在临猗县大嶷山一个山洞里就读,现在那儿和王显乡还留下许多有关他学道的遗迹和传说。

张仪学成之后,本想伺奉魏王,却没有被任用,就偕妻子到楚相国昭阳门下为客。一天,昭阳在赤山宴请宾客,大家要求观看他的家藏珍宝"和氏璧"。昭阳为炫耀自己的富有,就拿出来让大家观看。突然,大缸内一条大鱼跃出,大家争相追看鱼时,价值连城的"和氏璧"竟不翼而飞。有人认为张仪家穷,是张仪所偷,张仪不认账,昭阳就命家奴用皮鞭抽打,直打得张仪皮开肉绽,鲜血迸流。其妻痛哭着说:"这都是念书游说之故,要是在家种田,哪会受这等罪!"张仪开口问道:"你看我舌头还

万荣张仪点将台

在吗？"其妻答道："在哩！"张仪说："在就有办法，咱就不会受穷！"

张仪是魏国人，和秦国为邻。他在家养好伤后，在苏秦的撮合下，当上了秦惠王的门客。他主张秦惠王拉拢部分弱国，进攻另一些弱国，达到兼并天下的目的，这就是他的连横策略。他首先想征服魏国，让魏国服从秦国，为其他国家做出榜样。

周显王四十年（前329），他和秦惠王商议，以公子华为大将，张仪为副将，率军夺取了魏国的蒲阳，旋又把蒲阳还给魏，借机劝魏襄王感谢秦惠王，并明确提出要用城池、土地相谢。魏襄王虽然不高兴，但经不住张仪的劝说诱惑，只好把上郡，即现在的延安、榆林、绥德一带献给了秦。秦惠王为了感谢张仪，就免了公孙衍的相国职位，由张仪代替。张仪为了推行他的连横战略，又请秦惠王免去他的相国职位，佯装投奔魏国，让魏襄王带头奉秦。魏襄王不明就里，就拜张仪为相。

魏襄王死后，哀王当政，他劝哀王向秦称臣。哀王不听，他又叫秦伐魏，夺取了魏的汾阴、皮氏、曲沃等地。

周慎靓王三年（前318），楚、魏、赵、燕、韩合纵攻秦，因意见和步调不一，被秦军击败。张仪听到这个消息非常高兴，又劝魏哀王与秦和好，并自荐为使者，到秦国当了相国。

公元前313年，秦惠王想伐楚，唯忧齐楚联盟，就问计于张仪，张仪自请为使，对秦惠王说："凭臣三寸不烂之知，寻机游说，不怕齐楚不断绝关系。"他到楚国后，首先用重金收买了楚怀王宠臣靳尚，让靳尚引他见了楚怀王。他对楚怀王说："我是为秦楚友好而来，如果你们能和齐绝交，秦惠王就把商君以前夺的六百里地还你，把他的女儿嫁你为妻，结为婚姻，世代友好。"

楚国的客卿陈轸认为，秦之所以重视楚，是怕齐楚联盟，如果楚与齐断交，秦必不怕楚，因此应先交地，再与齐绝交。三闾大夫屈原也支持陈轸的意见。怎奈楚怀王是好色贪利之徒，经不住张仪一番花言巧语和心腹大臣靳尚的左右，就决定与齐绝交，与秦和好，并派大臣逢侯丑到秦接受土地。

张仪一到秦地，就假装脚部扭伤躲了起来。逢侯丑要见秦惠王，秦王不见，寻张仪，其门人推说脚伤未愈不能接见。逢侯丑把这些情况报告于楚怀王，怀王大怒，要发兵攻秦，结果十万大军惨败不堪，他只好献城求和。

公元前311年,秦惠王要求楚怀王以武关换回楚的黔之地,楚怀王不要地,只要张仪。张仪为了秦国的利益,不顾个人安危,自请使楚,被楚囚禁并准备杀掉。

这时,靳尚忙对怀王说:"拘禁张仪,秦王一定会大怒,天下诸侯看到秦楚断交,一定会轻视楚国。"他旋又拜见楚怀王的宠夫人郑袖说:"张仪是秦王的有功大臣,秦王肯定会想办法要回。秦王有个漂亮女儿,要嫁楚王为妻,他一定会陪嫁许多漂亮的侍女,昂贵的妆奁,秦王的女儿会自恃其父之权势,成为楚王的夫人,那时你就会被轻视、疏远。"郑袖急了,求靳尚帮忙,靳尚让她赶快找怀王放走张仪,说这样张仪会感激你,他在中间起作用,秦惠王就不会把他女儿嫁给怀王,你的儿子就会成为太子。郑袖忙设法劝怀王放走张仪。张仪回国后,秦惠王为他封地五邑,号武信君。

张仪又游说各国诸侯,实现了连横计策,回国复命,秦惠王病死,太子汤即位,即秦武王。武王在当太子时就不满意张仪的行为,加之多数大臣嫉妒张仪,张仪自感势孤力单,遂借辞回到魏国,于公元前310年在大梁病逝。

张仪一生坚持推行他的连横策略,纵横捭阖,驾驭风云,使齐、楚、燕、韩、赵、魏一致向秦,为秦之统一中国做出了一定的贡献。

第四章

大汉帝国的股肱之郡
（两汉及三国时期）

■ 概述

魏国都城东迁到大梁，河东从政治中心沦落为经常发生战争的边郡。魏国的河东郡，郡治仍在安邑。秦国得到河东之后，为进一步东进，把郡治设在今侯马翼城一带的汾城。河东地区的原魏国居民，被秦国集体迁出。秦国招募本国百姓充实河东，另外也将一部分罪犯安置到了河东。

秦朝统一天下后，分天下为36郡，河东郡为其一。西汉建立后，仍然延续秦朝的郡县制。河东有户23万多，人口96万多。其辖区24县，包括今运城、临汾两市。今属运城的县有：安邑（夏县、盐湖区一带）、大阳（今平陆一带）、猗氏（今临猗、盐湖区一带）、解（今盐湖区、永济、临猗一带）、蒲坂（今永济、芮城、临猗一带）、河北（今芮城一带）、左邑（今闻喜一带）、汾阴（今万荣一带）、闻喜（故名曲沃，汉武帝改今名，今闻喜、稷山一带）、垣（今垣曲一带）、皮氏（今河津一带）、绛（今新绛、绛县乃至侯马曲沃一带）。

《汉书·地理志》称："河东土地平易，有盐铁之饶。"概括了河东的经济特点，不仅是丰饶的粮食产区，还有盐池和铁矿，三者都属于重要的战略资源。另外，河东距离秦朝都城咸阳、西汉都城长安、东汉都城洛阳都很近,属于朝廷的"股肱之郡"。

在战争时期,河东地区是军事要地。楚汉战争期间,刘邦派韩信在此击败魏豹。东汉初年,邓禹在此击败了割据势力。东汉末年,汉献帝被挟持长安,在逃回洛阳的途中,在河东一带停留了较长时间;此外,曹操等军事集团也围绕河东展开过争夺战。

在和平年代,河东地区是国家统治的核心区域,在河东为太守的,除了近臣之外,大量的贤臣与重臣也纷纷被派往河东为太守,代表人物有季布、史弼和杜畿。西汉时期,河东又是关中粮食运往关内的中转站,朝廷在此设有粮仓。汉武帝时期,为了减轻对关东粮食的依赖,在河东太守番系的建议之下,兴修水利,开垦荒地。从汉武帝开始,后土祭祀被纳入国家祭祀体系,两汉时期,不少皇帝亲临汾阴祭祀后土,除了留下众多诗文之外,还形成了浓厚的后土文化。

魏豹城与韩信沟

现在的运城市区里,安邑办事处西边,有一座省水利职业技术学院,旧称"水校"。校区四周环水,中间有一个小公园,旧称东花园。这里头有一个古城遗址,称为"魏豹城"。"魏豹城"南不远,还有一道水沟,旧称"韩信沟"。以前这些地方都在城外,现在则被包围进城区,地貌不明显了。而所谓魏豹韩信的故事,则发生在秦汉之际楚汉争雄的时代。

魏豹这个人,原是魏国贵族,魏国被秦国灭亡后,他和哥哥魏咎隐居。秦末群雄起义,兄弟二人加入到起义军队伍中。陈胜封魏咎为魏王。陈胜起义失败后,魏咎纵火自杀,魏豹又投身到项羽队伍,跟着项羽大破秦军,被封为西魏王,定都于平阳,就在今天的临汾。

楚汉争雄时,魏豹原本是项羽的部下,但看到刘邦势力逐渐强大,便投靠了刘邦。不久参与刘邦与项羽的彭城之战,刘邦被打败,兵退荥

魏豹城遗址

阳。魏豹认为刘邦大概没有再翻身的机会了,以探视生病的亲人为借口,回到了自己的地盘河东。想借着山河之险,以观天下之变。

这时候,发生了一宗有趣的故事。魏豹有个宠姬姓薄,据说有大富大贵的相貌。当时有一位"神相"叫许负,看人非常准。薄姬的母亲魏媪便带着女儿找许负看相。许负说,薄姬将来生的儿子,可以做天子。这个预言,迷惑了英雄半世的魏豹。自己宠姬生的儿子可以做天子,那自然意味着自己可以开创一个王朝,有天子之命。所以,魏豹就决定和刘邦彻底翻脸,自己独树一帜。

刘邦的根据地在关中,与河东一衣带水,唇齿相依。魏豹闹独立,等于是在刘邦的心脏边上插了一把刀。刘邦于是派说客郦食其到河东来劝说魏豹归服,魏豹满不在乎地说:"人生一世间,如白驹过隙。今汉王谩侮人,骂詈诸侯群臣如奴耳,非有上下礼节,吾不忍复见也。"意思是人生太短暂了,我想活得开心一些。刘邦爱骂人,跟着他干不开心。同时,魏豹也不敢大意,急忙和项羽联络,请来项羽方面的大将柏植、冯敬,率大军修城御敌,驻扎在今永济古城村一带,他自己则率兵驻扎到魏国的故都安邑,指挥全局。

韩信沟

公元前205年秋天,刘邦决定向魏豹宣战。他派韩信、曹参、灌婴为正副将,率兵十万人,讨伐魏豹。韩信是中国历史上著名的军事家之一,他指挥的这场战争十分经典。魏军在今永济一带的黄河沿岸重兵把守,防止汉军渡河。韩信就派人在黄河对岸整理船只,做出渡河的态势。主力部队却悄悄移动到今韩城一带,搜集了一批"木罂",也就是木盆木桶之类的工具,让士兵乘"木罂"这种简易工具偷渡黄河。渡河之后,

韩信画像

汉军没有理会魏军的主力部队,而是直扑安邑,一战生擒魏豹,灭了西魏国。刘邦将河东这片土地,又改为河东郡。

现在运城市区内的这座魏豹城遗址,据考证建于战国时期,当时并不叫安邑,到北魏时代才建了安邑县。老安邑城在今夏县的禹王城,后来才改成北安邑县、夏县。魏豹就是在此城被擒。据说,魏豹城四周环水,攻城不易,韩信让人挖了一条沟,把水放进盐池,然后就顺利地攻进了城。

河东,吾股肱郡

股为大腿,肱为臂膊。"股肱郡"这个名词,是指像人四肢能起到拱卫京师作用的要地,最初是专指河东的。这个故事还得从季布和汉文帝说起。

季布是南方楚地人,曾在项羽手下为将。楚汉争雄之际,季布多次

奉命追赶汉高祖刘邦,是刘邦的死对头。项羽灭亡后,刘邦以千金悬赏季布的人头。并下令,有敢隐匿季布者,诛灭三族。但季布是当时著名的侠义之士,江湖朋友非常多。先是隐姓埋名藏在濮阳的周家,后来又变为奴仆,藏到鲁国大侠朱家的家里。朱家替他找朋友说情,争取到了汉高祖刘邦的原谅。这样,季布就出来公开活动,做了汉朝的官。

汉惠帝时期,季布升为中郎将。有一次,吕太后召集众将开会,讨论对匈奴的政策。当时匈奴单于给汉朝写信,按照匈奴收继婚的传统,要求和吕太后结婚。太后非常生气,想出兵讨伐匈奴。汉高祖时期的猛将樊哙,同时也是吕太后的妹夫,声称愿意率领十万精兵,横扫匈奴。当时群情激愤,大家基本上都赞同樊哙的意见。季布却站出来,义正辞严地指责樊哙欺骗大家,应该斩首。季布认为,当年汉高祖率领精兵30万,尚且被匈奴围困在平城一带。当时樊哙就在军中,应该了解匈奴的实力。现在声称带十万兵就可以横扫匈奴,不是欺骗是什么?而且,当年秦始皇把主力部队用来对付匈奴,中原兵力空虚,引发了陈胜起义,最后导致秦朝灭亡。经过几十年的战争后,现在天下满目疮痍,这时候如果和匈奴作战,实在太危险了。

季布本人是个勇士,不会因为怯懦而拒战。他的这一番议论,是从天下大局出发的。但在吕太后盛怒的情况下发言,确实也冒了极大的风险。当时众将都吓得不敢再说话,吕太后左思右想,只好先暂时罢朝,不再商议讨伐匈奴的事。后来,还给匈奴去信,以风俗不同,推辞了匈奴王的请求。

不久,季布就被任命为河东太守,住到安邑。汉文帝即位后,朝中大臣推荐季布,担任御史大夫。但又有人说季布性情勇猛,爱喝酒,不容易接近。汉文帝本来已经下诏让季布进京,听了别人的闲话后,又把季布放在一边。

季布从安邑赶到长安,在馆驿中闲住了一个月,才等到皇帝召见,见面也没有说什么,就要返回任所。他明白事情的原委,就不客气地对汉文帝说:有人说我好,你就把我招来。有人说我不好,你就再把我打发回去,这会让别人看你的笑话的。

汉文帝是被朝中一批反吕的功臣扶植到帝位上去的,朝中的实权还在功臣们手里,皇帝也不能事事都作主。所以,汉文帝心里清楚,脸上惭愧,嘴上还得说句客气话。这句应付季布的客气话,反而成了对河东郡的高度评价:"河东,吾股肱郡。故特召君耳!"意思是,河东这个地方,对朝廷实在是太重要了,所以我要把你招来,当面叮嘱一番。说完,就把季布打发回去了。

河东,当时是朝廷的粮食产地、盐铁产地,另外也是战略要地,称为"股肱郡"是名副其实的。

番系渠田与赵过代田

古河东是传统的粮食产地。农业生产的发展离不开水利设施以及耕作技术的革新。汉武帝时期,河东就进行过两次革新,一次失败,一次成功。

大司农郑当时给汉武帝提了一条合理化建议。他建议从长安引渭水,挖一条漕渠,沿着终南山,取较直线路直下黄河,大约只需三百里左右,运粮时间可以缩短一半。还可以浇灌沿线的农田一万余顷,提高粮食产量。汉武帝采纳了郑当时的意见,花了三年时间,挖通了漕渠,运粮及灌溉的效果果然很好。

当时的河东太守叫番系,他做了一番调查研究,也向汉武帝提了一条建议。番系说,山东一带的粮食,每年通过黄河运往长安的有一百余万石,中间要经过三门峡砥柱山的危险河段,每年都会有一批船只触石沉没,损耗粮食。而河东郡辖区,汾河沿岸和黄河沿岸,有大片的弃地没有耕种。如果在汾阴、皮氏(今万荣、河津)两县修渠引汾河水,在汾阴、蒲坂(今万荣、临猗、永济)两县修渠引黄河水,就可以开垦出五千多顷的良田,每年可以收获二百多万石的粮食,沿渭水可就近运往长安。这样,朝廷会减轻对关东地区粮食的依赖。

番系的这个前景美好的建议立即引起了汉武帝的重视,他也下令发卒数万人,到河东挖渠开垦。但汉武帝和番系都忽略了河东这一段黄河的一个大特点,就是"三十年河东,三十年河西",黄河是经常"倒岸"的。几年后,河道发生变化,千辛万苦修成的水渠和开垦的良田立即被淹没。种田的农民连粮种都赔进去了,二百万石的产量自然也泡了汤。多年以后,朝廷就不再指望河东的渠田,任由它再次荒废。

汉武帝末年,朝廷财政亏损,粮食也非常紧张。就任命农学家赵过为搜粟都尉,致力革新农业技术,提高粮食产量。赵过推行了著名的"代田法",非常适合北方的旱作农业。"代田法"据说是后稷时代的古法,被赵过重新研究改造。具体作法是这样的:在农田中挖出深一尺宽一尺的壕沟,称为"甽",旁边相对高的一道梁,也是一尺高一尺宽,称为"陇"。谷物种在"甽"里,土壤中水分充足,幼苗也不受风吹。农民平时锄草时,顺便把"陇"上的土和杂草一起拨到禾苗的根部。到夏天时,禾苗已经长大,"陇"和"甽"也基本上扒平了。这样,禾苗的根扎得很深,肥料充足,长得很健壮。第二年,"陇"和"甽"的位置互换,以恢复地力。这样,每亩的产量,能比以前多一斛。另外,赵过也推广了一批先进的生产工具,比如三人二牛的"耦犁"等等,也大大提高了生产效率。

赵过的"代田法"先经过小规模的试验,然后大规模的推广。主要的推广地区,包括关中的"三辅",西部的一些边郡,另外就是弘农郡、河东郡,效果普遍都很好。到汉宣帝时期,"岁数丰穰,谷至石五钱",粮食已经非常充裕。大司农中丞耿寿昌替朝廷算了一笔账,说以前朝廷每年从关东调运粮食四百万斛,用卒六万人,现在只要调集三辅、弘农、河东、上党、太原等郡的粮食,就可以满足京师的需要。为了解决谷贱伤农的问题,耿寿昌还建议在边郡修筑粮仓,谷贱时由朝廷加价收购,谷贵时再减价出售,称为"常平仓",方便了广大百姓。

《汉书·地理志》记载,西汉时期河东郡建有根仓、湿仓两个大粮仓,成为朝廷的粮食转运基地。河东、上党、太原等郡的粮食统一汇集到河东,然后再转运京师。由此可见当时河东的经济地位。

泛楼船兮济汾河

在山西万荣县西部毗邻黄河的庙前村,有一座著名的后土祠,祠内有砖木结构的一座楼阁,因上刻有汉武帝的《秋风辞》而被称为"秋风楼",以示纪念。其辞曰:"秋风起兮白云飞,草木黄落兮雁南归。兰有秀兮菊有芳,怀佳人兮不能忘。泛楼船兮济汾河,横中流兮扬素波。箫鼓鸣兮发棹歌,欢乐极兮哀情多。少壮几时兮奈老何?"这首《秋风辞》后世流传颇广,被誉为千古名篇。历来认为是汉武帝到汾阴祭后土时的佳作。

在汾河与黄河的交汇处,古时有一个大土丘,称为"脽"。传说黄帝时期就曾在此处扫地为坛,祭祀后土。而所谓后土,来历也极为久远。有说是共工氏之子句龙,善平水土,被祀为后土;有说大禹平水土,被祀为后土;还有说是与皇天相对的大地之神。在后世,还有所谓的后土娘娘、女娲娘娘、后土皇地祇等说法。而历代帝王到汾阴祭后土,祭祀的是与皇天相对的大地之神,祈祷的是五谷丰登,这个祭祀活动是从汉武帝时开始的。

汉武帝喜欢求仙,喜欢搞祭祀,喜欢巡游。元鼎元年,他在祭祀天帝的时候,忽然说:"今上帝朕亲郊,而后土无祀,则礼不答也。"意思是只祭天不祭地,于礼不合。于是太史令司马谈、祠官宽舒等人就按皇帝的意思进行研究,认为祭祀后土应该选择在"泽中圜丘",设置五个祭坛,每坛用一只黄牛犊作祭品,祭完后把黄牛犊埋进地下。祭后土的礼服,应该选择黄色。汾阴的"脽",正好就是水地中的一个天然大土丘,再加上那些古老而神奇的传说,就被选定为祭后土的地方。汉武帝带着大队人马赶到汾阴,准备祭祀。汾阴县一个叫公孙滂洋的男子却上奏,说他在汾河旁边看到绛红色的光芒,非常奇异。汉武帝认为这个是天降的祥瑞,更加确定在汾阴祭后土的想法。于是,就在汾阴"脽"上建了后土祠,按照司马谈、宽舒等人制定的礼仪,祭祀了后土。祭祀完毕后,又到河南

万荣县后土祠

荥阳、洛阳等地巡游了。

汉武帝离开河东后不久，当年夏六月，汾阴县一个叫"锦"的巫觋，史书上称为"巫锦"，却有了重大发现。他在"魏脽后土营"的旁边，主持一场民间祭祀，忽然发现地面上隆起一个像钩子的东西，挖开后是一只古鼎。这只鼎比平时人们见过的鼎要大得多，而且只有花纹没有文字。因为辛垣平早就预言过汾阴会出周鼎，汉文帝还专门修庙迎接，这事民间都知道。所以，鼎挖出来后，立即上报给朝廷。汉武帝按照隆重的礼节把宝鼎迎请到甘泉宫，向鼎献祭，又让人抬着鼎随驾而行。有一天，走

后土祠内碑石

到中山，天气颇为晴暖，天空出现了吉祥的黄云，有一只鹿从车驾附近经过。汉武帝取来弓箭，一箭中的，就拿这只鹿来祭奠宝鼎。回到京师长安之后，汉武帝要隆重纪念获鼎事件，召集公卿大夫讨论。汉武帝故作谦虚地说，这几年黄河决口，粮食歉收，所以我巡幸河东，祭祀后土，为天下百姓祈祷丰年。现在，粮食还没有丰收，宝鼎为何就出现了呢？大臣们引经据典，歌功颂德，最后决定改纪元为元鼎，以作纪念。

汉武帝确立了汾阴祭后土的礼仪之后，平生多次到河东来祭祀。祭祀的时间，以春三月居多，也有十二月的，唯独不见有秋季的。后世流传的《秋风辞》，虽然文辞优美，但也饱受争议。另外，元鼎六年冬季，汉武帝东巡路过河东，走到左邑县桐乡时，接到平定南越的捷报，喜出望外，就下令在左邑县划出一部分，设置闻喜县，县名至今沿用。

至于汾阴县挖出的那只古鼎，究竟是周代的九鼎之一，还是商代的宝物？现在已无法得知。汾脽很可能是上古时期的一处文明遗迹，掩藏

万荣县后土祠秋风楼

了大量的古物,到唐朝时还出土过古鼎,当地县名被改为宝鼎县。汾脽在明朝末年就屡受河水侵蚀,至康熙元年被彻底冲毁。现在的后土祠,是清朝同治年间择地重建的。

扬雄与《河东赋》

汾阴祭祀后土,是西汉时期的国家盛典。汉武帝去世后,汉昭帝年轻,没有来得及祭后土就去世了。汉宣帝时祭祀了多次,并且也有众多的祥瑞出现。某次祭后土时,现场出现了大量的"神爵",也就是一种不常见的雀鸟,汉宣帝因此改纪元为神爵。汉元帝时期继续祭祀后土,到汉成帝时,却意外地中断了许多年。因为大臣匡衡等人建议祭祀要简化,所以把汉武帝时期设立的种种大典都撤销了。永始三年冬,因为灾异太多,皇太后下诏全面恢复传统祭祀。到永始四年春三月,汉成帝就带着群臣轰轰烈烈到汾阴祭后土来了。祭祀完毕后,又游河东名胜,缅怀古代圣贤。

与以往祭祀后土不同的是,汉成帝的随行队伍中,有一位擅写辞赋的大文豪扬雄,专门负责记录和描述当时的盛况,给后世留下了一篇《河东赋》,开篇写道:

其三月,将祭后土,上乃帅群臣横大河,凑汾阴。既祭,行游介山,回安邑,顾龙门,览盐池,登历观,陟西岳以望八荒,迹殷周之虚,眇然以思唐虞之风。雄以为临川羡鱼不如归而结网,还,上《河东赋》以劝。

这次祭祀的时间是西汉永始四年,也就是公元前13年。人物是汉成帝和他的群臣。他们从今陕西境内渡过黄河,到达当时的汾阴县,也就是今万荣县。祭祀完毕后,先游览了万荣境内的介山,现在叫孤峰山、孤山。然后到了河东郡的郡治安邑。接着是游览黄河龙门,在今河津市西北与陕西交界的地方,又叫禹门口。之后又游览盐池,在今运城市区南边。又去登历观,地点在中条山的西部,今永济市与芮城县交界一带。

最后渡黄河西去，游览了陕西境内的华山。

扬雄的《河东赋》，先交代了事件的主题，然后铺陈祭祀队伍的盛况；继之，叙以出行的路线，即走了一段陆路，然后沿渭河而下，溯黄河而上，游览了介山，发思古之幽情，感叹晋文公而同情介子推；扬雄在《河东赋》中称皇帝一行在介山怀念晋文公和介子推，证明在西汉时期，人们公认介子推的隐居之地就在万荣的孤峰山。

接着汉成帝又游黄河龙门而怀念大禹；登蒲坂历山而赞叹虞舜；最后西渡黄河又登华山，结束了河东之行。

《河东赋》的最后，扬雄又发了一段议论，委婉劝谏汉成帝：与其仰慕尧舜禹稷文武周公等古圣贤，不如自己好好治国，做个圣明君主。

邓禹定河东

东汉的开国功臣，后世称朝内有"云台二十八将"，对应天上二十八宿。其功臣的第一名是邓禹，而邓禹的成名之战，就发生在河东。

邓禹是河南南阳人，少年时代游学长安，和刘秀是同学好友。王莽灭亡，更始帝刘玄称帝于长安。当时很多豪杰都推荐邓禹，但邓禹却不肯投奔刘玄。听说老同学刘秀到了河北，他便追了过去。刘秀这时刚刚有了独当一面的权力，就高兴地问邓禹："老同学你是不是想做官啊？"邓禹说不愿意。刘秀追问，邓禹便答道："但愿明公威德加于四海，禹得效其尺寸，垂功名于竹帛耳。"原来他早看出刘秀是当皇帝的料，想跟着刘秀建功立业呢。

邓禹跟了刘秀一阵子，出谋划策，冲锋陷阵，表现很出色，也很受重用。更始二年，赤眉军要西进长安，更始帝派几员大将在弘农、河东二郡严加防守。刘秀发现这是一个乘机夺取长安的好机会，就准备选派精兵强将，完成这个任务。选来选去，选中了老同学邓禹。他拜邓禹为前将军，分派精兵两万人。同时，还让邓禹自己选择偏裨以下的部将。邓禹选择韩歆为军师,樊崇为骁骑将军,宗歆为车骑将军,组成了一支强大的部队。另外,刘秀和邓禹为了保障后方,还特意选择寇恂为河内太守,为各路大军提供兵器粮草等物资。

东汉建武元年正月,邓禹率两万精兵强将翻越太行、王屋二山,从箕关进入河东境内。更始帝原本就安排了精兵强将防守河东,河东都尉早就做好了御敌准备。所以邓禹花了十天时间才攻破位于垣曲、绛县交界的横岭关,收获颇丰,得到辎重千余乘。接着,邓禹率军包围河东郡的郡治安邑。安邑是大城,城墙坚固,河东太守杨宝也做了充分的守城准备。大军包围安邑之后,一连几个月也没攻破。但是,这期间邓禹攻城略地,占据了河东很多地方。

更始帝听说安邑被围,派遣大将军樊参率兵数万,从今平陆县的大阳渡过河北上,救援杨宝。邓禹分出一部分兵力,迎击樊参。这种战术,后世称为"围城打援"。邓禹的部队与樊参在解县南部遭遇,地点大概就在今盐湖区解州及永济虞乡一带。这一仗打得十分精彩,大破敌军,并将樊参斩首。

接着,更始帝又派王匡、王成丹、刘均等人,整合十几万兵力,兵援安邑。邓禹的部队,总共只有两万人,敌众我寡,初战失利,骁骑将军樊崇战死。王匡等人觉得邓禹的兵力太少,不值得乘胜全歼,天黑之后,就下令收兵休息。军师韩歆和众将见兵败失利,就劝邓禹趁着夜色撤退。邓禹则坚决不同意。

第二天,按干支是癸亥日。王匡等人比较迷信,认为这是"六甲穷日",不能用兵,就休战一日。邓禹利用这个宝贵的机会休整了部队,重新做好了战斗准备。

癸亥日过去便是甲子日,对王匡来说是个用兵的吉日。他一大早就汇集各路部队,向邓禹发起了总攻。邓禹沉着冷静,命令部队严阵以待,不许妄动。等到王匡部队进攻到军营附近时,邓禹才命诸将擂鼓而出,奋勇杀敌。这一战以少胜多,大破敌军。王匡等主将弃军逃走,河东太守杨宝、抗威将军刘均、持节中郎将弭强等都被俘虏,随后被斩首。另外,获得敌军"节六,印绶五百,兵器不可胜数"。接着,邓禹承制任命祭酒李文为河东太守,委派了各县的令长,宣布对河东全境的正式占领。

这时候,正是六月份。刘秀在河北的鄗城即位称帝,正式建立了东汉政权,改元建武。他听说邓禹成功占领河东,非常高兴,派使者持节任命邓禹为大司徒。诏书夸邓禹"斩将破军,平定山西,功效尤著",封为酂侯,食邑万户。

这一年邓禹24岁。受诏后不久,他便从汾阴西渡黄河,进军关中。

刚强不屈的太守史弼

东汉时期的河东太守,姓名见于史书的有十几位,汉桓帝时代的史弼,就是比较特别的一位。

史弼字公谦,河南陈留考城人。父亲曾做过尚书、郡守,算是官宦门第。史弼少年时代即以学问见长,曾经收了几百个学生。20岁担任陈留郡的功曹,负责官吏考核。因为前任太守是个贪官,陈留郡风气很坏。新任太守来了之后,史弼一下子举报一百多位违法乱纪的学生和官吏,让太守处罚,改变了陈留的风气。

后来,史弼入朝任尚书,不久又出任平原国相,其职权与太守相当。在这个任期,因"党锢之祸",朝廷要求各郡国举报党人。所谓党人,其实就是反对宦官集团的官僚和知识分子。有的郡国竟一下子举报了几百人。只有史弼的平原国,一个人也不肯举报。朝廷便连派官员催促督责史弼执行朝廷命令。从事官责问道:"青州一共六个郡,其中五个郡都查出了党人。为什么你们平原就查不出一个呢?"史弼则理直气壮地回答:"各地水土风俗不同,别的地方可以有党人,平原也可以没有党人。诬陷忠良的事,宁死也不干。"从事官便弹劾举报史弼。这时,正好朝廷中止了抓捕党人的行动,史弼只交了一点罚款,就免了罪。而实际上,平原当地和党人有关系的有上千人,这批人最终都被史弼冒险营救。

史弼的执政特点有双重标准:对豪强大族非常严厉,绝不手软。对普通小民则十分宽容,有了过失也会赦免。这样,既容易得罪人,也会收获人心。

史弼调到河东当太守后,干了一件震动朝野的大事。当时太守有"举孝廉"的职责,就是把民间孝顺廉洁的人士上报给朝廷,取得做官资格。因东汉后期风气败坏,举的孝廉名不符实,朝中权贵走后门推举自己的亲戚,太守本人也可以徇私推举自己的门生故交。史弼本人正直无私,预先下了命令,举孝廉期间不收一切信件。不久,宦官中常侍侯览果然写了一封请托信,让一个亲近的书生送过来。除了要求推举这名书生为孝廉,还要求挪借一部分河东盐税给自己用。

这书生拿着信件,在安邑等了许多天,都见不上史弼的面。后来,找了另一个借口,见着了史弼。交谈一番后,方才取出信件呈上。没想到,史弼一下子就翻了脸说:"我担当重任,要选择优秀人才报效国家,你是个什么东西,竟敢来骗我?"他让人把这书生拉出去,重重责打了数百下。当时,河东郡的属吏们都知道这书生是中常侍侯览的亲戚,得罪不得,连连向史弼求情告饶。史弼不理会这一套,打完了,又把那书生关进安邑监狱。到监狱可能又打了一顿,竟把人打死了。

侯览知道后,非常恼怒,便运用手中特权,让管河东的司隶府逮捕史弼,用槛车送到京师洛阳。

史弼入狱后,平原国的官吏、同僚,到京城为他申冤。后来,史弼被判死刑,这批人又变卖房产,拿钱向侯览行贿,终于获得了减刑。史弼刑满释放后,隐居数年,又出来做官,病故于彭城相任上。

汉献帝巡幸河东

汉朝诸多帝王到河东来,主要目的是祭祀后土,顺便巡游各地。东汉时期,光武帝祭过一次后土,此后东汉就不再有皇帝亲自到河东祭后土了。东汉末年,汉献帝刘协,却在战乱之中,很不得已地巡幸了一次河东。

公元195年,在长安的董卓部将李傕、郭汜等人发生混战。此时身在长安的皇帝和公卿大臣既是战利品，也是沉重的包袱。有时被争来抢去，有时被虐待或残杀。六月，镇东将军张济从河南赶到长安，为李、郭等部调停，并邀请皇帝公卿到弘农去。汉献帝想回洛阳，而弘农靠近洛阳，就答应了。在东归路上，各部又发生争执，战斗不已。汉献帝被董承、杨奉等人胁持，而李傕、郭汜、张济等人合兵一处，十二月在弘农东涧与董杨部发生大战，董承、杨奉大败。战后，汉献帝一行露宿于曹阳。董承、杨奉一边与李傕等人假和谈，另一边派人北上河东，邀请白波起义军首领李乐、韩暹、胡才以及南匈奴右贤王前来助战。结果，河东各部发来数千骑兵，击败了李傕等部，然后保护着汉献帝继续东行。到达陕县之后，李乐准备乘船顺黄河而下，直达洛阳。大臣杨彪认为三门峡一带的砥柱山河道太过艰险，不宜让车驾经过。最后决定，渡河北上，暂时到河东躲避。

汉献帝渡河的情景也极为悲惨。

先让李乐率少量部众渡过黄河，到对岸准备船只。船只备好以后，举火为号，汉献帝一行便悄悄步行出营。当时，皇后的哥哥伏德一手扶着皇后，一手还夹着十匹绢。到了黄河岸边，发现河岸高峻，离河滩还有十几丈深。幸好伏德带着十匹绢，就用绢把皇帝、皇后绑好吊下去。其余的人，只好慢慢沿河岸爬下。到了河边，士兵们争着上船。因为船只太少，董承、李乐等人只好挥起长戈，一通砍杀，船舱里落满了被砍掉的手指。就这样，才保护皇帝、皇后和少量公卿上了船。

李傕发现黄河对岸有火光，担心董承等人要裹胁着皇帝北渡，就派人来侦察，正好发现皇帝一行上船，就在岸上大声呼喊。董承担心敌人放箭，就用被子把皇帝、皇后遮盖起来。到了河北岸的大阳渡，进入了李乐的营地，皇帝一行才算是安全了。当时，成功渡河的只有几十个人，其余的宫女、吏民，困在黄河南岸，衣服被乱兵抢劫一空，冻死者不计其数。

让汉献帝感到温暖的是，河内太守张杨听说皇帝有难，派几千人背着粮米送来，解决了饥饿问题。黄河北岸的大阳渡，当时叫大阳县，现在称平陆。皇帝一行在大阳稍事休息，乘着牛车，翻越中条山，赶到河东郡的郡治安邑，在安邑暂时住了下来。当时的河东太守名叫王邑，他看皇帝公卿衣衫褴褛，瑟缩寒冷，急忙准备了大量的绵帛，分散给众人御寒。

那几年兵荒马乱,天灾人祸不绝,河东郡的情况也不好。汉献帝住的地方缺少围墙,只能用酸枣刺做篱笆,晚上也没办法关门。皇帝与群臣朝会的时候,没见过大世面的士兵们纷纷聚集到篱笆外,围挤着看热闹,时不时地发出哄笑声。在乱世之中,皇帝已经威风扫地,全无尊严,但他是正宗的天子,有封官许爵的权力,所以各路人马才肯支持他、保护他,同时也抢夺他。董承、杨奉等人已经封过官了,到安邑之后再论功行赏。河东太守王邑被封为列侯,胡才被封为征东将军,张杨被封为安国将军。其他的各路将帅,相当于各地的土匪或地方武装首领,也要求封官。汉献帝都要满足他们的要求,刻铸官印来不及,就用锥子胡乱刻一个对付。

稳定下来之后,汉献帝派韩融到弘农和李傕、郭汜等人谈判,最终李傕答应和平相处,放回了扣押的百官公卿,归还了抢夺的宫人和器物。这批人来到安邑之后,河东的存粮很快就被吃完了,大家只能以菜果为食,非常狼狈。

翌年,汉献帝在安邑改元建安,大赦天下,另外还在安邑举行了郊祀仪式,祭祀天地。不过,汉献帝在安邑过得并不太平,董承、张杨等人想让皇帝回洛阳去,杨奉等人想让皇帝长期住在安邑,双方争执不下。到了六月,汉献帝终于动身,先到闻喜,然后在众将的保护下离开河东,回到故都洛阳。到洛阳不久,又被曹操迎请到许昌,从此,汉献帝就在许昌长期住了下来。"挟天子而令诸侯"的事,最终让曹操做成了。

钟繇平定河东

汉献帝东迁时,汉朝的公卿百官在乱军中受尽苦楚,如同一群待宰的牛羊。名震后世的大书法家钟繇,当时就在百官队伍中。他不仅在献帝东迁这个事件上出了大力,后来还镇守长安,辖制西部诸军,让曹操无西顾之忧。在河东发生战乱时,他巧为运筹,指挥得当,顺利地平息了战乱，保护了河东郡三万户百姓的安全。

建安七年（202），南匈奴单于起兵占据了河东郡的平阳城，钟繇奉曹操的命令，率军进入河东，包围了平阳。僵持很久，也没有把平阳城攻下来。这一年，袁绍病死，袁尚统领河北诸军，他委派钟繇的外甥郭援为河东太守，率兵强占河东。又派并州刺史高干，联络南匈奴单于，合兵配合郭援。另外，袁尚还派密使到关中，联络马腾、韩遂等部，共同夺取河东。马腾、韩遂等人表面上服从曹操，私下里却答应了袁尚。

郭援从现在晋东南的方向进攻河东，一路上势如破竹。只在进攻绛邑城时，受到绛邑长贾逵的坚决抵抗。但过了没多久，绛邑城便被攻破，贾逵被俘。

钟繇面临的局势非常危急。他判断，这场战争的胜负，取决于马腾、韩遂的态度。于是，钟繇就派张既去游说马腾，陈说利害，终于争取到马腾的支持，派儿子马超，率领精兵一万余人，进入河东与钟繇会合。

马超是《三国演义》中著名的"五虎上将"之一，在后世名气很大。他的部将庞德骁勇善战，也参加了河东会战。

战前，钟繇的部将胆怯害怕，认为应该迅速撤军。钟繇坚定地说："袁尚势力正强，郭援这次进兵，关中诸将都悄悄与他联系。他们之所以没有公开反叛，是害怕我的威名。如果我未战先退，向敌人示弱，只怕所有地方的将士和百姓，都会起兵造反，变成敌人。那时候，想回也回不去了。另外，郭援这个人我了解，刚愎好胜，肯定看不起我们。他如果先渡汾河再扎营，那我们就可以趁其立足未稳之时，发动进攻，一定可以获胜。"钟繇是郭援的舅舅，对外甥的性格很了解。郭援率军赶来之后，果然轻视钟繇，没让军队休整就直接渡过汾河，钟繇趁敌军半渡之时，下令发动进攻。经过一场苦战，大破郭援。勇将马超在战斗中被箭射伤脚部，马超找了个袋子把脚包扎一下，继续冲锋陷阵。庞德则在这场战斗中立了首功，斩了郭援的首级。

战斗结束后，钟繇下令寻找郭援，大家都说郭援战死了，却找不到首级。天黑以后，庞德才从弓箭袋中取出一颗人头，交给钟繇。钟繇看见以后，就放声大哭。庞德急忙向钟繇道歉，钟繇说："郭援虽然是我外甥，但他是国贼，该死，你用不着道歉。"郭援战死后，袁尚占领河东的计划失败，并州刺史高干、南匈奴单于都率军投降，河东的局势方平安稳定。

杜畿安民兴教

汉末魏初的河东太守杜畿，是史书记载河东地方长官中，事迹丰富、功绩显著之人。

杜畿字伯侯，是京兆杜陵人。少年时代是孝子，成年后出仕，是位能干的政治人才，后来投奔到了曹操帐下。

建安十年（205），曹操率军北征乌桓，后方空虚。并州刺史高幹乘机反叛，上党、弘农各郡起兵响应。河东郡形势不稳，当时，原任河东太守王邑被征召入朝，河东本地豪强卫固、范先等人反对朝廷的调令，要求留下王邑，与司隶校尉钟繇发生了争执。另外，卫固、范先等人也秘密与高幹勾结。所以河东郡局势的稳定与否，就成了曹操集团的头等大事。

曹操和谋士荀彧商量，让他推举一位像西汉萧何、东汉寇恂这样的人才，镇守河东郡。荀彧称杜畿可以担当这个重任。当时，杜畿已经被任命为西平太守，正在赴任途中。曹操紧急下令，把杜畿追回来，让他去河东上任。

当时，河东郡本来就和司隶校尉钟繇闹意见，反对调走王邑。这时听说朝廷派来了新太守，就更加反感。卫固等人就派兵在黄河渡口把守，拒绝杜畿进入河东。曹操听说河东情况有变，就派大将夏侯惇率兵征讨，这支部队走在路上，一时还没有进入河东。这时候，钟繇等人就对杜畿说："必须派大兵保护你上任。"杜畿还没有当上太守，就先考虑到了河东百姓的安危，他认为，河东三万户，未必全想跟着造反，一旦大兵入境，就会逼着百姓参加卫固的叛乱。如果大兵一时未胜，就会惊动周边各郡，改变大局。即使一战而胜，也会给当地百姓生命财产带来损害。所以，杜畿决定不带兵马，单车上任，先和卫固虚与委蛇，巧为周旋，想办法平定河东。

就这样，杜畿从陕县改道在今芮城县的浢津渡过河，赴安邑上任。

因为当时天下大局未定，卫固、范先等人还不敢公开造反。另外，卫固和范先二人意见也不完全统一。范先想杀掉杜畿，就先动手杀害了三十几位河东郡吏，观察杜畿的反应，杜畿装傻不理会。卫固早与杜畿相识，经常讥侮杜畿，就劝范先暂时不要杀杜畿。这样，杜畿就算是正式上了任。上任后，杜畿向卫、范二人表了态说："你们两家是河东大族，我一切都要仰仗你们，但是官场有官场的规矩，上下级的礼节不能少。另外咱们几个人在一起共事，祸福同当，有大事你们要与我商量。"然后，任命卫固为都督，兼任郡丞和功曹，几乎代理了太守的所有权力。河东郡的地方武装有三千多人，则全交给范先统领。所以，这二人都放了心，杜畿反而变成了客卿或谋士的角色。

卫固要扩充兵力，找杜畿商量，杜畿说："办大事首先要争取人心，强行征兵会骚扰百姓，不如出钱募兵，一步一步地来。"这是个馊主意，卫固和范先花了很多钱，但这些钱财都被部将们中饱私囊，并没有招来多少兵。然后杜畿又说："官吏将士们平时都想家，不如轮班休息，有了大事发个通知，大家都能很快回来。"这个建议获得了官吏将士们的支持，卫固和范先头脑简单，居然也答应了。这样，卫固和范先的势力就被遣散了。杜畿又秘密联络，获得了很多人的支持。

高干的叛军南下之后，周边各郡一起响应，卫固和范先也准备起兵支援，但因为人马都被杜畿遣散，一时间竟无法行动。杜畿一看时机成熟，知道各县都会支持自己，就带了几十人离开安邑，进入了地势险要的张壁城，树旗传令，号召各县支持太守。河东各县，一方面加强自己的城防，一方面派兵和杜畿会合。数十日内，杜畿的张壁城就有了四千多兵力。

卫固、范先召集了自己的部队后，与高干、张晟等人合兵，先来进攻杜畿的张壁，数日不能攻下。又去各县骚扰，各县也早有防备，劫掠不到东西。过了不久，钟繇、夏侯惇等各路曹军进入河东，顺利地平息了战乱。在杜畿的巧妙布置下，河东郡虽然经历了战乱，但受伤害最少，基本上没有什么损失。

和战争时期历史人物的足智多谋相比，和平时期官吏们的治理故事就要平淡得多，但杜畿仍然有不少精彩的事迹。

杜畿的执政方针是"崇宽惠，与民无为"。以打官司为例，杜畿慎用刑罚，善用调解。老百姓有了争讼，杜畿就把原告、被告叫到一起，耐心地摆事实讲道理,说得双方口服心服,提出完美的解决方案。有时候,百姓暂时被说服了,但心中还有疑问。杜畿就说:"你回去再想想,如果想不通,就再来我这里,慢慢商量。"时间长了,父老们就互相监督鼓励:"咱们有这么一位好太守,为什么不听从他老人家的教导呢?为什么还要打官司麻烦人家?"这样,民间有了纠纷,都不再惊动官府,自己调解一下就好了。在移风易俗方面,杜畿注重考察民间的孝子、贞妇、顺孙。一旦发现,就表彰奖励,免除他们家的徭役。在经济方面,除了注意恢复发展农业,也注重畜牧业,就像猗顿致富一样,号召百姓多养牛马,鸡鸭猪狗等家禽也号召多养。这样,河东民间很快就富裕起来,官府也有了更多的积蓄。杜畿说:"民富矣,不可不教也。"接下来就是办教育,分为文武两方面。每年冬天召集青年子弟训练武艺,讲求战斗技术。另外开了学宫,常年招收学生,教授儒家经典。杜畿除了自己亲自上课,还聘请了本地著名的儒生乐详来讲课,后来还推荐乐详到朝廷做了博士。

杜畿治理河东多年,河东变成了富裕文明的名郡。曹操征马超时,驻军于蒲坂,军粮由河东一郡供应。战争结束后,杜畿运来的军粮还剩二十余万斛。

杜畿又是个不畏权贵、不唯上的人。曹操的宠臣刘勋曾经写信向杜畿索要河东特产大枣,杜畿回信拒绝。后来刘勋犯罪伏法,杜畿的书信被搜出来,受到曹操的表扬。

曹操做魏王后,曾经一度召杜畿为尚书,后来又把他派回河东,说:"按功劳杜畿早应该升官了,但河东是吾股肱郡,太重要了,就辛苦杜畿再干几年。"杜畿前后任河东太守共16年之久。

武圣关公

关羽,是宋元以来中国社会信徒最多的"神灵"。佛教尊他为护法的"伽蓝监坛";道教尊他为降魔除妖的"关圣帝君";儒学尊他为忠义神勇的"武圣人"。关羽过五关斩六将、义释曹操、单刀赴会、刮骨疗伤等传说,在民间可谓家喻户晓,妇孺皆知。明清以后,在中国的民族文化中,形成了一种以关公崇拜为内容特征的文化现象。

《三国志·关羽传》记载,"关羽字云长,本字长生,河东解人也。亡命奔涿郡。"这里的"河东"指的是两汉时期的河东郡,主要指今运城地区;"解"就在今天运城市解州一带。在解州镇西门外和常平村西,分别竖有"关公故里"、"关公故宅"石碑各一通,均为清康熙时解州知州言如泗所立。坐落在常平村的关帝家庙,相传就是关公的故宅。其故宅南边山上的石磐沟有关羽祖茔,与解州关帝庙、常平关公家庙合称"三关"。在石磐沟前,新建有汉城,为影视剧拍摄基地;石磐沟上竖有六十米高的关公铜像,为世界最高关公雕像。游客在山下公路上即可看到关公高大威武的雄姿。

悯冤除霸,是关羽生平中的第一义举。关羽生来魁伟雄壮,幼承家教,曾学《春秋》、《易》,有救世济民之志。在家乡时娶胡氏为妻,生子关平。当地豪霸吕熊,上与朝中权贵串通,下与当地豪族勾结,称霸一方,鱼肉乡民。关公仗义除害,杀了吕熊,逃出山西,官府派兵搜捕,他父母

运城关王故里

第四章 大汉帝国的股肱之郡

运城关公家庙 085

被逼跳井丧命,妻胡氏抱着关平去娘家躲避。日子一久,事情才渐渐平息。

关羽逃到河北涿郡之后,跟随了刘备。刘备出身皇族,家道中落,但仍然是地方势力的代表。刘备"好交结豪侠",与关羽、张飞在涿郡桃园结拜为生死之交。

东汉末年,刘备在中山大商人张世平、苏双的资助下,招兵买马,势力逐渐强大。曾参与镇压黄巾军起义。后刘备出任平原相,关羽和张飞出任管理军事的司马,统领本地武装。在战争中,刘关张结下了深厚的友谊,确立了他们共同的意愿,建立了他们之间亲密的关系,使他们此后在东汉末年残酷的战争中,共同走上了一条艰苦的道路,共创了他们的事业。

194年,徐州牧陶谦受到曹操攻击,刘备率兵支援,被陶谦委任为豫州刺史,不久,陶谦病故,刘备被徐州军民拥立为徐州牧,引起了袁术的不满,双方展开战争。吕布成功夺取了刘备据点下邳,并虏获其妻子。刘备主动向吕布求和,并派关羽镇守下邳。不久,刘备与吕布之间再次发生冲突,刘备又一次被打败。关羽也随刘备投奔曹操。

关羽与刘备等人在许昌滞留期间,曹操势力发展很快,不臣之心日渐显露。在许田射鹿时,曹操用献帝之弓箭射中一鹿,众臣以为献帝所射而朝贺,曹操竟挡在献帝马前接受朝贺。当时关羽就要斩杀曹操,幸被刘备劝住。

在许昌,刘备奉汉献帝密诏,与董承等人密谋诛杀曹操。曹操与刘备青梅煮酒论英雄时说:"今天下英雄,唯使君与操耳。"刘备以为计划为曹操识破,便借机离开许昌,留驻徐州,让关羽驻守下邳,兼行太守事。

200年春,董承、刘备等因密谋诛杀曹操之事暴露,曹操杀了董承,又东征刘备。曹操攻破小沛,刘备出逃投奔袁绍,张飞战败流落民间,曹操俘虏了刘备的两位夫人。接着,曹操包围了关羽驻守的下邳城,关羽土山约三事,进了曹营。

关羽降曹后,被封为偏将军,曹操也给予关羽优厚的待遇。但关羽始终不忘桃园大义,扶汉大业,许下立功报恩后离曹寻兄。200年1月,曹操占据徐州,袁绍派大将颜良等围攻东郡太守于白马,曹操挥师迎击,关羽与其河东老乡张辽为先锋救援白马。在白马,关羽于万人之中斩杀颜良,白马之围解除,曹操上奏封关羽为汉寿亭侯。曹操见关羽英勇善战,想将其长期留下来,就派张辽探问。关羽毫不隐瞒告诉张辽,自己受刘备恩厚,要与其同生共死,不能背弃;自己也不能长久待在曹操身边,回报曹操的恩情之后就会离开。张辽把原话转达给曹操,曹操盛赞关羽:"事君不忘其本,天下义士也。度何时能去?"关羽杀颜良后,报答了曹操的恩情,得知兄长刘备在袁绍军中,留书辞曹。曹操得知关羽要离开,对他赏赐丰厚。关羽将曹操的赏赐原封不动,留在曹府。曹操无奈送行赠袍,关羽未下马挑袍而去,千里走单骑,出五关,斩六将,保定二皇嫂,寻兄而去。关羽在曹营不到半年,其神勇和忠义表现得淋漓尽致,是后世关公崇拜的基础。

关羽重新回到刘备身边后,袁绍派刘备到汝南一带活动,以牵制曹操。不久,袁绍失败,曹操又派兵攻击刘备。刘备无力抗拒曹操,派孙乾等人去荆州见刘表,表示要共同抗击曹操。刘表把刘备迎接到荆州,让

运城解州关帝庙

运城解州关帝庙

刘备等人屯兵新野,刘备、关羽和张飞等人在新野滞留七年,一方面积蓄力量,另一方面网罗人才。

207年,曹操决定南征,挥师南下,刘表病死,次子刘琮投降曹操。刘备虽然竭尽全力,也无法阻挡曹操,不得已放弃新野,向江陵一带撤退。危急时刻,在诸葛亮和鲁肃等人的推动下,刘备与孙权联合,组成联军五万人,布阵长江,合力打败了曹操。这就是著名的赤壁之战。

赤壁之战,促进了三国鼎立的形成。曹操退回许昌;孙权地位更加巩固;刘备得到武陵、长沙四郡。不久,刘表长子刘琦病故,刘备被推举为荆州牧。经过多年征战,刘备终于有了一块立足之地。关羽被封为荡寇将军,襄阳太守。

赤壁之战后,曹操势力并未完全从荆州退出,还占据南阳郡和南郡的北部;而孙权则占据江夏郡和南郡的南部,而这个地区对刘备非常重要。因此,刘备通过鲁肃,从孙权手中"借"得这两个地区。

211年,刘备率兵前往益州,留诸葛亮和关羽据守荆州。因副军师庞统被射死,诸葛亮又调往益州,仅留关羽镇守荆州。214年夏,刘备攻占益州,出任益州牧,拜关羽总督荆州事,把镇守荆州的事全权交给关羽。关羽把荆州治理得很好,为实现诸葛亮的"跨有荆益"奠定了良好的基础。

孙刘双方都把占据荆州作为既定国策,双方多次发生冲突。215年,孙刘之间发生了第一次争夺荆州的战争。当时孙权得知刘备占据益州,就派诸葛瑾作为使者,要求归还荆州,刘备托词不给。孙权武力强取,亦未得逞。由于双方都顾忌曹操,在曹操进攻汉中之后,双方迅速议和。

关羽治理荆州的目的,就是以此为基础,北伐中原,恢复汉室。219年7月,关羽北伐。北伐的第一个目标就是曹仁驻守的樊城,曹操派遣于禁率七军援助曹仁。正好碰上天下暴雨,汉水暴涨泛滥。关羽趁机大举进攻,水淹七军,活捉于禁,擒杀庞德,围困襄阳。

襄阳是拱卫许昌、洛阳的屏障,关羽的连战连捷,威震华夏,迫使曹操商议要迁都。后曹操及其谋臣看到孙、刘之间的矛盾,一方面利用孙权,偷袭关羽后方基地荆州;另一方面派遣张辽和徐晃,从东西两路援助曹仁。

运城解州关帝庙

关羽在与张辽、徐晃援军作战中失利,与此同时,孙权听从吕蒙之计,白衣过江,偷袭了荆州。关羽败走麦城,希望上庸一带的刘封和孟达能派兵援助,但二人没有出兵。此时,关羽只有西归益州。当撤出麦城时,身边只剩少量侍从。人困马乏,天降大雨,行至临沮,关羽父子不幸落陷马坑被擒。

如何处理关羽,孙权集团有两种意见,一种是厚待关羽,为我所用;另一种是关羽对刘备忠心不二,曹操厚待关羽而不为之用就是前车之鉴,应该杀掉。

孙权杀掉关羽后,把首级送到曹操处,但以诸侯礼仪下葬其尸骸。如此,显示孙权是奉曹操之命诛杀关羽,以转嫁刘备集团的仇恨。但曹操也识破了孙权的计谋,也用诸侯之礼厚葬关羽的头颅于洛阳。这便是后世当阳有墓,洛阳有陵的根由。

关羽忠于汉室一生,他报国以忠、处世以义、待人以仁、作战以勇的高尚品德和精神,受到人们的普遍尊崇和敬仰。汉封侯,宋封王,明封大

第四章 大汉帝国的股肱之郡

运城关公铜像

帝，逐步登上了神坛，受到了人们的祭祀膜拜，并被尊为武圣，与孔子齐名。无论是在国内还是海外，对关公的崇拜之风久盛不衰，已经积淀成汉民族的一种文化心理，成为民族精神的重要内容。世界上只要有华人的地方就会有关帝庙，可谓庙宇遍天下，无处不焚香。在遍布世界的关帝庙中，始建最早、规模最大、建制最高、保存最完整的就是位于运城市解州镇的解州关帝祖庙，被誉为"关庙之祖"、"武庙之冠"。

解州关帝祖庙是国家重点文物保护单位，国家4A级旅游景区。关帝庙始建于隋初，经历朝历代多次增建重修，形成了由结义园、主庙、寝宫、御花园和东宫为主体的建筑布局，占地22万平方米。其中，主庙与寝宫组成"前朝后寝"、中轴对称的宫殿式布局，高耸的建筑配以参天松柏，颇具皇家气派。主庙中轴线上依次排列着端门、雉门、午门、御书楼、崇宁殿、春秋楼，两侧配有钟楼、鼓楼、木坊、石坊、碑亭、钟亭和东西长廊等附属建筑。庙内木雕、砖雕、石雕、琉璃、铁铸、泥塑和彩绘装饰等，艺术精湛。崇宁殿悬挂有康熙御笔亲书"义炳乾坤"、乾隆钦定"神勇"、咸丰御笔亲书"万世人极"、慈禧太后题"威灵震叠"匾额，堪称珍宝。春秋楼上的"藻井"、"板刻春秋"和"悬梁吊柱"结构，更是我国古建筑中的珍品。

2008年，"关公信俗"被公布为国家级非物质文化遗产。2011年"关公文化旅游节"被评为中国十大人物类节庆活动。2012年，"关圣文化建筑群"被列入中国世界文化遗产预备名单。2013年，被授予"海峡两岸交流基地"。运城每年举办的"农历四月初八的传统古庙会暨关帝巡城"、"农历六月二十四关帝诞辰纪念日"及连续举办25届的"山西运城关公文化旅游节"等三大文化活动，倍受世人瞩目。

第五章

群雄争霸的战略要地与世族文化

(两晋南北朝时期)

■ 概述

河东,自古为兵家必争之地。清初著名学者顾祖禹的《读史方舆纪要》曾记载:"(河东)春秋时,为秦晋争冲之地。战国时,魏不能保河东,三晋遂折而入于秦。汉以三河并属司隶,为畿辅重地。自古天下有事,争雄于河山之会者,未有不以河东为噤喉者也。"五胡十六国及北朝战乱时期,河东的战略位置更显紧要,以此为据点,可东取洛阳,西攻长安,南下崤函,北上晋阳。五胡十六国时期,河东先后为汉、前赵、后赵、前秦、西燕、后秦、东晋、夏所占据。北魏统一北方后,在本区域设立东雍州(治正平)、泰州(治蒲坂)、陕州之河北郡(治大阳)。

北魏分裂后,北方形成了两大政治军事集团的对立局面。《通典》记载:"宇文有关西,高氏据河北。"就本区域来说,汾河以南区域先后为西魏、北周所拥有,汾河以北区域为东魏、北齐所占有。汾河沿线成为东魏与西魏、北齐与北周交战的前沿地带。西魏北周与东魏北齐对峙数十年,宇文氏政权能够由弱变强,最终统一北方,除了内政、外交等因素外,与它控制河东这一重要的战略枢纽有非常重要的关系。

魏晋时期的河东地区,虽然行政区划名称多次变动,归属的政权也经常变化,但因为经济发达,文化底蕴丰厚,当魏晋门阀士族及政治形成时期,河东地区也出现了几个著名的望族,如闻喜的裴氏家族、解县的柳氏家族、汾阴的薛氏家族、安邑的卫氏家族等。其崛起、兴盛与整个中国士族阶层的发展以及门阀政治的兴衰相一致。从家族特性上看,有的属于文化家族,如闻喜裴氏家族、解县柳氏家族、安邑卫氏家族;有的属于地方豪族,如汾阴薛氏家族。魏晋时期是世家大族的上升期,他们在经济的组织发展、社会文化的创造推动、政治架构的稳定等方面都发挥了积极的作用。闻喜裴氏家族、解县柳氏家族、安邑卫氏、汾阴薛氏家族等名门望族也是如此,不仅影响着河东地方的经济、文化、社会,促进了河东地区的发展,而且对这一时期各封建王朝也产生了重大影响。

战略要地蒲坂

在山西永济市黄河岸边,有一座历史名城——蒲州。蒲州秦汉时称蒲坂,隋唐时,是我国四大雄城之一。

蒲坂控据关河,为秦晋交通之咽喉。魏晋战乱时期,蒲坂战略位置更加重要。

永嘉二年(308),匈奴汉国首领刘渊扫平并州后,乘势南下进攻河东,河东太守路述战死。永嘉五年(311),刘渊之子刘聪派兵进攻蒲坂,蒲坂守将赵染向冯翊太守求援不成,大怒之下率众投降。占领蒲坂后,刘聪派其子刘粲和赵染随即占领长安。西晋失去蒲坂后,洛阳、长安先后为汉国攻陷,西晋终亡。由此可见,蒲坂的得失,对于以长安和洛阳为都城的重要性。

大兴二年(319),刘渊族子刘曜改汉为赵,石勒与其翻脸。石勒虽占有平阳、洛阳以东之地,但在河东与刘曜处于对峙状态。刘曜的都城在长安,但认识到蒲坂的重要性,就派重兵慎密布防。咸和三年(328),石勒命石虎率4万余众攻打前赵河东地区,石虎见前赵蒲坂兵将众多,引兵退逃,刘曜率军急追,由大阳(平陆南)渡河与后赵争夺河南之地。同年十一月石勒击败前赵军队,生俘刘曜。次年二月,后赵攻长安灭前赵,统一了北方。

后赵灭亡后,中原地区呈现前秦、前燕、东晋三强鼎立的局面。前秦由于占得河东地区,便有了可与前燕抗衡的资本,在蒲坂设了并州刺史。永和十年(354),前秦任苻安为并州刺史,镇蒲坂。后为了防守河东地区不受侵犯,前秦主苻生以其同母弟晋公苻柳为征东大将军、并州牧镇守蒲坂。太和二年(367),苻坚杀苻生后,并州牧、晋公苻柳在蒲坂反叛前秦。苻坚命王猛为统帅平叛。王猛所属邓羌夜袭苻柳,攻克蒲坂,斩苻柳及其妻子,遂驻军蒲坂。太和四年(369),王猛以蒲坂为基地率师在潞川大败前燕军队,而后前秦军队乘胜追击,灭掉前燕。可见,前秦正是因为控制了蒲坂,才为后来北上消灭前燕铺平了道路。

前秦统一北方后,试图南下消灭东晋。但淝水之战后,元气大伤,北方大乱。前秦亡后,河东地区为西燕所得。西燕被后燕吞并后,其河东太守柳恭,拥兵自重。后秦主姚兴派姚绪攻之。柳恭据河以守,后秦镇东将军薛强引姚绪军从龙门渡河,南下攻占了蒲坂。姚绪受命为并、冀二州牧,镇蒲坂。

义熙十三年(417),东晋刘裕北伐后秦,遣其将沈林子攻占河北,河北太守薛帛逃奔关中。沈林子收其兵粮后与檀道济共攻后秦蒲坂。但蒲坂守将并州刺史、河东太守尹昭守备严密,晋军未能攻克。于是东晋调整进攻战略,由黄河入渭河至长安,灭后秦,尹昭才献出蒲阪城投降。东晋灭后秦后,命毛祖德为并州刺史,镇蒲坂。东晋虽得长安、河东等地,但未能久守。刘裕回到建康,忙于取晋室而代之,无暇北顾。赫连勃勃乘机南下,将东晋赶出关中,将毛德祖赶出蒲坂。

赫连勃勃死后,诸子相争,北魏乘机伐夏。北魏太武帝始光三年(426)九月,魏主拓跋焘"遣司空奚斤率四万五千人袭蒲坂,宋兵将军周几率万人袭陕城"。当年十一月,"夏弘农太守曹达闻周几将至,不战而走"。同时,蒲坂守将东平公乙斗闻奚斤将至,弃城西奔长安,北魏遂占领河东地区。

一个世纪以后,北魏分裂为东魏和西魏,蒲坂再一次成为争夺的焦点。西魏大统二年(536),东魏丞相高欢凭借河东的地理优势,在蒲津造三座浮桥攻击西魏。西魏丞相宇文泰巧妙利用"声东击西"的战略战术,抄其后路,致使高欢兵败,只好撤浮桥而退。一年后,高欢再次兴师20万,自晋阳直驱蒲津,却在沙苑(今陕西大荔南)中了埋伏,仅剩百余骑惨退蒲坂。宇文泰于是从容地渡过蒲津,将高欢赶到汾水以北。

综上所述,蒲坂是连接长安、洛阳、晋阳的枢纽,控制了这一地区,有利于各割据王朝开疆拓土。所以,对割据王朝来说,可谓"得蒲坂者得天下,失蒲坂者失天下"。

玉壁之战与敕勒歌

"敕勒川,阴山下,天似穹庐,笼盖四野。天苍苍,野茫茫,风吹草低见牛羊。"这是历史上脍炙人口的北朝民歌,岂不知这首民歌与今天稷山县的一个小乡村有着重要的关系。

位于稷山县城西南六公里的白家庄村是南北朝时期东西魏征战的军事前沿重镇,当时称为玉壁城。玉壁城建于西魏大统四年(538),西魏在河桥之役失利后,接受了大将王思政的建议,调整了河东军事部署,在玉壁筑城,作为北境防御重心。542年和546年,东魏高欢政权两次从玉壁城进犯西魏,挑起了我国历史上著名的玉壁大战。

大统八年(542),高欢率大军连营四十里初攻玉壁,西魏守将王思政奉命坚守玉壁,以拦阻东魏军。双方经过九天的苦战,终以高欢的失败而结束。究其原因有三:一是西魏王思政戒备严密;二是玉壁城地势

稷山县玉壁城遗址

横山县玉蟾城遗迹

险要,易守难攻;三是天气因素。高欢此次攻城遇到了恶劣的降雪天气,阻碍了军队的行动。

　　大统十二年(546),高欢在讨伐了并州之西的山胡和完成了对奚、柔然的防御部署后,再次调集全国兵马攻打玉壁。帐下名将荟萃,有斛律金、韩轨、慕容俨等人。同时又让河南大行台侯景攻击邵郡,来分散玉壁的防御兵力,此时的玉壁守将为西魏杰出的军事家韦孝宽。

　　当年九月,东魏军连营数十里,包围玉壁,引诱西魏军出战,韦孝宽据城固守。十月,东魏军攻城,昼夜不停。韦孝宽则随机应变,竭力抗御。东魏军在城南筑土山,欲居高临下攻城。城上有二楼,韦孝宽将其加高,使其高于土山,并备足战具,使东魏军不能得逞。高欢使人向城中喊话"即使你将城楼加高与天齐,我也会穿城取你人头",于是在城南挖掘地道攻城。韦孝宽则沿城挖堑截击地道,并备足柴火、风箱,一旦有敌人蛰伏地道,便鼓风以烟火烧之。高欢使将士改道汾河,使城中水源断绝,韦孝宽则于城内凿井以应对。高欢无奈,使人用箭将赏格射入城中:"能斩城主降者,拜太尉,封开国郡公,邑万户,赏帛万匹。"为激励西魏士兵,

稷山县玉壁城遗迹

韦孝宽也采取相同的办法,承诺若有斩高欢者,定依此赏。最后,高欢用尽攻城之术,也未能攻破玉壁城。

此次高欢攻城历时近两个月,士卒死亡七万余人,久未攻克,急得旧病复发,乘夜逃遁。在返回晋阳途中,军中谣传其中箭将亡,高欢带病亲自设宴面会大臣。为激励将士重振军心,他命部将斛律金唱《敕勒歌》,斛律金粗犷嘹亮的歌声震动草木,东魏三军群情激奋,很多将士热泪纵横。高欢退败后不久饮恨死于晋阳。西魏则因韦孝宽守城有功,晋升为骠骑大将军,晋爵建忠郡公。玉壁之战前,西魏在与东魏对峙时处于劣势,经过两次玉壁之战后,东魏国力受到严重削弱,西魏在与东魏的对峙中逐渐取得主动地位。

玉壁大战最后以高欢病死、东魏兵败而告终,中国北方开始了近半个世纪的二分天下格局。

"独立使君"裴侠

北朝时期,河东大地出现了一位人称"独立使君"的廉官裴侠。裴侠原名裴协,字嵩和,河东解县人(今运城盐湖区附近),出身于闻喜裴氏。他生于北魏,终于北周。祖父裴思齐曾在北魏时任议郎,父亲裴欣曾任魏昌乐王府司马、西河郡守。

裴侠13岁时,父亲去世。幼年丧父,锻炼了他坚强的意志,使他刻苦攻读诗书,立志成才。终于在北魏正光年间(520—525),升任义阳郡守(今河南信阳)。永安二年(529),元颢反魏,叛军攻下洛阳,曾经向各州县派遣使者,颁发诏书。裴侠却扣押了元颢的使者,焚烧了诏书。事隔不久,尔朱荣率军平叛,孝庄帝复位,裴侠以忠勇授东郡太守,兼"防城别将"之职。

永熙三年(534),孝武帝逃奔长安。裴侠随帝入关,赐爵清河县伯,官拜丞相府士曹参军。自此,在西魏为官。西魏文帝大统三年(537),高欢与宇文泰两军战于沙苑（今陕西大荔），裴侠率兵随军作战，冲锋陷阵，十分勇敢。之后参加了两次玉壁大战，裴侠因保卫玉壁有功被授予河北郡（今平陆）太守。在任上，他"躬履俭素，爱民如子，所食唯菽麦盐菜而已，吏民莫不怀之"。河北郡循旧例安排30个捕鱼打猎的人来供应郡守鱼肉，裴侠于心不安，下令将他们全部遣散。郡里还安排有30个成年男子，供郡守役使，他依旧不肯接受。裴侠用雇佣他们的钱，为官府买马。几年间，繁殖的马匹成群结队。离任

裴侠画像

时，郡内老百姓怀念他，还编了歌谣赞颂他："肥鲜不食，丁庸不取，裴公贞惠，为世规矩。"宇文泰非常欣赏裴侠勤政爱民的风范，欲给众郡守树立一个榜样，有一次在朝中命裴侠独立一边，然后对众人说，裴侠奉公清廉为天下之最，你们谁能与他相比也可同他站在一起，众郡守都不敢应对。裴侠的清正廉洁获得朝野的一致认可，人们称他为"独立使君"。

北周孝闵帝继位后，裴侠官拜司邑下大夫，加骠骑大将军，晋爵为公。之后又担任户部中大夫、工部中大夫，到任后严厉查处贪官污吏，使"数旬之内，奸盗略尽。"

裴侠于北周明帝武成元年（559）病故，谥号为贞。纵观裴侠一生，他清正廉洁，克己奉公，生活简朴，刚正不阿，深受百姓爱戴。

名将杨㭊

杨㭊，字显进，正平高凉（今稷山县）人，西魏、北周名将，屡建战功。

杨㭊从小就豪爽任侠，胸怀大志。后来西魏宇文泰攻打邵郡（今山

西垣曲)时,就借助了杨㯹的力量。大统三年(537)八月,宇文泰攻克弘农后,杨㯹与邵郡土豪王覆怜等相应举事,内应外合,攻取了邵郡。众人推杨㯹管理郡事,杨㯹以王覆怜功绩最大为由,上奏请王覆怜为邵郡太守。他也因立功被授予大行台左丞,负责经营攻防事务。他派人去诱说东魏将领,不到一月,正平、河北、南汾、二绛、建州、太宁等城都在他策划下,被西魏军队占领。

东西魏沙苑之战后,西魏获胜。宇文泰认为杨㯹有谋略,派他招兵买马,筹饷东伐。杨㯹以邵郡为基地,领兵夺取建州,所经之地,都能获得大量粮饷,兵力扩充到万余人。东魏刺史车折于洛阳出兵逆战,被杨㯹击败。又在建州西打败行台斛律俱步骑二万,缴获大量辎重,杨㯹由此威名大振。大统四年(538)东魏反攻,连克南汾州、东雍州和南绛郡。杨㯹腹背受敌,退至邵郡。后来,东魏在正平设置东雍州,派薛荣祖镇守。杨㯹先派一支奇兵佯攻汾桥,薛荣祖果然出动全部守城战士去把守。当夜,杨㯹从另一条路渡河一举攻克州城。之后杨㯹晋升为骠骑将军,任正平郡守。紧接着杨㯹率兵攻破东魏南绛郡(今山西绛县东北),生擒郡守屈僧珍。

武定四年(546)八月,高欢调集全国兵马南下河东围攻玉壁。高欢曾命令河南守将侯景西进齐子岭,进攻邵郡。宇文泰派杨㯹迎击,侯景闻杨㯹至,斫木断路者六十余里,犹惊恐不安,遂退还河阳。随后杨㯹大战东魏军队于邙山,因战绩卓著,朝廷让其总领建州、邵郡、河内等郡军事,领邵郡,后改封华阴县侯。大统十六年(550),西魏授杨㯹为大行台尚书,又于邵郡置州,以杨㯹为刺史,率兵镇守。

后在北周宇文护东征洛阳时,杨㯹自邵州打援,轻敌兵败,但他仍不失为南北朝时一代名将。

闻喜裴氏

魏晋时期,河东地区门阀士族迅猛崛起。裴氏家族就是最具代表性的一个。

闻喜裴氏家族自魏晋至隋唐"冠裳不绝",历数百年兴盛不衰,在历史上曾经产生过很大影响,不仅是河东地区的望族,而且在中国历史上也是十分显赫的家族。

裴氏最早的先祖是与禹同时代的伯益。伯益与禹一道平治水土,因有功被舜赐姓嬴。公元前十世纪周孝王时,伯益的后代非子在汧水、渭河流域为周王室养马,因马养的精壮,且马繁衍的多,为周王室的军事和交通做出了重要贡献,被封于秦地,号秦嬴,非子应是嬴秦皇室的最早直系祖先。非子后代的一支被封裴乡侯,以裴为氏,其六世孙陵在周僖王时(前?—前677)又被封为解邑君,陵以地望为氏,改裴字下"邑"为"衣",这是裴氏得姓的起源,裴陵就是裴氏家族最早的直系祖先。

关于裴氏最早直系祖先,还有另一种说法,即认为是晋平公时的嬴鍼。鍼曾受命到晋国谈和,在外交中显示了自己的才干,后为了避祸,出奔晋国。据说晋平公善待鍼,把他封在周川的裴中,号裴君。

裴氏家族最早的直系祖先居住地无论是裴陵的裴城,还是裴鍼的周川,都在今闻喜县境内。

自裴氏开氏后,整个战国到秦的数百年间,裴氏都比较沉寂无闻,直到西汉时裴氏家族的裴盖曾先后担任水衡都尉、侍中,这应该是裴氏家族在政治上崛起的开端。

东汉初年,裴盖的九世孙裴遵曾任敦煌太守,跟随光武帝刘秀平定陇、蜀,立有军功,同时负责对西域各国事务,对保持和加强汉与西域的友好往来发挥了积极作用。裴遵时期,裴氏家族从云中迁至安邑(今夏县西北),开始在运城地区定居。

汉顺帝时,裴氏家族的裴岑又担任了敦煌太守。永和二年(137)八月,裴岑率3000郡兵打败了北匈奴,消除了边患,确保了酒泉、武威、张掖、敦煌河西四郡的安宁,使西域之路通畅。

裴遵的曾孙裴晔在东汉末曾担任并州刺史、度辽将军,成为封疆大吏,此时的裴氏家族在政治上已经比较显赫。汉顺帝永建初年(126)裴氏家族由安邑迁居闻喜,此后裴氏家族分支繁衍,但闻喜一直是裴氏大宗世居之地。

裴晔之子裴茂,字巨光,在汉灵帝时历任县令、郡守、尚书等职。汉献帝建安三年(198),率关中诸将段煨等讨伐西凉军阀董卓部将李傕等,因功被封阳吉平侯。裴茂在汉末的功绩以及所产生的社会影响和声望,对裴氏家族的发展起到很大的作用。

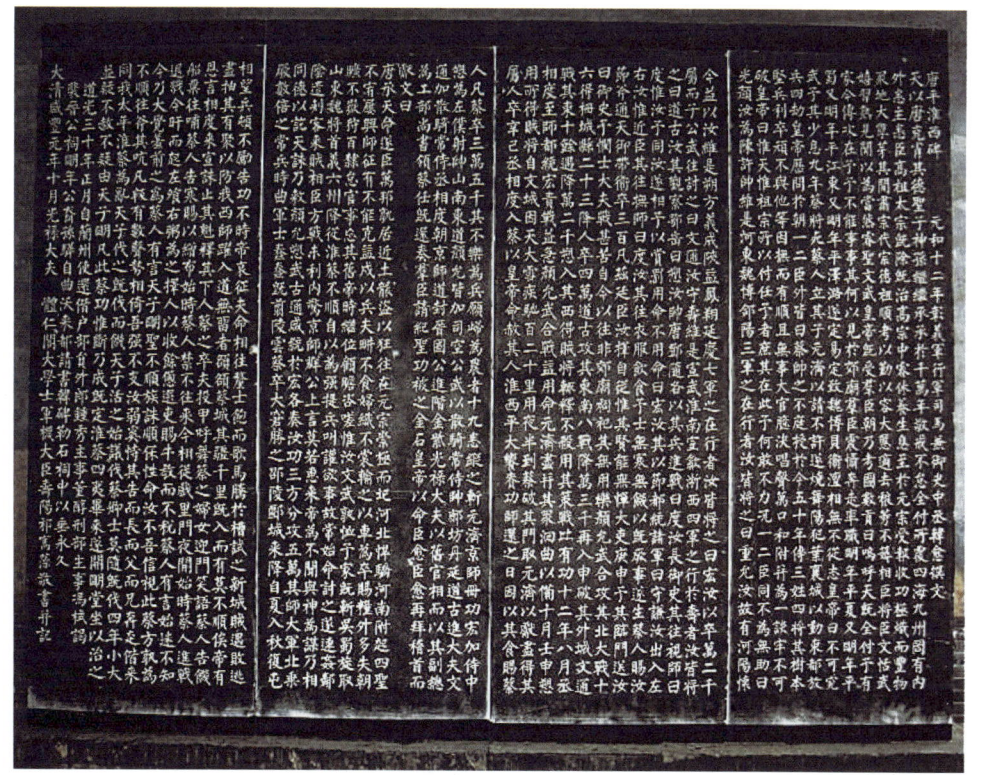

闻喜县金大定裴氏祖谱碑

第五章 群雄争霸的战略要地与世族文化

闻喜县裴氏家庙

裴氏家族的兴起，自裴茂的三个儿子裴潜、裴徽、裴辑被称作"裴氏三祖"始。"裴氏三祖"之后分支众多，有东眷裴、西眷裴、中眷裴、洗马裴、南来吴裴，总称三眷五房。

裴潜（？—244），字文行。汉末曾避乱荆州，但他认为荆州牧刘表不能成大事，曾对好友王粲、司马芝说刘表没有霸王之才，却自比周文王，离败亡不远。于是裴潜借故离开荆州，避居长沙。曹操占据荆州，起用裴潜为参议军事，并三任县令。当时代郡大乱，乌丸王等三人各自称单于，互不相让，前太守管不下，曹操任命裴潜为代郡太守，让他率兵镇压。裴潜认为军事镇压会遭到乌丸单于的抗拒，不如示以友好，和平解决。裴潜单车赴代郡，单于表示服从，随即裴潜把郡中与单于勾结为非作歹者郝温、郭瑞等十余人处死，起到了对乌丸的震慑作用。治理代郡三年，百姓归心，充分显示了裴潜的政治才干。魏文帝曹丕时，裴潜入为散骑常侍，又出任魏郡、颍川典农中郎将，主管屯田，他上书朝廷建议农官和郡国一样实行贡举，拓宽了农官仕进之路。魏明帝时，裴潜又历任河南尹、太尉军师、大司农、尚书令，封清阳亭侯。裴潜为官清廉，生活节俭，每一次赴任都不带家属，老婆孩子在家生活艰难，靠织藜芘为生。其门风严谨，全家并日而食，上下相奉，尊老爱幼，是当时士族的楷模。裴潜的弟弟裴徽，曾任冀州刺史，人称"裴冀州"。又曾任吏部郎，负责铨选。他知人善任，发现提拔了许多人才。史书称他"有高才远度，善言玄妙"，与荀粲、王弼、傅嘏、管辂等都是当时的名士。魏晋时期，社会推崇名士，名士们也以门第标榜，相互交连，相互提携，是获取社会政治资源的重要手段。裴徽作为天下名士，为裴氏家族子弟仕进提供了更有利的条件。

在西晋代魏过程中，裴氏家族是一支重要的力量。裴秀对西晋建立有两大功勋：一是拥司马炎为世子，确立司马炎的继承地位；二是在西晋初期负责拟定礼仪制度，使新政权统治秩序得以确立。西晋建立后，裴秀任司空、尚书令，封钜鹿郡公。裴秀之子裴頠在晋惠帝时任尚书左仆射、侍中，封钜鹿公。裴徽之子、裴秀族弟裴楷，曾任中书令、侍中、太子太师，封临海侯。裴楷长子裴舆官至散骑侍郎。裴舆弟裴瓒，风度高雅，为天下名士，官至中书郎。裴瓒弟裴宪，"修尚儒学"，以"德重名高"为世人称道，在晋历任黄门吏部郎、侍中、豫州刺史，后属地被石勒攻陷，石勒先后任他为长乐太守、太中大夫、司徒。裴楷长兄裴黎曾任游击将军、秘书监,次兄裴康曾任太子左卫率。裴康之子裴盾,永嘉中任徐州刺史,后匈奴刘渊派部将王桑、赵固攻陷彭城、下邳,裴盾被赵固杀害。裴盾弟裴邵,在晋元帝司马睿任安东将军时任安东将军府长史,王导为司马,并为司马睿的重要助手,后裴邵被征为太子中庶子,转散骑常侍,使持节、都督扬州江西淮北诸军事。裴楷之弟裴绰,器宇宏雅,曾任黄门侍郎、长水校尉。裴绰之子裴遐善谈玄理,曾与玄学家郭象谈玄,满座敬服,是天下名士,东海王司马越引为主簿。

裴氏家族在魏晋时期迅速崛起,出现第一个发展高峰,有多方面的因素。不仅因为门阀大族有从政特权,也不仅是因为裴氏家族拥立晋室有功,而是与裴氏家族的门风家教有很大关系。裴氏家族门风严谨纯美,家教上下相奉、孝悌友爱、俭约自奉。这种门风在裴潜之时就已确立,这是他们家族获得良好社会声誉并为社会认可、获取政治资源的基础。

西晋末年,裴氏家族代表人物都不同程度卷入了"八王之乱"或被内乱波及。裴頠、裴嵩父子,裴瓒、裴该、裴盾、裴遐等被杀害,裴楷病死,在西晋内乱中裴氏家族在朝中的代表人物几乎损失殆尽,这在很大程度上影响了他们的发展。

经过东晋一百多年相对沉寂,到南朝宋、齐、梁、陈时期,裴氏家族以武功求振兴显示出了功效,一些代表人物在当时都产生了较大影响。刘宋时裴方明在文帝元嘉九年(432)平定涪(今四川三台西北)等地氐人之乱,因功授虎贲中郎将。萧齐时,裴叔业是抵抗北魏的名将,先后四次率军抵抗北魏进犯,大获全胜,先后任宁朔将军、冠军将军、徐州刺史、督豫州、辅国将军、豫州刺史等职。后因不满齐政权腐败和皇室内部相残,于齐东昏侯永元二年(500)投降北魏,其子侄在北魏多任职显要。萧梁时期,裴邃先后任辅国将军、庐江太守、持节、督北徐州诸军事、北徐州刺史,三次督率众军攻伐北魏寿阳、义州等地,累立战功。又在辖境兴修水利工程、组织屯田,发展生产,得到民众拥戴,是萧梁一代名臣。裴邃之侄裴之高、裴之平、裴之横,都曾随叔父裴邃征战,屡立战功,在侯景之乱时,更是效忠朝廷,率部奋勇向前,为平定侯景之乱立下很大功劳,受到皇帝褒奖。

裴氏家族在东晋南朝时期的孜孜努力,以及家学传承不断,使其家族声望地位又逐渐提升。南朝时,出现了著名的"史学三裴"裴松之、裴骃、裴子野。他们注有《三国志·裴注》《史记集解》,编撰了《宋略》等史学名著,为后世史家称道。

西晋永嘉(307—313)之乱后,大部分裴氏族人没有南渡,留在汾涑流域,保持着强大的宗族势力。

北魏太武帝拓跋焘时,司徒崔浩就称河东裴骏是"三河领袖"。北魏分裂,东西魏对峙之际,裴氏家族的代表人物在主观上选择了与西魏北周政权积极合作的态度。裴氏家族中的裴侠、裴宽、裴汉、裴鸿、裴果等都曾主动与西魏北周政权合作,且忠心耿耿,因此得到西魏北周政权的认可。

从客观上看,裴氏所居河东地区成为西魏抗击东魏进攻的前沿地区,也是保卫关中的屏障。在东、西魏争夺中,河东裴、柳、薛站在西魏宇文泰一方。大统三年(537),高欢西侵关中,河东裴邃在汾绛一带"纠合乡人,分据险要以自固",赶走了东魏的东雍州(今山西省新绛县)镇将司马恭,使宇文泰占有了东雍州。沙苑之战后,西魏大将李弼率军进入河东与东魏争锋。宇文泰进军蒲坂,河东薛氏家族的"(薛)善与族人斩关纳魏师",使宇文泰能克定汾、绛,在东西魏交锋中逐渐占据主动。正如毛汉光先生在《中国中古政治史论》中所说:"河东裴氏、柳氏、薛氏是中古时期的大士族,其人物兼具河东地区的地方势力及任职官僚体系的能力,所以其动向实影响东西政权之实力。"裴氏家族的实力和影响,使其成为西魏宇文泰极力争取的对象,而客观上裴氏家族对西魏占有河东这一战略要地又起了关键作用,由此也使裴氏家族进入宇文泰"关中本位"政策下所形成的"关陇集团"的核心。

裴氏家族与西魏北周政权的结合,在史籍中可以得到很好印证。西魏北周政权前后仅47年,而裴氏在《周书》中有传或附传的就有16人之多。就所任官职来看,正五品以上的有12人,仅次于八柱国的骠骑大将军、开府仪同三司、车骑将军等也有8人之多,反映出裴氏家族在北方实力发展的强大。这说明裴氏家族已经进入关陇集团的核心,是西魏北周关中政权辖区内汉族高门士族——"关中郡姓"的代表。

西魏、北周、隋、唐政权的建立者都出自于关陇集团,因此,当隋、唐统一中国后,与其已有深厚历史渊源的裴氏家族在大一统政权中就占据

了极有利的发展基础和空间。而裴氏家族注重教育和文化传承,注重子弟真才实学的培养,其家族子弟成为当时政治、军事、文化各方面的杰出人才,推动了当时中国社会政治、文化的发展,这成为裴氏家族兴盛最重要的立身之基。因此,裴氏家族在隋唐时期进入其极盛时代,自有其必然性。

汾阴薛氏

汾阴薛氏的祖居地在今山西万荣县,唐朝以前属河东郡汾阴县,汾阴是薛氏的郡望,故称汾阴薛氏。在中古时期,薛氏是与裴氏、柳氏并称的河东三大姓之一。薛氏崛起于汉末,发展于魏晋,到隋唐达到一个高峰,是中国历史上产生过重大影响的一个家族。

薛姓得姓可以追溯到战国时期。据《元和姓纂》载,黄帝有1个儿子封于任(今山东济宁市),以封地为姓,姓任。其后裔奚仲居于薛(今山东滕州市),其部族以善于制造车辆闻名,担任夏的"车正",专门负责车辆制造,因有功被封到薛地,建立薛国。奚仲下传12代是仲虺。仲虺生活在夏末商初,"为汤左相",与伊尹并为商初名臣,辅佐商汤成就了改朝换代的功业。仲虺的后人扈担任过宰辅,与其祖并有良相之名。商朝末期,仲虺后人成,举族迁居于挚(今河南省汝南县),改薛国为挚国。挚国女子任嫁给周部族的季历,生周文王。公元前11世纪,周灭商,分封诸侯,挚国

万荣县薛家墓志铭

万荣县薛氏家庙

后人被封到薛地,建立侯国,号薛国。

在夏商周三代,薛氏先祖由薛国到改封挚国,再到改封薛国,共传64世。到战国时期,薛国被楚国所灭,薛公子登仕于楚,楚怀王以登为大夫,把沛邑(今江苏省沛县)赐给他作封地,登以国为氏,称薛姓。这一支薛姓以奚仲为得姓始祖,汾阴薛氏就是奚仲、薛登的后代。到秦末汉初,薛登的后代薛鉴追随刘邦起事,是汉初功臣,后因献灭黥布之策有功,受封1000户。薛鉴五世孙薛广德在汉元帝时曾官居御史大夫,位居三公,致仕后,元帝赐他安车驷马,极尽荣耀。薛广德生薛饶,任长沙太守;薛饶生薛愿,任淮阳太守;薛愿生薛方丘;薛方丘生薛汉,任千乘太守。

薛汉八代孙薛兰,在汉献帝时曾担任徐州别驾。正值汉末大乱、军阀混战,薛兰属于吕布阵营,后吕布失败,薛兰在山东巨野也被曹操所杀。薛兰被杀后,其子薛永投靠刘备,转战各地。后又追随刘备到四川,在蜀汉政权中官至蜀郡太守。薛永之子薛齐,在蜀汉政权曾任巴、蜀二郡太守。

263年，蜀汉灭亡。薛齐降魏。翌年，率宗族宾客5000户迁回北方，居于河东郡的汾阴县（今山西万荣县），这是薛氏得郡望之始，从此被称为"汾阴薛氏"。

迁到河东汾阴的薛氏族人，先后由薛齐、薛懿父子统领。薛懿在西晋曾任北地太守（一说河东太守），封鄢陵侯。薛懿生有三子：薛恢、薛雕、薛兴。此后，汾阴薛氏分为三支，世称"三薛"。薛恢是薛氏北祖，曾任西晋河东太守；薛雕是薛氏南祖；薛兴是薛氏西祖，曾任西晋尚书右仆射、冀州刺史，封安邑公。北祖一脉早绝。南祖一脉主要活跃在北魏时期，其后则声名不显。只有西祖一脉，嗣传不绝，代有名人，在历史上产生过很大影响。

南祖一脉自薛雕之后，人丁兴旺。薛雕生薛徒，薛徒生有六子，其中薛堂一支影响最大。薛堂之孙薛安都是南北朝时期的风云人物，对北魏刘宋的战局、政局产生过一定影响，也对南祖一脉在南北朝的发展走向具有举足轻重的作用。445年，薛安都联合宗人薛永宗在河东起兵反魏，兵败后投靠了刘宋。在宋因军功累迁至太子右卫率、平北将军、兖州刺史、徐州刺史，封武昌县侯。465年，刘彧杀前废帝刘子业，自立为帝，引发"义嘉之乱"。薛安都起兵响应晋安王刘子勋的叛乱，兵败后以所统领的徐州、兖州等地献降北魏，北魏授其为使持节、散骑常侍、都督徐、南北兖、青、冀五州及豫州之梁郡诸军事，镇南大将军，河东公。薛安都之子薛道标、薛道异、薛道次随薛安都北返，除薛道异早卒外，薛道标袭

万荣县薛家墓志铭

父爵，历任镇南将军、平州刺史、相州刺史，据其子《薛保兴墓志》记载，薛道标还做过皇室驸马，最后卒于秦州刺史任上，在任有政声。薛道标之子薛达，袭爵为河东郡开国侯，任奉车骑都尉；道标另一子薛保兴，历任刺史、青州乐安郡太守等职，授银青光禄大夫、河东郡开国公。薛道次在薛安都降北魏时曾入朝为人质，赐爵安邑侯、加安远将军，后历任安西将军、秦州刺史、光禄大夫。薛道次之子薛峦，历任尚书郎、秦州刺史、镇远将军、陇西镇将兼陇西太守、荥阳太守、平北将军、肆州刺史等职。

南祖一脉以薛安都一支最兴盛。另外，薛推一支、薛真度一支都属于南祖一脉。薛推是汾阴薛氏南迁的代表人物之一，西晋怀帝永嘉二年（308），薛推率家人迁居江南江阴，其后裔薛贺再迁于福建，薛贺后裔又迁于浙江苍南，繁衍为南方巨族。薛真度是薛安都从祖弟，长期追随薛安都，历任镇远将军、平州刺史等职。曾随孝文帝南征，孝文帝迁都洛阳后，多次进献征南方略，受到孝文帝赏识，加持节、冠军将军，封临晋县开国公，转任征虏将军、豫州刺史，因在与南朝的战争中有功，加封金紫光禄大夫、散骑常侍。薛真度子嗣众多，有十二子，从史书和墓志资料看，薛真度的儿子任职都比较高显，可看出其家族在政治上有较大的势力。

薛氏西祖的始祖是薛懿之子、南祖薛雕之弟薛兴。薛兴之子薛涛曾任西晋梁州刺史、中书监。薛涛之子薛强，统一了汾阴薛氏三个部族，并借助汾阴一带的地理形势发展实力，筑堡自固，从而使汾阴薛氏成为称雄一方的豪族。淝水之战后，薛强率族人在陈川打败西凉皇帝慕容永的进攻，其势力之强大使后秦皇帝也十分忌惮。为了进占河东，后秦征拜薛强为右光禄大夫、七兵尚书，封冯翊郡公，在薛强的配合下，后秦政权顺利地控制了河东地区，可见薛氏西祖在河东地区的影响是举足轻重的。薛强是汾阴薛氏西祖一脉发展的关键人物，他不仅使薛氏成为称雄河东的强宗豪族，而且为薛氏在北方少数民族政权中争取到政治地位和较高起点的发展平台，使薛氏家族从完全的地方性豪族开始向政治大家族发展。

薛强之子薛辩，初随父仕于后秦，历任尚书郎、建威将军、河北太守，416年刘裕北伐灭后秦，薛辩归降东晋，刘裕南撤后，北伐收复之地再度沦陷，薛辩又投归北魏，历平西将军、并州刺史，赐汾阴侯。

薛辩之子薛谨，416年随其父投东晋刘裕，刘裕南撤，薛谨跟随南下，居于彭城（今江苏省徐州市）。薛辩降魏后，薛谨也随之北归，任北魏河东太守。据《魏书》等书记载，河东久历战乱，儒学礼教崩坏，文化教育荒废。薛谨任河东太守、泰州刺史期间，大力推行教育。首先在辖区内广设学校，以《诗》《书》等儒家经典作为教学内容；要求民众在农闲之时都要到学校学习；薛谨定期巡视辖区的学校，对学生亲自进行考试考核。薛谨重视教育，使"河汾之地，儒道兴焉"，这在战乱的年代尤为可贵，在河东文化教育史上贡献巨大，留下了浓墨重彩的一笔。薛谨后因功升任泰州刺史，445年，随拓跋焘北征，因失期而被杀，赠镇西将军、秦雍二州刺史。

从汾阴薛氏的发展来看，薛谨是其家族史上一个举足轻重的重要人物，他一生虽以军事活动为主，但在任内大力推行教育，这不仅是造福地方的德政，同时也是对薛氏这个地方豪族的特性和尚武门风的转型改造，使薛氏西祖一脉向政治大家族和文化大家族的方向迈出步伐，开始成为真正意义上的高门士族。

河东柳氏

河东柳氏自魏晋至隋唐数百年间兴盛不绝，是与裴、薛齐名的河东三大姓之一，其家族出现过许多杰出人物，在中国历史上产生过很大影响。

柳氏出自周公之后，属姬姓。周初大分封，周公被封于鲁，周公留于朝，其子伯禽代受封，建立鲁国，此后一脉相传。到鲁孝公时有季子夷伯展（又称公子展），其孙无骇，无骇生禽，禽字季，曾任鲁国士师，去世后谥曰惠，禽曾食采于柳下（今山东省新泰柳里），遂以柳为氏。禽即历史上"坐怀不乱"的真君子柳下惠，是柳氏的得姓始祖。

柳氏最早生活在山东西部、河南北部一带，公元前256年，鲁国灭亡，柳氏入楚为官，开始入居楚地。秦末，天下大乱，柳下惠裔孙柳安迁居解县，从此，柳氏世居河东，河东成为其发展繁衍的中心，虽然其后柳氏后裔播迁各地，但河东一直是其郡望。

柳安曾孙柳隗，在西汉时曾任齐国相，六世孙柳丰，东汉时在中央政府任职，官至光禄勋。两汉时期柳氏在政治上产生影响的人物并不多，但柳隗、柳丰已涉足政坛，这为柳氏后来的发展奠定了根基。

柳丰六世孙柳轨，在西晋时曾任吏部尚书，地位显赫。柳轨子柳景猷，在晋任侍中。景猷生二子：柳耆、柳纯。耆、纯之后，柳氏家族开始分为西眷、东眷两大支。柳耆在西晋曾任太守之职，东晋十六国到南北朝时期，其后代主要活动在北方，多在北方各政权中任职，故柳耆一支号"西眷"。柳纯在西晋曾任平阳（今山西临汾市）太守，晋怀帝永嘉年间（307—313），为躲避战乱迁到襄阳，官至汝南太守，其子孙多生活在南方，出仕于东晋南朝政权，故柳纯一支号"东眷"。

柳耆生二子：柳恭、柳琚。柳恭曾任北魏河东郡守，后举家南迁到汝、颖一带，就近出仕于南方政权。其曾孙柳缉，曾任宋州别驾、宋安郡守。柳缉子柳僧习，仕于南朝萧齐政权。齐东昏侯永元二年（500），柳僧习随豫州刺史裴叔业一起北归投魏，在魏任尚书右丞、扬州大中正。柳僧习是对柳氏西眷的发展走向产生较大影响的人物，从此，柳氏西眷主要在北方发展。

柳僧习生有五子，五子中，柳鷟、柳鸞生平行迹史无明载，柳虬、柳庆、柳桧则比较有名。

柳虬，字盘中。年少时就好学，13岁便学重专精。"遍受五经，略通大义，兼涉子史，雅好属文。"与当时官宦子弟普遍追求奢华不同，静心于学，不喜做官。大统三年（537），独孤信镇洛阳，征柳虬为行台郎中、裴谞为北府属，并掌文翰。柳虬做事精细、敬业，备受独孤信信任。大统四年（538）后入朝，被宇文泰用为丞相府记室，封美阳县男。大统十四年（548），任秘书丞并兼掌史事修撰。废帝二年（552），迁升秘书监，加车骑大将军、仪同三司。柳虬为人淡泊，平常生活"弊衣箪食"，不为他人之言或社会风气而改变自己的节操。著有文章数十篇，有文名。柳虬行事对柳氏家族其后的门风有较大影响，崇文、重德，是柳氏家族最重要的传统。

柳虬之弟柳桧,任气少侠,善骑射。大统四年(538),跟随宇文泰战于河桥,奋勇争先,最先登上城墙破敌,因功授都督,镇鄯州(今青海省乐都)。大统八年(542),拜河湟郡守,加平东将军、太中大夫。吐谷浑入侵,当时郡兵较少,人心惶恐,柳桧安抚人心,将郡兵分为两队,一队数十人由自己率领,乘机袭击敌人,使敌众溃乱;另一队人马乘势进击,使吐谷浑大败而逃,充分显示了柳桧的军事才能,因功封万年县子。当时吐谷浑经常侵扰西魏西部边境,自柳桧镇鄯州,每战必破之,数年之后,吐谷浑就再也不敢侵犯,边境安宁。大统十四年(548),迁和州别驾,不久拜使持节、抚军将军、大都督,跟随大将军王雄平定魏兴(在今陕西省安康市),任魏兴、华阳(今陕西省勉阳县)二郡守。后安康人黄众宝谋反,围困郡城,郡城地势低下,不利守御,柳桧在敌众我寡的情况下率兵士连续作战十余天,兵尽城破,被黄众宝杀害,赠东梁州刺史。

柳桧弟柳鸷,《北史》说他好学,善属文,卒于魏临淮王记室参军事,事迹不详。

柳鸷弟柳庆,少时即聪敏好学,博览群书,下笔成文,有器量,深受其父柳僧习喜爱。时值北魏末年分裂之际,孝武帝对选择西入关中依靠宇文泰还是选择南下荆州依靠贺拔胜,犹豫未定。柳庆以散骑侍郎的身份先行入关,与宇文泰讨论时局,实际是考察孝武帝西入关中的可行性。最后打消了孝武帝前往荆州依靠贺拔胜的想法,使孝武帝最终西入关中依靠宇文泰。可以说,在孝武西迁这一影响后来历史格局的事件中,柳庆的作用不容低估。孝武西迁后,柳庆任相府东阁祭酒。大统十年(544)任尚书都兵郎中,迅即又兼任雍州别驾。柳庆在雍州别驾任内最值得称道的是审理刑狱明察秋毫,不畏权贵,一切以律法为准,使境内权贵惮惧,秩序肃然。大统十二年(546),西魏改三十六曹为十二部,柳庆任计部郎中,仍兼雍州别驾,随即又任尚书左丞,深受宇文泰信任倚重。西魏恭帝初(554),柳庆进位骠骑大将军、开府仪同三司、尚书右仆射,转左仆射。周孝闵帝宇文觉即位,柳庆被赐姓宇文氏,晋爵平齐县公。

柳虬、柳桧、柳鸷、柳庆诸人的子弟也都活跃在当时的政坛,可以说是一门官宦。

卫门书法

安邑卫氏出自周文王之子康叔之后。据《元和姓纂》记载,周灭商后,周文王第八子、武王之弟康叔被封于卫,镇抚殷之遗民,建立卫国(其辖地大致在今河南省北部到河北省南部一带)。卫国属姬姓,传国四十余代,战国时先后成为魏国、秦国的附庸。秦二世元年(前209),秦二世把卫君姬角废为庶人,卫国最终灭亡。其子孙以国为氏,遂姓卫。

卫氏在汉代著名的代表人物是卫绾。卫绾是代郡人,主要活动在文景时期。文帝时因功任中郎将,景帝初,任河间王太傅,因功拜中尉,景帝三年(前154)封建陵侯。后历迁任御史大夫、丞相,位列三公。卫绾为人敦厚,位居宰相,只是静默守道,少有政绩。汉武帝建元年间(前140—前135),以不称职被免。

安邑卫氏一支起于卫暠,系卫瓘高祖。在东汉明帝时以儒学自代郡被征召到朝廷任官,但行至河东安邑(今山西夏县西北)时去世,朝廷赐葬在去世之地。其子孙从此也就在安邑定居下来。这是安邑卫氏的起源。

安邑卫氏自卫暠之后下传四代是卫觊,在曹魏政权中曾任尚书,卫觊在历史上官名不显,却以书法名世。安邑卫氏崛起显赫是在卫觊之子卫瓘的时候,卫瓘是安邑卫氏在魏晋时期的代表人物。

卫瓘(220—291),字伯玉。幼年丧父,事母至孝,性格贞静,有见识。年轻时仕于曹魏,袭父爵阌乡侯,弱冠即被授尚书郎之职。后历任通事郎、中书郎等职,在位十年,以任事称职闻名,累迁至散骑常侍。260年,魏元帝曹奂即位后,卫瓘拜侍中,持节慰劳河北,后转任廷尉卿,负责司法。

263年,曹魏伐蜀。卫瓘以本官持节为监军,监督邓艾、钟会的军事行动。灭蜀后,邓艾专制、钟会阴怀异志,卫瓘先与钟会一起逮捕了邓艾,后又及时平定了钟会叛乱。因功除使持节、都督关中诸军事、镇西将军,随即又迁任都督徐州诸军事、镇东将军,增封菑阳侯。

泰始元年(265),西晋代魏,卫瓘被任为都督青州诸军事、青州刺史,加征东大将军、青州牧,晋爵为公,每到一任都有政绩。随即任征北大将军、都督幽州诸军事、幽州刺史、护乌桓校尉,经略北部边防。当时幽州、并州一带边患严重,东有乌桓,西有力微两股势力不断侵扰,卫瓘用离间之计使其分化,乌桓降晋,力微忧惧而死,边患得平。朝廷嘉奖其功,封其子卫密为亭侯。

咸宁初年(275),卫瓘任尚书令,加侍中。太康初年(280),迁司空,同时仍任侍中、尚书令。晋武帝还将繁昌公主嫁给卫瓘第四子卫宣,又令卫瓘领太子少傅衔。这时的卫瓘深受晋武帝司马炎的信任,位极人臣。

卫瓘为官清简,敢于负责,在朝野享有很高声誉。晋武帝立司马衷为太子,司马衷愚钝,不具备处理政务的能力。卫瓘从王朝长远利益考虑,多次想建议更换太子,犹豫不决。后逢武帝大宴群臣,卫瓘借酒假醉,跪在御床前,以手抚床对武帝说:"此座可惜!"武帝会意,组织了对太子的考察。但当时卫瓘借酒进言时很多大臣在场,太子妃贾南风的父亲贾充下朝后见贾南风,说:"卫瓘老儿,坏吾大事。"紧急组织人马帮助太子应付武帝的考察,使太子顺利过关。但贾南风由此对卫瓘怀恨在心,伺机报复。

卫瓘的荣宠也引起当时太傅杨骏的不满。杨骏是武帝的岳父,平时与卫瓘不和,杨骏为独揽朝政,打击卫瓘,就借卫宣沉溺酒色的过失,诋毁卫宣和卫瓘,促使武帝下令让繁昌公主和卫宣离婚;给卫瓘以太保之虚衔,遂不再参与政务。

290年,武帝去世,惠帝即位。外戚杨骏专擅朝政,皇后贾南风为了掌权,联合楚王司马玮,矫诏诛杀了杨骏。惠帝以卫瓘录尚书事,与汝南王司马亮共辅朝政。当时西晋所封诸侯王都居留京师,给朝政稳定造成很大隐患。司马亮上奏朝廷让诸王返回藩国,群臣无人敢应,只有卫瓘公开表态支持,由是也引起一些诸侯王特别是楚王司马玮的怨恨。加之卫瓘正直,他与司马亮辅政,贾南风难以授其权谋,遂挟惠帝下手诏免去卫瓘之职,由楚王司马玮宣诏。司马玮却乘机矫诏杀卫瓘,卫瓘与儿子卫恒、卫岳、卫裔及孙子9人同时遇害,只有卫恒之子卫璪、卫玠因为外出才幸免于难。直到司马玮伏诛之后,卫瓘才得以平反昭雪。

卫瓘之子卫恒,少辟司空齐王府,后历任太子舍人、尚书郎、秘书丞、太子庶子、黄门郎等职。

卫恒二子:卫璪、卫玠。卫璪,少袭其祖卫瓘兰陵郡公爵,后改封江夏郡公。晋怀帝时,任散骑侍郎。永嘉五年(311),卫璪沦没于匈奴攻破洛阳之役。卫玠,年少时即风神秀异,长大后好谈玄理,为天下崇重,被推为名士第一,所到之处,人们争相观看。曾任太傅西阁祭酒,拜太子洗马。卫玠身体羸弱多病,永嘉六年(312)去世,年仅27岁。

安邑卫氏在西晋一度成为政治大族,但经过八王之乱和永嘉之乱,迅速衰落。其后,人丁不旺,逐渐沉寂。据史载,卫瓘有6个儿子,史书有记载的是卫恒、卫岳、卫裔、卫宣、卫密,另有一子不知姓名。史书记载卫瓘有两个弟弟,但没有记载其名字,其事迹行状不显。魏晋时著名书法家卫夫人,据载也是安邑卫氏一脉,是卫瓘的侄女、卫恒的堂妹,则卫夫人当是卫瓘一个弟弟之女。卫璪、卫玠、卫夫人之后,安邑卫氏史书少有记载,只是北魏时步兵校尉卫卧龙,据称是卫玠之后。经历过东晋十六国和南北朝的沉寂,到隋唐时期,安邑卫氏才又出现隋虞州刺史卫盛、唐左武卫大将军卫孝节等代表人物。

卫氏家族以书法著名,特别是卫夫人卫铄,因为曾做过书圣王羲之的书法老师,在后世声誉特高。

卫觊擅长篆书,而其子卫瓘擅长草书。《晋书》记载卫瓘"学问深博,明习文艺",尤其在书法方面造诣精深,是历史上有名的书法家。当时他与担任尚书郎的敦煌人索靖都善于草书,人们称他们是"一台二妙"。汉末张芝(张伯英)善草书,"论者谓(卫)瓘得伯英筋,(索)靖得伯英肉"。其传世作品仅存《顿首州民帖》,后人对卫瓘的书法评价很高,庾肩吾《书品》把卫瓘书法列为上之下。张怀瓘的《书断》把卫瓘的章草列为神品,把他的小篆、隶、行草等列为妙品。卫瓘是卫氏书法世家承先启后的关键人物。

卫瓘之子卫恒也是著名的书法家,尤其精于草书和隶书,书法成就很高。他著有《四体书势》,从文字起源和汉字构造方面总结了字形、字体的发展变化规律。在《四体书势》中还对篆、隶、行、草各体书法家的书法艺术进行了比较,真正把书法提升到艺术的高度。《四体书势》是目前我国存世最早的书法理论作品。

卫璪、卫玠兄弟传承父祖书法,都是当时的书法名家,只是英年早逝,没有留下多少书法作品。

安邑卫氏书法最为著名的是卫夫人。卫夫人(272—349)名铄,字茂漪,安邑人。其父卫展,曾任廷尉之职。受家族影响,卫夫人自小喜爱书法,是中国历史上著名的书法大家。刘宋羊欣《采古来能书人名》载:"晋中书郎李充母卫夫人,善钟法。王逸少之师。"记载说明卫夫人曾随钟繇学书,是书圣王羲之少时的书法老师。卫夫人嫁给江州太守李矩为妻,其子李充、其侄李式等都以书法闻名,都与卫夫人有关。可以看出,卫夫人对魏晋时期的书法推广教育有很大贡献。

卫夫人书法传世作品有《淳化阁帖》中的楷书八行、《名姬帖》、《卫氏和南帖》等。前人对其书法评价说:"碎玉壶之冰,烂瑶台之月,宛然芳树,穆若清风。"也有人评其书"如插画舞女,低昂芙蓉;又如美女登台,仙娥弄影;又若红莲映水,碧冶浮霞"。其书法清婉、流畅、飘逸、瘦洁,具有美感。她在钟繇书法的基础上,形成自己的风格,由钟繇的扁方字形变为长方字形,更加清婉灵动。唐代张怀瓘在《书断》中把卫夫人的书法列入妙品。

卫夫人不仅在书法艺术实践方面有很高成就,而且对书法理论也有深刻的总结论述。其书法理论代表作是《笔阵图》。在《笔阵图》中,她提出书法之妙"莫先乎用笔"的主张,强调执笔要讲究,不同书体要采用不同的执笔法。她提出写不同的书体要用不同的方法,篆书要飘扬洒落,章草要凶险可畏,八分书要窈窕出入等。她强调笔画的书写标准:横如千里之阵云,点似高山之坠石,撇如陆断犀象之角,竖如万岁枯藤,捺如崩浪奔雷,如百钧弩发,钩如劲弩筋节,形象生动。卫夫人对中国书法理论的认识和总结,对历代书法理论和实践都产生了巨大影响。

卫氏一门四代,在魏晋时期形成了典型的书法世家,在中国书法史上占有重要的地位。

永济市五老峰

大学者郭璞

提起《尔雅》、《山海经》,我们并不陌生。然而,今天的人们之所以能够读到它、读懂它,主要得益于大学者郭璞。

郭璞(276—324),字景纯,河东闻喜(今山西省闻喜县)人。郭璞父郭瑗,在西晋曾任尚书都令史、建平太守,行事以公允方正著称。郭璞出生在官宦家庭,自小受到良好的教育。据《晋书·郭璞传》记载,郭璞好经术,博学有高才,但讷于言论,"辞赋为中兴之冠"。郭璞还好奇文古字,精于阴阳历算,是东晋著名的文学家、训诂学家、术数大师,在中国学术史上有很大影响。

晋惠帝、晋怀帝之际,匈奴、鲜卑、羯、氐、羌等少数民族纷纷进入中原,出现"永嘉之乱",河东地区最先遭到战火的侵扰。郭璞预测中原将陷于异族的统治,于是私下联络姻亲好友数十家先期南下,躲避战祸。过江后,郭璞被宣城太守殷祐引为参军。王导也很看重郭璞,不久把郭璞聘为高级幕僚。

郭璞著有《江赋》、《南郊赋》,言辞气势雄阔,晋元帝司马睿读后很喜爱郭璞的文采,于是征郭璞为著作郎。郭璞在朝期间,看到国家治理重刑罚,狱繁刑苛,于是数次上书,提出减轻刑罚、实行无为而治、给百姓宽松的生产生活环境的政治主张。后迁任尚书郎,多次提出合理建议,对朝政很有裨益。

大将军王敦举兵谋逆,要郭璞为其占卜吉凶,郭璞乘机对王敦说:"明公起事,必祸不久。"讽劝王敦不要做谋逆之事,因此触怒王敦,被王敦杀害。王敦之乱平定后,郭璞被朝廷追赠为弘农太守。

据史书记载,郭璞"注释《尔雅》,别为《音义》、《图谱》,又注《三苍》、《方言》、《穆天子传》、《山海经》及《楚辞》、《子虚》、《上林赋》数十万言,皆传于世。"又"撰前后筮验六十余事,名为《洞林》,……更撰《新林》十篇、《卜韵》一篇。""所作诗赋诔颂亦数万言。"著述极为宏富，在学术文化史上有很大价值与影响。

郭璞学术文化成就表现在他对《尔雅》、《山海经》、《穆天子传》等的注释方面。《尔雅》是中国古代最早一部解释语词的著作，全书19篇，最后7篇为《释草》、《释木》、《释虫》、《释鱼》、《释鸟》、《释兽》、《释畜》，著录了近600种动植物及其名称，并根据其形态特征纳入一定的分类系统，保存了我国早期丰富的动植物知识，是后人

闻喜县郭璞家谱

学习研究动植物的重要资料。郭璞把《尔雅》看作是了解大自然、学习研究大自然的入门书。由于《尔雅》文字古奥，加之年代久远，在流传过程中文字出现脱落、讹误等，人们很难读懂，于是历代文人不乏对《尔雅》作注者。郭璞认为，以前各注"犹未详备，并多纷谬，有所漏略"，于是他"缀集异闻，荟萃旧说，考方国之语，采谣俗之志"，并采集刘歆、樊光等前人旧注，用当时通用的语言，对《尔雅》进行新的注疏。他不仅对语词进行注释，对动、植物进行厘清注释，更可贵的是他的注疏还作图、注音，为后人研究《尔雅》提供了重要的参考。郭璞开创的动、植物图示分类法直到唐代仍然沿用。所著《尔雅注》、《尔雅音》、《尔雅图》、《尔雅图赞》是《尔雅》学的集大成之作。今存《尔雅注》3卷，被刊入《十三经注疏》。

郭璞另有《方言注》，以晋代的语词解释古语，从中可以考见汉晋时期语言的流变情况，是训诂学方面的名作。另有《山海经注》、《穆天子传注》、《楚辞注》、《周易注》等，多已佚失。不过从《尔雅注》及其他著作可以看出郭璞在训诂学上的造诣之深、成就之高。

郭璞在文学上的创作很多，主要代表是《游仙诗》。游仙诗在秦代就有，在汉乐府中也有类似于游仙诗的作品，到汉末魏晋建安、正始之际，曹植、阮籍等人都创作过游仙诗。游仙诗多通过对仙境的追求以表达对现实社会的逃避和不满，在社会离乱之际游仙诗的创作就比较多。郭璞生逢乱世，又出儒入道，创作游仙体诗恰是时代和个人追求价值的体现。郭璞游仙诗保存下来的有19首。在游仙诗中，郭璞表达了忧生避祸、高蹈隐世、对现实不满的思想。

魏晋时期玄学兴盛，反映在文学上，作品谈玄理的较多，诗作平淡寡味。郭璞的诗却相反，其游仙诗以文采富丽见称，故钟嵘《诗品》评郭璞"始变永嘉平淡之体"。无论是写隐逸还是写神仙，都无枯燥的说理，而是以华美的文字，将隐士境界、神仙境界及山川风物都写得十分美好，具有形象性，也体现出郭璞超脱的精神境界。这在当时是高出他人、独领风骚的。

郭璞还精于道家术数，是中国风水学的鼻祖。《晋书》把他与道教代表人物葛洪合传，说明他是一个道教色彩极为鲜明的人物，不过他的成就主要在术数而不在道教理论。郭璞是两晋时期最著名的方术之士。在风水术数方面，郭璞最著名的代表作是《葬经》，也称《葬书》。《葬经》不仅对风水及其重要性作了论述，还介绍了具体方法，奠定了中国古代堪舆风水的理论基础。《葬经》的思想理论一直为后来的风水术所承袭和发挥，而郭璞作为风水名家，也备受后世风水界的推崇。

郭璞是中国文化史上不可忽视的重要人物，他不仅发展了魏晋时期的游仙诗、山水辞赋，而且在训诂学上贡献尤大，是我国历史上著名的诗人、训诂学家、堪舆大师。

我国第一部历史地图集

我国第一部历史地图集《禹贡地舆图》以及全国地图《地形方丈图》，皆出自河东人、地理学家裴秀之手。

裴秀，字季彦，河东闻喜人，魏晋间大臣，著名地理学家。其祖裴茂在东汉灵帝到献帝时期历任县令、郡守、尚书等官，封阳吉平侯；其父裴潜在魏明帝时历任县令、代郡太守、魏郡、颍川典农中郎将、河南尹、大司农、尚书令等职，封清阳亭侯。裴秀就出生在这样一个钟鸣鼎食、地位显赫的家族。裴秀自小受到良好的教育，加之聪颖好学，8岁就能写文章，在少年时就获得了"后进领袖"的美称。

成年后，裴秀以门荫袭父爵，官拜黄门侍郎。甘露二年（257），裴秀随司马昭讨伐淮南诸葛诞，出谋划策，因有功而拜尚书。魏常道乡公即位，裴秀又迁尚书仆射，进入朝廷决策圈。魏咸熙初年，裴秀受命主持官制改革，制定了五等爵制，被封为济川侯。

司马昭控制朝政后，在选嗣的问题上一直犹豫不定。司马昭属意司马攸，而司马炎却志在必得。司马炎为获得世子之位，请裴秀等大臣为其进言，最终司马炎被立为世子。司马昭去世后，司马炎继晋王位，裴秀备受恩宠，官至尚书令、右光禄大夫。265年，司马炎取代曹魏政权，建立晋王朝，即晋武帝。在这个过程中，裴秀起了很大作用，再迁

裴秀画像

为左光禄大夫,封钜鹿郡公,食邑3000户,不久,又任司空,位至三公。在任司空期间,他主持编订了我国第一部历史地图集——《禹贡地舆图》18篇,以及全国地图《地形方丈图》。西晋泰始七年(271),裴秀偶感风寒,误饮冷酒,致使中毒身亡,时年48岁。裴秀对西晋皇朝忠心耿耿,勋劳卓著,得到了晋武帝司马炎的高度赞誉。裴秀的政治活动为裴氏家族在魏晋的发展奠定了根基。

裴秀一生虽以从政为主,但他在学术上的成就要远远超过其在政治上的成就。裴秀学术上最主要的成就是在地理地图学上。他不仅考订《禹贡》,编订《禹贡地舆图》,还提出了"制图六体",奠定了地图制图学理论体系。自西晋到明朝末年西方地图学传入中国的1400多年间,中国历代的地图在内容上虽多有变化,但在绘制方法上,基本上还是遵循裴秀提出的六原则,在当时的世界上也是处于领先地位。因此,人们把裴秀同欧洲学者托勒密并称为世界古代地图史上东西相辉映的两颗明珠。

裴頠与《崇有论》

魏晋时期社会风气放达,士大夫崇玄理、尚清谈,不务世事,不拘礼法,对政治和社会都产生了极大的负效应,后人总结这段历史就有"清谈误国"之说。由思想家裴頠提出的《崇有论》,使人们特别是官僚士大夫注重实务,这在当时具有振聋发聩的现实意义。

裴頠,字逸民,西晋大臣、思想家,是西晋开国元勋裴秀之子。裴頠在年少时就"博学稽古",有雅量远识,很有名气。成年后,司空贾充向朝廷表荐他承袭父亲裴秀钜鹿郡公之爵。晋武帝太康二年(281),朝廷征裴頠为太子中庶子、散骑常侍。惠帝即位,又转国子祭酒,兼右军将军。晋惠帝皇后贾南风(贾充之女)诛杀权臣杨骏,裴頠因有功而迁侍中、尚书左仆射,位极人臣。

裴頠之所以在仕途上一帆风顺，一是因为他是高门士族子弟；二是因为当时擅权的贾皇后是他的姨表姐，因而当时就有人对他靠裙带关系而至高位不以为然。但裴頠从不因自己位高权重而专擅跋扈，相反，他事事谨慎，每授一职，总是殷殷谦让。如贾后专权时，朝廷以裴頠为尚书左仆射、侍中，裴頠两次上表辞让，并指出重用外戚将给国家带来极大的危害，力陈任人唯亲、偏信外戚之弊，主张任人唯贤，请求朝廷选拔有才能的人代替自己。这种概不自私、公忠体国的精神品质在当时争权夺势、倾轧激烈的情况下确实是难能可贵的，因而受到当时士人的推崇。

裴頠作为宰执辅政时期，正是西晋宗室斗争激烈、门阀势力与君权矛盾巨大的时期，他对君权的衰弱倍感痛惜，提出了一系列措施，企图对现实有所补益。如他提出"政不可多门"，主张加强君权，强调对官员职责的考核，整顿官场风气，可惜他的合理建议在当时混乱的局面下难以实现。

300年，赵王司马伦为篡夺帝位，诛杀朝中有清望、阻碍自己篡逆的大臣。因裴頠比较正直，深孚众望，且曾多次阻止司马伦营求高位的要求，因此，司马伦篡逆时首先杀害裴頠和另一个著名的宰辅张华，裴頠遇害时年仅34岁。

裴頠从政近20年，由于处于乱世，因此他在政治上也谈不上有什么大的成就。他对后世所产生的影响主要在哲学思想方面。关于裴頠的著述，据《三国志·魏志·裴頠传》说有《崇有论》、《贵无论》二文，《晋书》本传又说他还著《辩才论》，未成而遇害。《贵无论》没有流传下来，《崇有论》收在《晋书》本传中，反映了他的政治哲学思想。因其讨论的是"有"、"无"、"宗极"等玄学的基本问题，被尊为玄学家，是玄学从"贵无"向"崇有"转变时期的代表人物。

裴頠是当时一个很有忧患意识的政治家、思想家，他著《崇有论》就是想从哲学思想、政治思想上清除贵无学说的影响，具有一定的现实意义。只是当时整个社会风气所至，不是一篇《崇有论》就能解决问题的，《崇有论》也成了被历史湮没的时代遥远的绝响，令后人追思。

史注的经典范本《三国志裴注》

在中国史学史上,为陈寿《三国志》作注者不乏其人。《三国志裴注》则是最有价值的史注之一。它的作者叫裴松之。

裴松之,字世期,是南北朝时期著名的史学家。据《宋书·裴松之传》记载,裴松之年少时便聪敏好学,8岁时就能熟读《论语》和《诗经》,素有大志,被当时的人所看重。晋孝武帝太元十六年(391)裴松之20岁时,被征为殿中将军,后拜员外散骑侍郎。晋安帝义熙元年(405),被任为吴兴故鄣县令。在故鄣县令任内,正值大旱不雨,稼禾无收,裴松之上表朝廷请求减免税收、开仓济民,并帮助农民恢复生产,这种关怀百姓的行为使他得到百姓的爱戴。经过几年努力,故鄣县土地垦辟、人口增加,境内安定,裴松之的政绩得到朝廷的褒奖,迁任尚书祠部郎(掌祭祀,隋唐时改祠部为礼部)。

420年,东晋大将刘裕代晋自立,建国号宋。任他为太子洗马。此后,裴松之历任中书侍郎、司冀二州大中正官、永嘉太守、琅琊太守、国子学博士等职。数十年仕途生涯使裴松之具有丰富的阅历,加上他勤勉好学、著述不懈,成为闻名朝野的大学者。宋文帝元嘉三年(426),诏令裴松之为陈寿《三国志》作注,裴松之广泛阅览国家藏书和各种资料,历时三年,于元嘉六年(429)完成了《三国志裴注》这一历史巨著,宋文帝浏览裴注后大加赞赏,说"此可谓不朽矣"。

裴注与以前的史注不同。以前的史注多用功于制度考订、文字解释等方面。裴注虽然对制度、文字也偶加解释,但不占重要部分,裴注的主要工作是补充史料,纠正其谬误,弥补陈寿《三国志》失之于略的缺陷。

裴注的最大优点,是征引各家原文史料来注陈寿原书,特别是这些原材料今天大部分已经佚失,幸而保留一部分在裴注中,因此,裴注的史料价值并不低于《三国志》。罗贯中的《三国演义》之所以生动鲜活,和他从裴注中获取故事来源是分不开的。同时,裴注不仅是史料的搜罗排比和证明,还包含着裴松之的历史见解、治史的方法,也体现着裴松之的治史精神,因此裴注本身也是创作,是史书的编撰。

《三国志裴注》是中国史学上最有价值的史注之一,是史注的经典范本,对后世史注产生了极大影响,也体现了裴松之作为著名史学家卓越的史学才识。

裴松之一生著述甚丰,除《三国志裴注》外,还有《晋纪》、《宋元嘉起居注》、《裴氏家传》、《裴松之集》、《裴注丧服经传》等5种,可惜没有流传下来。

裴松之一生寄身官场,但使他名扬后世的是他对史学的巨大贡献。其子裴骃作《史记集解》、曾孙裴子野作《宋略》,可谓史学世家。

四大名楼之鹳雀楼

鹳雀楼,又名鹳鹊楼,因时有鹳雀栖其上而得名,位于山西省永济市蒲州古城西面的黄河东岸。地处秦、晋、豫黄河金三角地带,是黄河流域一颗璀璨的文化明珠。楼体壮观,结构奇巧。四周平畴旷野,阡陌纵横,山色如黛,风景秀丽。在华夏数千年文明史上,鹳雀楼与湖北黄鹤楼、湖南岳阳楼、江西滕王阁并称我国"四大历史文化名楼"。

鹳雀楼,始为北周大将宇文护建在黄河岸边瞭望军情的戍楼,当时称"白楼"。因楼体高大壮观,云飞霞绕,又称"云栖楼"。后因河滩的鹳雀鸟常栖息楼上,人们便改称为"鹳雀楼",盛于隋唐两宋,可惜在金元战争中毁于战火。历代名士文豪为鹳雀楼题留诗赋者甚多,但流传至今、妇孺皆知的诗题当属唐代王之涣的《登鹳雀楼》。

"白日依山尽,黄河入海流。欲穷千里目,更上一层楼。"前两句写自然景色,开笔就有缩万里于咫尺、涵咫尺于万里之势。后两句写意,写得出人意料,把哲理与景物、情势融合得天衣无缝,成为鹳雀楼上一首不

登鹳雀楼

永济鹳雀楼

朽的绝唱,又是唐代五言诗的压卷之作,王之涣因这首绝句而名垂千古,鹳雀楼也因此诗而名扬中华。

  20世纪90年代,为积极打造地域文化、强化旅游特色,永济市委、市政府组织国内专家多方论证,筹献谋划,在旧址重建了鹳雀楼。楼高二百余丈,外观四檐三层,内为六层,雕梁画栋,巍峨壮丽,是我国目前

永济鹳雀楼

最大的仿唐建筑。

登上主楼,一层为"千古绝唱",内有硬木彩塑巨制《大唐蒲州繁盛图》和《筑楼戍边》、《旗亭画壁》壁画,重现了盛唐时期蒲州的繁华景象;二层为"源远流长",以12幅画图及雕塑,表现了舜帝、关公、柳宗元等彰显河东五千年文明的名人故事;三层为"亘古文明",以群塑场面再现了当年制盐、冶铁、养蚕、酿酒等工艺流程,及剪纸、皮影、年画等民间工艺活动;四层为"黄土风韵",展现了北方人民生产、生活的场景;五层为"旷世盛举",以图片和实物展示了重建鹳雀楼的过程和壮举;第六层为"极目千里",塑有王之涣挥毫吟诗的铜像,是游客登高望远的最佳赏景胜地,享受"更上一层楼"的境界和惬意。

蒲州桑落酒

在我们山西除了驰名全球的"汾酒"、"竹叶青"外,还有一种历史名酒,那就是永济市失而复得的"桑落酒"。

桑落酒的酿造人叫刘白堕,乃是北魏时河东人。他自幼以酿酒为生,有很高的酿酒技术。他于六月暑天,用坛子盛上酒放在太阳底下曝晒,经过十天,酒一点也没少。据说这酒就是桑落酒。为啥叫桑落酒呢?有人说在蒲州城外东南五里土龟原后土祠下有个桑落泉,因用此泉水酿酒故起名叫桑落酒。也有人说蒲州有个酒作坊叫桑落坊,坊内有井,井旁有桑,每年桑葚成熟时,桑葚落入井内,用井水酿酒,甘美无比,故名桑落酒。尽管说法不一,都证明桑落酒在蒲州,历史悠久,甘甜味美。

在北魏时,京城洛阳的权贵们争相购买刘氏的桑落酒,有的馈赠亲友,寄到千里以外。外地酒友把它视为"仙鹤送来美酿",故又称为"鹤觞"。西晋永熙年间,青州刺史毛鸿宾带着不少桑落酒去走马上任,不料在中途客店中被盗贼将行李银两全部劫走,这些盗贼见了桑落酒,一下饮得酩酊大醉,结果被官兵轻易拿获,故而又称为"擒奸酒"。为此,民间流传了两句歌谣说"不畏张弓拔刀,就怕白堕醇醪。"醇醪也是指桑落酒。

自北魏起,隋、唐、五代、宋、元、明都很重视桑落酒的酿造。隋朝在蒲坂设有酒官,唐代设有"芳酝监"。据说赵匡胤未当皇帝前,曾在蒲州饮过桑落酒,非常满意,登上龙位后,便让蒲州人进京按蒲州酿酒方酿酒,赵匡胤酒醉桃花宫,错斩郑子明饮的就是桑落酒。

唐代大诗人白居易赞美桑落酒说:"桑落气熏珠翠暖,柘枝声引莞弦高。"南北朝诗人庾信曾作《就蒲坂使君乞酒》诗,内有"蒲城桑落酒,灞岸菊花秋。"蒲州王莽时称蒲城,诗中指的即蒲州。明代王世贞在《酒品》中说"桑落酒,名最古,色白,鲜旨殊甚,味宛转舌端不穷以甘,故不

古代盛酒器

传统工艺生产的桑落酒

可多饮。"还写诗赞道:"银瓶初泻玉生香,风味由来擅索郎。若比美人何所似?太真柔腻出兰汤。""索郎"是桑落之讹传名,诗中说桑落酒一开瓶,色如玉,扑鼻香,桑落酒自古以来就是上品,喝了酒涤心荡腑,真有杨贵妃出浴后舒服欲仙之神态。

可是到了清代,桑落酒却销声匿迹了。究其原因,说法有二,一说由于桑落泉干涸,以致酿造业失传;一说因为清朝统治阶级横征暴敛,永济多烧柿子酒,酒贱税重,当地民众多次奏请蠲免,不仅没免,反而加重。农民忍无可忍,揭竿而起,同清朝官府打了起来。农民起义被镇压了,酿造方也随之失传。

1980年,永济桑落酒厂发掘出失传的名酒遗方,造出了清冽芳旨的桑落酒,恢复了历史名产,为永济赢得了荣誉。1982年,著名电影导演谢添亲临桑落酒厂,品尝"琼浆玉液",酒涌心潮,诗兴顿发,挥笔给桑落酒厂题诗一首,盛誉佳酿。全国书法协会主席启功还为酒厂亲书"桑落酒"三字。正是:历史名酒曾湮没,今焕青春誉全国,杜牧若来饮三盏,不咏"杏花"赞桑落。

第六章

中都时代的辉煌

（隋唐时期）

■ 概述

在今运城地区的辖域内，隋唐政府设置了蒲州（河东郡）、绛州（绛郡）两个州郡的行政机构，有时称州，有时称郡。

贞观中，始设道。河东道，治所在太原。到唐玄宗时，治所一度移于蒲州。此时，河东的疆域几乎包含除大同之外的今天的山西省全省。《元和郡县志》记："河东道，辖河中府、绛州、晋州、慈州、隰州、太原府、汾州、沁州、仪州、岚州、石州、忻州、代州、蔚州、朔州、云州、潞州、泽州、邢州、洺州、磁州。"《太平寰宇记》"蒲州"记："隋大业三年又废州，复改河东郡，唐武德元年罢郡置蒲州……天宝元年改为河东郡，乾元元年复为蒲州。"蒲州（河东郡）在隋代统10县：河东、桑泉、汾阴、龙门、芮城、安邑、夏县、猗氏、虞乡等。绛州（绛郡）统8县：正平、翼城、绛县、曲沃、稷山、闻喜、垣曲、太平。其中部分县在今临汾市境内。唐代也大体如此。

隋唐时期，河东的经济、文化都达到极盛。蒲州一度成为大唐的中都，绛州也是天下名城。河东盐池一直是国家的财赋之源，唐代推行垦畦浇晒法，产量和效益都大幅度增长。河东又是重要的粮食产区，有力地支援了隋唐的首都长安。隋末，李渊父子夺取蒲州，又在柏壁打败刘武周、宋金刚等反叛势力,为唐王朝的建立与稳定打下了良好的基础。"文中子"王通隋末在白牛溪设教兴学,造就了一大批人才。闻喜的裴氏家族、临猗的张家都是非常显赫的家族,出了裴度、张嘉贞等名相。王勃、卢纶等诗人,唐宋八大家之一的柳宗元,画家张彦远,大将军薛仁贵、封常清等,这些杰出的人物,都为唐王朝的兴盛作出了很大贡献,对后世产生了极大的影响。

姚暹渠：伟大的水利工程

在运城城区之南，有个约130平方公里的大盐湖，它就是历史上有名的河东盐池——解池。

河东盐池东据安邑，西接解州，南临中条，北枕峨嵋，东西长30公里，南北宽3—5公里左右，人称百里银湖。湖面海拔320米左右，四周高，中间低，形似一个天然浴盆。

河东盐池自古以来为我国重要的产盐区，为中华民族早期的生息繁衍以及历代王朝的财政收入作出了重大贡献。唐代，河东盐池的盐税曾占到全国盐利的四分之一、整个财政收入的八分之一还多。

对于盐池这样的一个聚宝盆，各封建王朝对它的安全生产极为重视。尤其是在盐池防洪方面，不惜动用大量的人力、物力、财力，投入到各项水利工程建设中。因为一旦发生洪水，盐池生产便随即中断，国家财政收入会因盐池遭洪水而受到很大影响。关于盐池防洪，《水经注》曾载："今池水东西七十里，南北十七里，紫色澄渟，潭而不流。水出石盐，自然印成，朝取夕复，终无减损。惟山水暴至，雨潦潢潦奔洪，则盐池用耗。故公私共堨水径，防其淫滥。"因此，治水历来就是河东盐池极为重要的事业，治水就是要千方百计防止洪水侵犯盐池，以免影响盐业生产。所以，河东盐池自古就有"治水即治盐"的说法。

姚暹渠就是为保护盐池兴修的水利工程之一。姚暹渠是一条人工开凿的水渠，原名永丰渠。北魏宣武帝正始二年（505），都水校尉元清为引平坑水西入黄河而开凿。隋炀帝大业年间（605—618），都水监姚暹重新修浚，有利于民，故以其名命之。渠水出自夏县王峪口，汇集了巫咸谷、史家峪、白沙河、青龙河诸水，经安邑、运城、解州、永济而入五姓湖，最后与涑水河汇合，流入黄河，全长65.5公里。它对于排泄中条山北的洪水，保护运城盐池发挥了重要的作用。在姚暹渠南面，盐池北边，有堰称姚暹渠堰,既护渠又护盐池。

姚暹渠在特定时期还曾通航运盐,《宋史》记载:"此渠自后魏正始二年都水校尉元清引平坑水西入黄河以运盐,故号永丰渠。周齐之间,渠随废绝。隋大业中,都水监姚暹决堰浚渠,自陕郊(夏县宋时隶属陕州,故曰陕郊)西入解县,民赖其利。及唐末至五代乱离,迄今湮没,水甚浅涸,舟楫不行。"

姚暹渠是一条人工开凿的运河,它除了防洪、运盐功能外,天旱时还可灌溉当地农田,真可谓一举多得。

文坛领袖薛道衡

薛道衡(540—609),字玄卿,河东汾阴(今山西万荣)人。历仕北齐、北周、隋。他以文才名世,为当时文坛领袖。祖父薛聪,曾任魏济州刺史。父亲孝通,任常山太守。道衡6岁成为孤儿,13岁能讲《左传》,见郑国子产相国有功,作《国侨赞》,文辞精彩,人皆称颂。其后才名显露,官拜兵曹从事、太尉府主簿兼散骑常侍,接待北周、南陈来使。陈使傅縡赠诗五十韵,道衡和之,博得众人称赞。后任中书侍郎兼太子侍读。

北齐亡,周武帝用薛道衡为御史二命士,薛道衡自以为不受重用,便弃官归乡里。后来又入仕途为州主簿。杨坚为相时,薛道衡效力于大将军梁睿府下,参与平定王谦之乱。后又从征突厥,还朝后,被任命为内史舍人,仕途上开始有起色。当时薛道衡还兼任聘陈主使,多次往还江东,对陈朝的腐败情况了解很深,所以多次上奏隋文帝,要求对陈"责以称藩"。

隋开皇八年(588),隋伐陈,授薛道衡淮南道行台尚书吏部郎兼掌文翰。他向主将高颎献策说:"自古有德者昌,无德者亡。今主上体恤百姓,朝政清明,而陈后荒于酒色,上下离心,攻之必克。"受到高颎赞赏,可见薛道衡对当时的局势分析得极有见地。

后擢吏部侍郎,又改任内史侍郎加上仪同三司。他在朝廷担任机要职务多年，又被时人誉为"一代文宗"，名声大振，一时无双。当时名臣如高颎、杨素等，都很敬重他。皇太子及诸王都争相与之结交，引以为荣。他的代表作《昔昔盐》描写了少妇孤独寂寞的心情，其中"暗牖悬蛛网，空梁落燕泥"一句最为脍炙人口。出使南朝时所作的《人日思归》，内容清新，含蓄隽永，表达出了对家乡的思念却又身不由己的苦恼。

炀帝继位后，薛道衡从地方上回到京师。杨广打算留他做秘书监，可薛道衡却呈上一篇长文《高祖文皇帝颂》，对已仙逝的隋文帝极尽赞颂。杨广读了此文，认为薛道衡溢美前朝，暗讽自己，产生了杀害薛道衡之心，安排薛道衡去做司隶大夫。一次，朝臣在讨论新令时，薛道衡又再次直言讽责杨广，杨广听后怒不可遏，逼其自缢，时年70岁。

王通汾阴设教

王通，约生于隋文帝开皇四年（584），卒于隋大业十三年（617），字仲淹，号"文中子"。祖籍太原，后居河东龙门（今万荣县通化镇）。隋末唐初的著名教育家、思想家、哲学家、文学家。

王通从小受家学熏陶，精习《五经》，少年时即"慨然有济苍生之心"。20多岁西游长安，经同乡薛道衡引荐，谒见隋文帝，奏上"太平十二策"，是总结历史教训，如何治理朝政的政治策略。虽得文帝赞赏，但却被公卿冷落排挤。后来任蜀州司户书佐，但不久即回归乡里。政治上的不得意，使王通"退而求诸野"，热心于著述讲学。他曾在家乡白牛溪聚徒授课，求学者自远而至，盛况空前，有"河汾门下"之称。其学生达到数百人，多时达千上。为封建王朝的强盛培养了一批如薛收、温彦博、杜淹、房玄龄、魏征、杜如晦等，均为隋唐历史舞台上的重要人物。反映王通思想的著作为《中说》，是其弟子薛收和姚义模仿《论语》问对之语录体，记述王通与其弟子以及交游者的谈话议论之著作，主要篇目有王道篇、天地篇、事君篇、周公篇、问易篇、礼乐篇、述史篇、魏相篇、立命篇和

万荣县王通庙

万荣县王通墓碑

关朗篇等。

作为一名教育家，王通教学主要以明"王佐之道"为己任，希望能在魏晋动乱和儒学衰败之后重振孔学，为儒学在隋唐之际的恢复与发展，作了充分的思想和舆论准备。在历史观上，他以"道"的主宰取代了"天"的主宰，成为理学天理史观的前奏；在伦理学上，他较早提出"穷理尽性"和"主静"的修养方法，对唐代儒学，特别是宋代儒学有着极重要的影响。在改进教法方面，他认为教学和研究必须要随着时代和环境的变化而变化，并可以不断充实和改善教材的内容。在修养方面，王通提出了穷理尽性的道德修养方法。他在一生为振兴儒学奋斗的同时，非常重视道德伦理方面的建设，尤其重视道德修养问题，并提出了有关的原则和方法。

在授徒的同时，王通用九年时间写成《礼论》25篇、《续诗》360篇、《元经》31篇、《易赞》31篇。加上门人编录的《中说》，这些著作皆是王通创建河汾学说的结晶。王通发展了儒学思想，开创了隋唐儒学改革的先河。

《古镜记》：最早的"唐传奇"

唐传奇，是指唐人用文言文创作的小说作品，是唐代文学百花园中的一朵奇葩。由唐代著名文学史专家汪辟疆先生校录的《唐人小说》，其中录有运城人王度的《古镜记》。

王度（约585—625）。隋末唐初绛州龙门（今万荣县通化镇）人，祖籍太原，属太原王氏家族。因祖父王一为安康县公，受田于龙门，遂定居龙门。王度的父亲王隆隋开皇初为国子博士，曾教授门生多人。王度的几个兄弟之中，文中子王通、东皋子王绩都是著名的文人。王度在隋大业初仕为御史，大业七年（611）五月罢官回河东。次年四月又兼著作郎，奉诏撰国史。大业九年秋出任芮城县令，人称芮城府君。其年冬，王度持节河北（今山西省平陆县），运粮赈济陕东。以传奇《古镜记》闻名于世。

《古镜记》被认为是最早的传奇小说。故事以自叙形式，讲述主人公王度自汾阴侯生处得一古镜后，多次降妖，及其弟王绩借之出游而降妖伏魔的故事。篇中以11则小故事相连缀而成。

故事主人公是隋朝汾阴人侯生，为天下奇士，王度尊他为老师。侯生临终时，赠给王度一面古镜，告诉他此古镜为灵物，为黄帝所铸十五镜中第八镜，持之可避百邪。王度得到此镜后，于大业七年六月，回到长安，来到长乐坡，发现房东家一个漂亮的婢女为华山府君庙前长松下千年老狸所变,就用古镜照而降之。八年四月一日,王度在台直,一次偶遇日食,古镜变暗,随后日光渐明,镜也明朗如故,于是知道镜还能显现阴阳光景的变化。其后又数述此镜的神奇及其来历,多次降妖驱怪,造福于民。王度之弟王绩大业十年(614)自六合丞弃官归家,欲遍游山水,曾借王度古镜,又数次降伏精怪。大业十三年(617),王绩还河东,七月十五日,听到匣中发出像龙咆虎吼的声音,待很久安静下来之后,打开匣子一看,古镜已不复存在,这正如前梦中所告王绩,离开人间而远去。

《古镜记》虽是志怪小说,并非完全虚构,而是根据当时的传说加工而成。描写细腻生动,富有文采,在中国文学史上有一定地位,代表着小说从六朝志怪向传奇演进的一个发展阶段。

屈突通、尧君素蒲州拒唐

在农民起义的打击下,隋王朝的统治已名存实亡。一些贵族豪强、地方官吏乘机起兵,企图夺取农民起义的成果,取隋而代之。在这种形势下,太原留守李渊及其子李世民也乘势发动晋阳兵变。

大业十三年(617)五月,李渊在太原宣告起兵。义军沿汾水南下,经雀鼠谷,进屯贾胡堡(在今灵石西南),在霍州遭遇了虎牙郎将宋老生的坚决抵抗。在连攻不下的情况下,李渊设计诱惑宋老生出城,两路夹击,大败隋军,占领了霍邑,打开了进军关中的通道。沿汾河南下,一路攻城略地,直逼蒲州。

当时隋代大将屈突通率军数万屯守在蒲州(今永济西南),以阻止李渊军进入关中。李渊一方面派招降的关中农民军首领孙华先行渡过黄河,并派统军王长谐、刘弘基及左领军长史陈演寿、光禄大夫史大奈率兵六千渡河至梁山(今陕西韩城西北)扎营,以待大军。另一方面让刘文静及招降的突厥大将康鞘利率兵及时赶到,使屈突通的处境非常艰难。

面对李渊的强大攻势,屈突通派虎牙郎将桑显和率数千名士卒乘

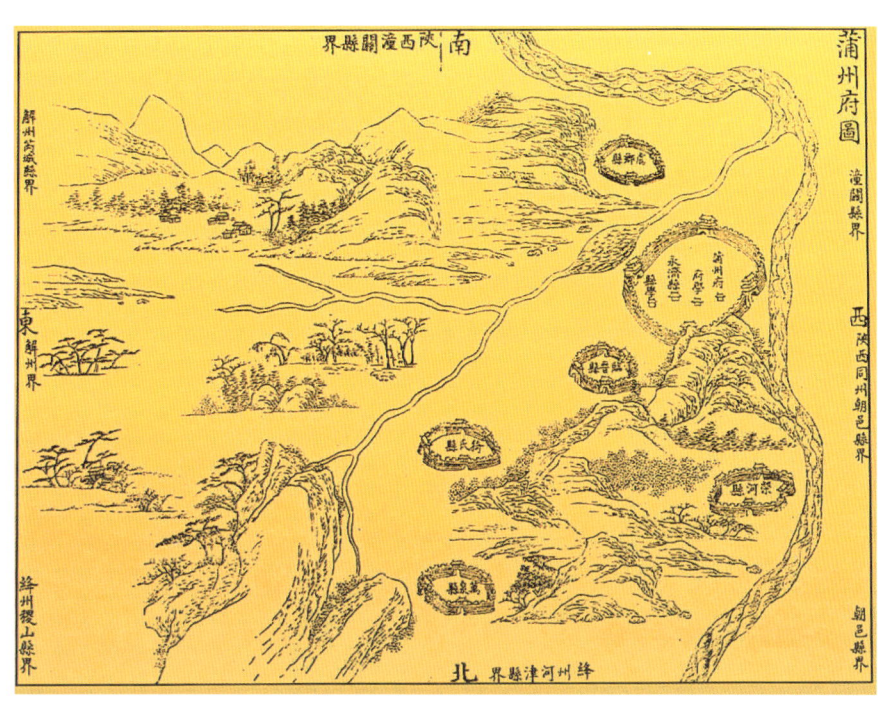

古蒲州府图

夜袭击,起初进展顺利。但孙华、史大柰率轻骑从侧后袭击桑显和军,隋军败回蒲州。李渊趁机率诸军包围蒲州。由于蒲州城高险峻,屈突通又善于守城,使李渊军一时难以攻下。李渊只好留一部兵力继续围城,亲率主力渡河西进,威逼关中。

屈突通闻知李渊要攻打长安后,留下鹰扬郎将尧君素守蒲州,自己率部自武关(今陕西丹凤东南)出蓝田回救长安。屈突通率领军队到达潼关(今潼关东北黄河南岸)附近,遇到刘文静军队的阻碍,不得前进。当时隋将刘纲守卫潼关,屯军都尉南城,屈突通欲与刘纲合兵,不料李渊军左统军王长谐抢先袭占都尉南城,斩杀刘纲,屈突通被迫退守都尉北城。

屈突通在此与唐刘文静相持月余,急于进军,便派桑显和夜袭刘文静军营。桑显和率军攻破二栅,唯刘文静一栅久攻不下。桑显和率军再战,打死李渊军数千人,并射伤刘文静,使其士气大减,已露败象。此时桑显和却因军士疲惫,停止进攻。刘文静抓住战机,派兵重起营栅。时有游军数百骑自南山击隋军背,三栅之兵也呐喊而出,前后夹击,桑部全军覆没,仅桑显和幸免。此时,有人劝屈突通投降,屈突通哭道:"我蒙受国家厚恩,怎能逃避国难？只能以死报国！"

此时李渊已攻占长安,并派其家僮去招降屈突通,屈突通当即将家僮杀死。屈突通闻长安已失,便命桑显和镇守潼关,自率主力东去,准备去洛阳投奔越王杨侗。屈突通刚走,桑显和便献潼关降于刘文静。刘文静派副将窦琮、段志玄等率精骑与桑显和去追击屈突通。屈突通在稠桑（今河南灵宝北黄河南岸）被刘文静军追上,遂结阵自守。窦琮派屈突通的儿子屈突寿去劝说他,屈突通骂道："往昔与你是父子,现在就是仇敌了。"并命令身边的人用弓箭射屈突寿。

桑显和对屈突通的部众说："京师陷落,各位都家住关西,为何还要向东去？"众人闻听此言,全都扔掉兵器投降。屈突通见大势已去,下马向东南方向（指扬州）再三跪拜,并号哭道："臣力尽兵败,没有辜负陛下,天地神祇,实所鉴察。"遂被迫归降,擒送长安。与李渊见面后,李渊问道："为何相见得这么晚呢？"屈突通哭道："我未能尽人臣的忠节,所以到了这个地步,让本朝蒙羞,实在是愧对代王。"李渊赞赏不已："这是隋朝的忠臣啊！"下令将屈突通释放,并授兵部尚书,封蒋国公,为秦王李世民行军元帅长史。

屈突通归降后,即奉命到蒲州城下招降尧君素归降。尧君素看到屈突通,悲不自胜。屈突通也泪湿衣襟。他对尧君素说："我军已经失败,唐王义旗所指之处,无不响应,事情已到了如此地步,你还是早些归降为好。"但尧君素态度坚决："您身为国家大臣,主上委任您以防卫关中为重任,代王将社稷都托付给您了,您为什么背弃国家而投降呢？还替人家作说客呀！您所乘之马,就是代王赏赐的,您还有什么脸骑着这匹马呢！"屈突通叹息道："唉！君素,我是力尽途穷才来的！"但尧君素不听,说道："我现在力量还未用尽,何必多说！"屈突通无奈,只好回去。

当时,城池被围攻得非常紧急,音讯断绝。尧君素于是造了一只木鹅,把奏章放在木鹅的脖颈中,在奏章中他详细地分析了情势,他把木鹅漂浮在黄河上,让它顺流而下。河阳守卫的人得到木鹅,送达到东都洛阳。越王杨侗见到奏章不禁叹息,就秉承皇帝旨意授予尧君素金紫光禄大夫之职,秘密派遣使者前往慰劳尧君素。监门直阁庞玉、武卫将军皇甫无逸先后从东都归附李渊,两人一起到城下,向他陈说利害。唐王又赐给他金券,答应免除他死罪。尧君素还是没有投降的意思。他的妻子来到城下,劝他说:"隋朝已经灭亡,你何苦要自取祸害?"尧君素说:"天下的事情不是女人所能知道的。"拉开弓射杀他的妻子。尧君素也知道事情必定不能成功,常常对他的将士说:"我是晋王府的老臣,说到大义,不能不死。现在粮食还能支撑几年,粮食吃光了,也足以知道天下之事的结局了。隋朝如果一定败亡,那是天命,我应该砍下头来交给你们。"

大业十四年(613),河东一带听到江都覆灭的消息,城里粮食也吃光了,一个多月后,尧君素被身边的人杀害。

李世民大战柏壁

柏壁之战是秦王李世民在平定山西割据势力刘武周、宋金刚的关键战役。

刘武周原是隋朝马邑鹰扬府校尉,义宁元年(617)二月,乘农民起义蓬勃发展之时,杀死太守王仁恭起兵,投靠突厥,先后攻占雁门、楼烦、定襄等郡,被突厥立为定扬可汗,刘武周也自称皇帝。

武德二年(619)三月,刘武周借助突厥的力量进军太原。留守太原的唐齐王李元吉派张达率军驱逐刘武周,结果张达全军覆没。李渊屡次派兵增援,均为刘武周所败。九月,李元吉弃太原逃奔长安。刘武周占据太原后,即派部将宋金刚攻陷晋州,进攻翼城、绛县一带,进逼绛州,直捣龙门,唐晋州道行军总管裴寂节节败退。刘武周的大军几乎席卷整个黄河以东。同时,夏县吕崇茂也响应刘武周,杀县令举兵反叛。隋旧将王行本据蒲坂(今山西永济西南)也与之相应。河东有尽失之势,李唐朝廷上下为之震骇。在这种形势下,李世民主动请缨,愿率3万精兵,收复太原。李渊同意了李世民的意见,尽发关中之军,令李世民统率前往讨伐刘武周。十一月,唐军由龙门方向渡过黄河,屯军柏壁(今山西新绛西南),与屯驻浍州(今翼城县一带)的宋金刚主力对峙,柏壁之战遂拉开序幕。

李世民屯军柏壁后,休养生息,厉兵秣马,固守营寨,等待时机。与

新绛县柏壁李世民点将台

新绛县李世民大战柏壁遗址

此同时,李渊遣永安王李孝基等攻打夏县的吕崇茂,吕崇茂不敌,向宋金刚求援,宋金刚派尉迟敬德、寻相前往救援,结果大败唐军。而当尉迟敬德等回军浍州时,李世民瞅准机会,令兵部尚书殷开山、总管秦叔宝等至美良川(今山西夏县北)拦击,获得重大胜利。不久,敬德等又秘密率领精骑驰援蒲坂之王行本,李世民获知后,亲率步骑抄近道夜奔安邑(今山西运城东北)截击,大获全胜。于是唐军士气大振,诸将请求与宋军决战,但李世民冷静地分析了情况,认为时机还不成熟。继续执行疲敝敌军、釜底抽薪的计划。派左行军总管刘弘基、行军总管张纶率兵进逼西河,以断宋金刚部的粮草。

武德三年(620),时机成熟,在唐军强大的攻势和李世民英明的决策下,唐军在柏壁大败宋金刚。刘武周见大势已去,遂弃太原与宋金刚逃奔突厥,不久亦为突厥所杀。

柏壁之战的胜利,使唐王朝恢复和巩固了河东这一战略要地,为集中力量平定中原、统一全国,创造了更为有利的条件。今天万荣县城里有一座著名的飞云楼,据说就是为了纪念战争胜利而建的乐楼。

唐玄宗祭祀后土

唐玄宗名李隆基,又称唐明皇,是中国历史上著名的皇帝之一,前期励精图治,后期骄奢淫逸,既开创了"开元盛世",又导致了"安史之乱"。开元年间,唐玄宗曾两次到汾阴(今万荣)祭祀后土。

开元十一年(723),唐玄宗由东都洛阳巡幸北都太原,返回长安的途中,决定来到河东汾阴祭祀后土。二月十六日,按照祭"皇地祇"的仪式,唐玄宗隆重祭祀后土,并把当时从黄河岸发掘出的三尊古鼎当作"祥瑞"之兆。为了表示永久纪念,下诏改汾阴县为"宝鼎县"。

到开元二十年(732),唐玄宗又一次从东都北巡太原。驾返长安途中,中书令萧嵩说:"上一次祭祀后土,是为了给百姓祈谷。祭祀之后,后土保佑,连年丰收,天下富饶,皇上应当再次祭祀,表示感谢。"唐玄宗欣然听从了萧嵩的建议,于当年十一月,到宝鼎后土祠行"赛礼",即酬神还愿的意思。礼毕之后,大赦天下。唐玄宗亲自撰文,刻石纪念。

与汾阴后土祭祀有关的诗歌,除传为汉武帝所作的《秋风辞》之外,著名的还有唐代李峤所作《汾阴行》。

这首诗是长篇歌行,当时就被人传唱。内容既传承了《秋风辞》人生易老的感叹,又加入了历史变迁、盛衰难料的悲慨,既有追忆汉武帝祭祀后土曾经的盛况,又对大唐王朝提出了期望。李峤死后,唐玄宗两次隆重地祭祀汾阴后土。安史之乱爆发后,玄宗君臣即将逃难时,梨园子弟当面唱道:"山川满目泪沾衣,富贵荣华能几时。不见只今汾水上,唯有年年秋雁飞。"玄宗心中悲怆,问道:"这是谁作的诗啊?"伶工答道:"宰相李峤。"玄宗感叹"真才子也!"

"初唐四杰"之王勃

王勃(?—676),字子安,绛州龙门(今万荣县通化镇)人。祖父王通是隋末著名学者,号文中子。父亲王福畤历任太常博士、雍州司功等职。王勃与杨炯、卢照邻、骆宾王并称"初唐四杰"。

王勃幼年被人视为神童。六岁能文,词情英迈,与兄才藻相类,唐高宗乾封初年(666)为沛王李贤征王府侍读,两年后,因《檄英王鸡》文,高宗怒逐出府,随即出游巴蜀。咸亨三年(672),补虢州参军,因擅杀官奴,被定为死罪,幸遇天下大赦免于死刑。其父也受牵连被贬为交趾令。上元二年(675),王勃南下探亲,渡海溺水,惊悸而死。

王勃在仕途上不得志,在文学上却有很高的成就。唐朝初年,文坛沿袭六朝颓靡诗风。王勃则"思革其弊,用光志业",留下了不少"壮而不虚,刚而能润,雕而不碎,按而弥坚"的诗文,对转变风气起了很大作用。

王勃的诗今存80多首,赋和序、表、碑、颂等90多篇。《滕王阁序》当

王勃画像

是王勃流传最广的代表佳作。滕王阁位于江西南昌市,为唐高祖的儿子滕王李元婴所建。传说上元二年(675)重阳节那一天,洪州都督阎伯玙在此大宴宾客,王勃恰好路过,阎伯玙原本想让他的女婿为滕王阁作序,但又假意谦让,在座的宾客大多知道阎伯玙的意图,就故意谦让,推辞不写。让至王勃的时候,王勃欣然命笔。阎伯玙见状,大为不满,挥袖而去,并嘱人监视王勃作文,随时传报。王勃开始写道:"南昌故郡,洪都新府",阎伯玙闻报笑道:"不过老生常谈"。接着又报:"星分翼轸,地接衡庐。"阎又轻蔑地说:"无非是些旧事罢了。"又报:"襟三江而举五湖,控蛮荆而引瓯越。"阎伯玙听了便沉吟不语了。接着几人连续来报,阎伯玙不由得连连点头。当报至"落霞与孤鹜齐飞,秋水共长天一色"时,阎伯玙情不自禁地拍案叫绝,赞道:"此真天才,当垂不朽矣!"

王勃作为古代一位极富才华的作家,未及而立之年便逝去,实在是中国文学的一大损失。

书法家薛稷

薛稷(649—713),字嗣通,蒲州汾阴(今万荣县)人。出身官宦世家,曾祖即隋代著名文学家薛道衡,祖父薛收、从父薛元超均为唐朝显达,他本人还是丞相魏征之外孙。薛稷曾任黄门侍郎、参知机务,官至左散骑常侍、太子少保、礼部尚书,人称"薛少保"。唐睿宗在藩邸时就与他结为亲家,睿宗即位更"恩绝群臣"。后因太平公主、窦怀贞谋逆案发,被赐死狱中,卒年65岁。

薛稷为人好古博雅，辞章甚美。政事之余，专力于书画艺术。当时虞世南、褚遂良二人书法妙绝，海内翕然宗法。薛稷外祖父魏征家中收藏了较多名家字画，其中虞、褚墨迹颇多，薛稷得以日久观摩，进而"锐意模学，穷年忘倦"，最终学成，名动天下。窦泉在《述书赋》中给了他很高的评价。此外，薛稷还曾向精于草隶的舅父魏叔瑜学习草书，世称"前有虞、褚，后有薛、魏"。薛稷的隶书、行书俱入能品，其书法特色是"结体遒丽"、"媚好肤肉"，被人形容为"风惊苑花，雪惹山柏"，充满了诗情画意。因为薛稷的书法能够很好地继承褚遂良的笔法和风格，被誉为褚遂良之高足。当时就有"买褚得薛，不失其节"的说法。唐代李嗣真在《九品书人论》中将薛稷的真书、行书列为第一。

薛稷的书法在学习继承褚遂良风格的同时，又有所发展创新，由此形成了融隶入楷，媚丽而不失气势，劲瘦中兼顾圆润的书风，发展了初唐书法劲瘦媚丽而又圆腴挺拔的时代风格，对后世有很大影响。他的书法作品还有《中岳碑》、《洛阳令郑敞碑》、《信行禅师兴教碑》、《升仙太子碑》、《佛石迹图传》等，其中有不少历代公认的书法精品。

薛稷又具备很高的文学才能，《全唐诗》中共收录其诗14首。

在绘画领域中，薛稷也有很高的成就。薛稷擅长花鸟、人物及杂画，而尤以画鹤最为精妙。薛稷所画的鹤，或啄苔剔羽，或阔步顾视，或昂立座隅，或上下回翔，极尽其妙，形神兼具。

河东名将薛仁贵、裴行俭、封常清

薛仁贵（614—683），名礼，字仁贵，绛州龙门（今河津）人，唐太宗、唐高宗时期的将军，官至左威卫大将军、安东都护。终生喜穿白袍，称之为"白袍将军"。道教传其为白虎星君下凡。先后随唐太宗李世民、唐高宗李治创造了"良策息干戈"、"三箭定天山"、"神勇收辽东"、"仁政高丽国"、"爱民象州城"、"脱帽退万敌"等方面的赫赫功勋。

薛仁贵为薛安都的六世孙,属于河东薛氏家族。他天生臂力过人,从小习文练武,刻苦努力。长大务农,娶妻柳氏。柳氏也是河东著名大家族,这是门当户对的士族联姻。到30岁的时候,薛仁贵仍然穷困不得志,因此他迁移祖坟,希望带来好运。他的妻子对他的这一行为不以为然,说,你虽有高才,还须时机。今朝廷征辽东,求猛将,正是难得的良机。遂劝他投军,以求显达。薛仁贵听后,于是就告别妻子,去绛州城里投奔张士贵将军,开始了他40余年驰骋沙场的传奇经历。

唐高宗时,薛仁贵受命领兵击九姓突厥于天山,突厥兵马十余万前来挑战,薛仁贵于阵前发三箭射杀三人,突厥人大惊,纷纷下马投降。军中歌曰"将军三箭定天山,战士长歌入汉关"。

显庆三年(658),薛仁贵以副将跟随程名振征讨高句丽,在贵端城(位于今辽宁浑河一带)击败高句丽军,斩首三千余级。第二年,又和梁建方、契苾何力等,与高句丽大将温沙门战于横山。与辛文陵在黑山击败契丹,擒契丹王阿卜固等,战后他因功拜为左武卫将军,封河东县男。

薛仁贵晚年,朝廷起用他为瓜州长史,检校代州都督领军突厥。突厥闻薛仁贵复起为将,都非常害怕,不敢当其锋,一时奔散。薛仁贵乘势进击,大破突厥,斩首万余级,俘获两万人及众多牛马羊等物。其长子薛讷亦是唐朝大将,即《隋唐演义》中人物薛丁山的原型。

裴行俭(619—682),字守约,绛州闻喜(今闻喜)人。唐高宗时名臣。隋代礼部尚书、著名的军事家和书法家裴仁基之子。高宗时官至礼部尚书,兼右卫大将军,封闻喜县公。高宗欲立武昭仪,裴行俭私下和长孙无忌、褚遂良议论,被高宗得知,贬为西州都督府长史。麟德二年(665)拜安西大都护。在西域时,诸部多仰慕他的节义而归附于他。后入朝与李敬玄、马载同掌选举十余年,甚有能名,时称"裴李"、"裴马",创立一些法规,使选任官职有条可循,为后来所承用。

裴行俭年少时跟从大将军苏定方学习兵法,后来领兵出征东、西突厥,善于料敌决胜。他诚恳待人,赢得士兵爱戴,所以

裴行俭画像

战则能胜。调露元年(679)西突厥侵逼安西(今新疆库车),当时裴行俭受命册送波斯王子泥涅师归国,途经西州时,招募了一万多骑兵,便假为畋猎,用计谋俘获了西突厥都支,为此将吏们在碎叶城为他立碑记功。由于他文武兼备,高宗特授礼部尚书,兼检校右卫大将军。同年,东突厥阿史德温傅、阿史那伏念反叛,行俭以定襄道行军大总管统兵30万出击。开耀年间,以反间计逼迫阿史那伏念押阿史德温傅来降,叛军得以平息。同时,他善于选拔人才,军中提拔的将领如程务挺、王方翼、郭待封、黑齿常之等,都成为一代名将。

裴行俭著有《文集》20卷和《选谱》等。又撰《草字杂体》及营阵、部伍、料胜负、别器能等46诀,可惜大多散佚。

封常清(？—756),蒲州猗氏人(今临猗县),唐朝名将,战功赫赫。曾两次入朝为官。安史之乱时,因出师不利受诬告而被处斩。

封常清自幼清贫,和外祖父生活在一起。其外祖父因犯罪被流放到安西(今新疆库车)充军,担任胡城(今哈萨克斯坦奇姆肯特东)南门守军。在喜读诗书的外祖父的指导下,封常清博览群书,学问深厚。外祖父死后,封常清无所依靠,30岁后,投奔到安西四镇节度使夫蒙灵詧的门下。当时高仙芝为都知兵马使,颇有才能,每次出军时,身边随从达三十多人。封常清亦曾毛遂自荐,但他身材细瘦、形貌丑陋、斜眼跛足,高仙芝不愿接受。封常清没有灰心,再次自荐,高仙芝迫不得已,只好把他补为侍从。

天宝初年,达奚各部从黑山以北到碎叶城起兵叛乱,唐玄宗令夫蒙灵詧前往平叛。夫蒙灵詧派高仙芝率领两千名精锐骑兵从副城向北,直至绫岭下截击叛军。达奚部因长途跋涉,行军劳顿,几乎全军覆没。对于战况,封常清从井眼、泉水、驻军地点、战术的运用和胜敌的情况等都条理分明地为高仙芝写好了捷报,判官刘眺、独孤峻等看到捷报,争着问:"此前送来的捷报是谁写的？您帐下怎么有这样的人才？"高仙芝回答说:"是我的侍从封常清。"刘眺等人很吃惊,对封常清施礼让座,并和他谈话,认为他是奇才。从此,封常清逐渐有了名气。以击败达奚之功,授任叠州(今甘肃迭部)戍主,仍任判官。

封常清英勇善战,屡立战功,又有才学,办事果断,因此被封为庆王府录事参军,充节度判官,赐紫金鱼袋。不久,又加朝散大夫。天宝十一载(752),唐玄宗任命封常清为安西副大都护,摄御史中丞,持节充安西四镇节度、经略、支度、营田副大使,知节度事。

天宝十三年(754),封常清第一次入朝,唐玄宗封他为御史大夫,授一子为五品官,去世的父母也获赠封爵。四月,北庭都护程千里入朝任职。唐玄宗任命程千里为右金吾大将军,同时任命封常清暂时代理北庭都护、伊西节度使。同年,边塞诗人岑参任封常清的判官。很多边塞名诗成于此时,歌颂封常清的诗有《轮台歌奉送封大夫出师西征》、《走马川行奉送封大夫出师西征》等。

天宝十四年(755),封常清再次入朝。在华清宫拜见玄宗。被任命为范阳、平卢节度使,平息在范阳起兵反唐的安禄山。虽初战告捷,但由于所率皆为没有经过训练的新兵,在强大的敌军面前最终惨败。玄宗削其官爵,让他以白衣在高仙芝军中效力。高仙芝命封常清巡监左右厢诸军,以协助自己。在当时力量悬殊的情况下,封常清向高仙芝说:"常清连日血战,贼锋不可当,且潼关无兵,若贼豖突入关,则长安危矣。不如引兵先居潼关以拒之。"高仙芝接受了他的意见,率军退往潼关。监军边令诚与高仙芝不和,向玄宗反映了高仙芝、封常清败退之事,玄宗听信了边令诚的一面之词,大怒不已,于十八日派遣边令诚赴军中斩了高仙芝与封常清。

封常清和高仙芝死后,唐廷丧失了两员具有作战经验的大将,对平定安史之乱造成了严重的不利影响。事实证明,封常清退保潼关的战略是十分正确的,如果这一计划得以实施,平息安史之乱绝不会旷日持久。

猗氏的"三相张家"

唐朝蒲州猗氏县张氏一门,张嘉贞、张延赏、张弘靖祖孙三代显历台阁,时有"三相张家"之称。旧猗氏城中的"三相坊",就是以其为坊名。现为"崇相西",即崇道坊、三相坊、西关的合名。

张嘉贞(665—729),唐蒲州猗氏(今临猗县)人,历仕武则天、唐睿宗、中宗和玄宗四朝,官至中书令,累封河东侯。嘉贞断决敏速,善于敷奏。早年,嘉贞被侍御史张循宪荐举,武则天召见,垂帘与之交谈,嘉贞奏曰:"以臣草莱而得入谒九重,是千载一遇也。咫尺之间,如隔云雾,竟不睹日月,恐君臣之道有所未尽。"则天便令卷帘,与之交谈后大喜,擢拜监察御史。玄宗时,被擢为中书侍郎、同中书门下平章事。数月,加银青光禄大夫,迁中书令。

张嘉贞虽然久居高官,却不立田园。及在定州,亲近的人劝他广植田业,嘉贞说,我曾任国相,岂忧饥馁?若负谴责,虽富田庄,亦无用也。有些朝臣广占良田,及死后,皆为无赖子弟作酒色之资,甚无谓也。

张嘉贞富有收藏,以书画作品为多。其图书、书画钤有藏书印记"河东张氏"印。其子张延赏,对收藏亦有研究,藏印用"乌石候瑞"印。其孙张弘靖用"鹊瑞"印;四世孙张彦远更是知名当时、流誉后世的书画大家。

张延赏(727—787),本名宝符,唐玄宗取"赏延于世"之义,赐名为延赏,特授左司御率府兵曹参军。历事玄宗、肃宗、德宗,官至中书侍郎、同中书门下平章事。年少秉承老师训导,巧妙地糅合了三国钟繇、东汉张芝的笔法,形成了自己的书法风格。贞元三年(787)卒,谥号"成肃"。

张弘靖(760—824),字元理,延赏之子,著名画师张彦远的祖父。历任河南参军、刑部尚书,同中书门下平章事,封高平县侯,出为河东卢龙节度使,升迁为太子少师。工书法,幼学钟繇。字迹类似王献之、王羲之,特别是书体三变,为时所称。曾为裴珀所撰《唐魏博田绪遗爱碑》书丹。

宰相世家:唐代裴氏

唐代,河东裴氏发展到鼎盛期,人才辈出,精英荟萃,先后共出现了17位宰相,为唐代诸士族之最。唐高祖时期的裴寂、裴矩,玄宗时期的裴光庭、裴耀卿,肃宗时期的裴冕、裴遵庆,宪宗时期的裴垍、裴度,唐朝后期的裴枢等,河东裴氏的宰相们始终伴随着唐王朝政局的每一次变化,与唐王朝荣辱与共、休戚相关。

隋朝末年,李渊于太原起兵,裴寂在经济上给予支持,参与了李唐政权建立初期的军事和政治活动,是唐朝的开国元勋。

裴矩在隋时颇受炀帝赏识。裴矩乃裴让之从子,属"西眷裴"氏,此支裴氏成员文化修养都很高。裴矩之祖裴佗五举秀才,裴矩父辈5人皆有名当世。隋亡后裴矩投靠李渊,后被任命为宰相。太宗时期,裴矩尽职尽责,勇于进谏,得到太宗好评。

裴炎、裴行本、裴居道、裴谈四人是高宗、武后、中宗时期登上相位的。他们四人有一个共同的特点:虽身居高位,却并没有因为一己之得失而屈服于武则天的酷吏政治。几位裴氏宰相或被斩首,或下狱而死,或流放岭南,用自己的行动铸就了裴氏大族对李唐王室的赤胆忠心。

玄宗朝的裴光庭,父行俭,襄武道大总管,赠太尉。其祖仁基,为隋光禄大夫。裴行俭文武兼备,有名于高宗朝,裴光庭因此成为武三思之婿。武三思被杀后,被贬鄜州司马。开元中,玄宗把裴光庭调回朝廷,因东封献计,迁兵部侍郎。开元十七年(729)拜相兼吏部尚书。裴光庭沉默寡言,不善交游,处事低调,谨慎称职,是一种典型的因循性格,这与其为武三思之婿不无关系。从武后时期直到玄宗消灭太平公主,武氏一直都与皇权关系紧密,裴光庭低调谨慎完全是为了个人及家族的安全。

玄宗朝另一宰相裴耀卿,管理漕运,功业卓著,后面有专节叙述。

肃宗朝任相的裴冕是一位安史之乱后拥立新君的宰相,他帮助李唐政权在动荡之际控制局面、扭转形势,并最终度过危险期。安史之乱爆发后,太子李亨由裴冕、杜鸿渐等接至灵武,并劝进太子即皇帝位,裴冕因拥立之功拜相。裴冕辅助肃宗重建权力机构,收募骁勇几十余万,为平定叛乱、收复两京做好充分的准备工作。

另一宰相裴遵庆"志气深厚,机鉴敏达,自幼强学,博涉载籍"。供职吏部时,"敏识强记,精核文簿,详而不滞,时称吏事第一"。天宝末年,因不附杨国忠出为外官。肃宗上元中,迁黄门侍郎,同中书门下平章事。代宗广德初年,因吐蕃侵犯长安,代宗出奔陕州,裴遵庆前往汾州宣慰仆固怀恩后,直接从汾州赴代宗行所,被代宗誉为"疾风劲草"。

中兴之君宪宗朝的裴氏宰相有裴垍、裴度。

裴垍弱20岁举进士,元和初,召入翰林为学士。元和三年拜相。裴垍在平藩问题上与宪宗见解一致,帮助宪宗平定上党卢从史叛乱,他还借机建议宪宗罢免宦官吐突承璀,打击了宦官势力。裴垍备受后人赞誉的一点是善于发现和任用人才,擢升选用了李绛、裴度、李夷简等人才,后皆入相,政绩显著。时人赞裴垍"选任之精,前后莫及。"为唐代的中兴做出了积极的贡献,成为唐代中期知人善任的贤明宰相。

裴度历任宪、穆、敬、文四朝宰相,从政20年,是唐代后期一位重要的政治家,被誉为"中兴名相"。

从唐武宗会昌元年至唐僖宗乾符元年的34年中,河东裴氏出了两位宰相:裴休、裴坦。

裴休,志操坚正,好学不倦,于宣宗大中五年(851)拜相。在任相5年中,首先解决了漕运问题,制定漕运新法十条。其次,制定了茶税法十二条,规范了茶税管理。裴休有很好的经济管理能力,办事规范、条理,是一位为"大中之政"做出贡献的宰相。裴休还多才艺,善为文,长于书翰,自成笔法,被宣宗称为"真儒者"。

裴坦,进士及第,在相位仅3个月,以持节俭素著称。其子娶杨收女时,嫁妆器具多用金玉装饰,裴坦立命撤去。

在唐朝最后的23年中,河东裴氏有三位宰相一直伴随着行将崩溃的唐王朝,他们是唐僖宗时的裴澈、裴贽、裴枢。

裴澈于唐僖宗广明元年拜相,裴贽、裴枢二人光化三年同时拜相。这三位宰相都是受命于危难之际,唐政权已经穷途末路,裴澈因参加了朱玫策动的宫廷政变,于光启三年三月,被诛;裴枢、裴贽则先后被朱全忠贬杀。伴随着唐朝大厦的倾倒,河东裴氏家族也因衰乱受到巨大打击,一度鼎盛的局面彻底结束。

裴氏的17位宰相,对唐代政治的影响是全面的、深刻的、积极的。他们维护政局的稳定,国家的统一。裴氏的宰相们都遵循儒家的价值追求:忠君、报国、爱民;重视个人修养,才胜其职;与酷吏、宦官做坚决斗争。从中还可以看出,裴氏家族中的弱支多通过科举入仕,以贤子弟提高本支的地位和影响,同眷支的成员多相互提携。某眷支如果与皇权关系过于密切,很容易造成本支的速荣或速衰。

裴耀卿与盛唐经济

唐代转运使的设置与裴耀卿有着密切的关系,而首任转运使裴耀卿对漕运曾做出了重要的贡献。

裴耀卿(681—743),字焕之。河东稷山县人。父亲裴守真,学问渊博,品德高尚。裴耀卿的家庭教育环境极好,几岁时就能够下笔写文章。又顺利地通过了朝廷专为早慧少年设置的"童子举",先后做过秘书省正字、相王府典签、长安令及济州、宣州、冀州刺史等官职,是一位勤政爱民的好官,而且是位精明的经济学家。裴耀卿61岁去世,朝廷赠为太子太傅,谥为"文献"。他儿子裴综,官至吏部郎中;孙子裴佶,也是一位出色的名宦,官至工部尚书。

裴耀卿曾做过相王李旦的顾问。相王李旦即位,是为唐睿宗。裴耀卿被提拔为国子主簿,这是个研究学问、管理学校的官员。不久就调任为地方官,担任长安县令,算是首都地区的基层地方官了。

长安县商业繁荣,但有一项弊政,叫"配户和市法"。情况是官府按配额先从百姓手中收购物资,再进行官卖,获利后才付钱给百姓。这种强制性的官商行为,经手的官吏容易贪污,而百姓很难获得实际利益。裴耀卿上任后,针对这种弊端,进行改革。他取消了配额统购的方法,免除了贫苦百姓的这项义务,政府只向富户和商户采购,并且商定价格,预先付钱,让富户和商户有合理的利润,从而为长安的百姓带来了实惠,因此在其调任济州刺史后,百姓仍对他怀念不已。

济州是交通枢纽,土地广阔,但人口稀少,并不是很富裕。唐玄宗到泰山行封禅大典,要从济州经过。裴耀卿作为地方长官,有接待任务。他设置、修缮了三道桥梁、十个驿馆,供玄宗的封禅队伍中途使用。裴耀卿深感这样的活动实在是劳民伤财,因此向唐玄宗上书,认为到泰山封禅是"人或重扰,则不足以告成"。唐玄宗把这句话当座右铭,并公开说出来,也是表示自己要勤政爱民。济州又邻近黄河,经常发生洪涝灾害。裴耀卿在任期间,召集济州的官吏百姓,动工修筑被洪水冲坏的堤坝,并亲自到工地监督指挥。正在修筑其间,朝廷调裴耀卿担任宣州刺史。裴耀卿为了不耽误工期,就暂时把诏书压下,继续监工,严厉督促,加快工程的速度。堤坝竣工后,裴耀卿这才向大家宣布自己调任的事。他离开济州后,当地百姓刻石立碑,纪念这位好刺史。

裴耀卿调任宣州刺史后,又做过几年冀州刺史,后来调回长安,担任户部侍郎。

唐王朝政治中心在长安,而经济中心却逐渐地过渡到江南。长安人口增长,每年都要从江南运输大量的粮食。从江南到长安,路途遥远,运输成本很高,常常不能满足长安的需要。一旦关中地区发生灾荒,粮食歉收,南方的粮食又运不过来,唐王朝的中央政府就不得不暂时迁都到洛阳,解决吃饭问题。开元十八年(730),裴耀卿上书玄宗,提出改革漕运的方案,即历史上著名的"节级取便"运输法。所谓"节级取便"运输法,也就是分段运输法。在运粮沿线设置几个大粮仓,作为中转站。江南的粮船,到汴河与黄河交界的河口,就卸粮入仓;然后由朝廷专门的运粮机构,把粮食沿水路运到三门峡以东,再入仓;改为陆路运输,经过十几里的崎岖山路,到达三门峡以西入仓,之后就可以由水路运到关中地区了。

其目的就是要把旧制度变为适合实际、最为有利的漕运新规。裴耀卿的漕运改革方案是在对经济形势和漕运现状体察的基础上提出的,他指出了江南与国家仓储的关系,也揭示了一个当时尚不显露的社会经济的变化问题,即经济中心的南移,江南逐渐成为经济重心,是国家仓储的重要来源。

唐玄宗当时并没有采纳裴耀卿的建议,直到开元二十一年(733),京城发生洪涝以至"谷贵"时,才采纳了裴耀卿的漕运改革方案。于是任命裴耀卿为黄门侍郎、同中书门下平章事(宰相),并兼任转运使,专门负责运粮工作。

裴耀卿上任后,就建立粮仓,推行新的运粮体制。经过三年的努力,取得了运输七百万石粮食、节约了30万缗经费的好成绩。他的改革方案获得了成功。

开元二十四年(736)十一月,因李林甫与张九龄的矛盾,裴耀卿受到牵连,被罢去宰相和转运使职务。但他提出的"节级取便"运输法,经刘晏的进一步发展,成为唐代中期漕运的基本模式。

裴度平淮西

裴度(765—839),字中立,河东闻喜(今闻喜)人,为中唐时期卓越的政治家、文学家。唐德宗贞元五年(789)进士。宪宗元和时拜相,因讨淮西割据势力吴元济有功,被封晋国公,世称裴晋公。后又以拥立文宗有功,位至中书令。死后赠太傅。今闻喜县裴柏村尚有晋公祠遗址和韩愈撰文、清代祁隽藻书写的《平淮西碑》,记录了他的功绩。

唐德宗贞元五年(789),裴度24岁,登博学宏词科,进士及第,之后又中"贤良方正能言直谏科",授河阴县尉。其后20年间,虽几经转迁,但职位都不高,他的志向难以实现。直至唐宣宗元和六年(811),在宰相裴垍的引荐下,已48岁的裴度才升为司员外郎、知制诰。第二年任宰相,先后

闻喜县裴度塑像

辅佐宪宗、穆宗、敬宗和文宗四朝皇帝。其间仕途尽管多坎坷,但也多有建树,是安史之乱后与汾阳王郭子仪齐名的中兴重臣,史有"前有郭汾阳,后有裴晋公"的美誉。

裴度出生于安史之乱平息后的第二年。其时,虽然长达八年之久的安史之乱已平定,但唐王朝仍然处于外患内忧、藩镇割据、宦官专权、党争纷起的混乱局面。面对这种情况,深受儒家传统影响的裴度,在掌握了朝廷大权之后,决心削平藩镇,打击宦官,消除党争,以加强中央集权,维护国家安定。

裴度是朝廷中力主削除藩镇、平定割据势力的代表人物。唐元和七年(812),他以知制诰的身份,成功地安抚了河北魏博镇田兴(弘正)势力,得到唐宪宗的嘉奖,拜中书舍人。元和十年(815)五月,为讨伐吴军,玄宗命他以中丞的身份赴蔡州行营宣慰,了解军情。回朝后,他向宪宗详细地述说了淮西现状,并推荐了忠武节度使李光颜为统兵,大破吴军于陈州时曲。宪宗很赞赏裴度的知人善用。

在平定淮西问题上,唐宪宗面临的难度是很大的。朝廷中,罢兵、阻兵的势力很强。而藩镇割据势力,也千方百计地加以抗拒。元和十年三月,吴元济因连遭败绩,遣使求救于恒、郓二镇的王承宗、李师道。王、李两人首鼠两端,表面上支持宪宗讨伐淮西,暗中却支持吴元济,派人焚烧各路军储,阴谋缓解蔡兵。这年五月,他们又派人刺杀坚决主张讨平淮西的宰相武元衡和熟悉淮西战况的裴度。武元衡被刺身死,裴度头部受伤,坠入沟中,幸免于难。事发之后,有人向宪宗献计罢去裴度官职,以此来安抚恒、郓二镇。宪宗大怒说:"若罢度官,是奸计得行,朝纲何以振举?吾用度一人,足以破此二贼矣!"裴度以平淮西为己任,伤好之后,与宪宗计议。裴度对宪宗说:"淮西,腹心之疾,不得不除。且朝廷业已讨之,两河藩镇跋扈者,将视此为高下,不可中止。"宪宗赞同。裴度又向宪宗请求,为了讨平吴元济,请允许他在家中招延四方贤才,宪宗也允许了。而此前,宰相是不敢在家中召见宾客的。

元和十一年(816)六月,节度使高霞寓遭遇埋伏而败。这次败仗,给京城上下的震动很大。于是朝臣多认为还是罢兵赦罪为上策,劝阻宪宗罢兵。但宪宗削藩之意相当坚决,方使裴度平淮之计策得以推行。裴度向宪宗分析了淮西的形势,认为淮西不平是因诸将不能协力同心,又没有统一指挥,因此未能逼迫吴元济投降,并自请赴前线督战破敌。在此关键时刻,宪宗再一次倚重裴度,委以重任,对于讨淮西的胜利,起了重要的作用。

元和十二年(817)八月,裴度受命,再次前往淮西。宪宗亲至通化门送行,并赐以犀带,行元帅事。

裴度到达郾城后,立即巡抚诸军,宣达圣旨,士气倍增。当时诸道兵皆有中使监阵,"进退不由主将",裴度罢中使监军,归兵权于将帅,颇得军心。十月,在裴度的指挥下,李愬雪夜袭蔡州,擒吴元济。裴度入蔡州后,对吴元济旧将量罪判刑,并约法禁盗贼斗杀,以安抚人心。接着又平定申州、光州。十一月,斩吴元济。至此,淮西战事终告结束。

裴度平定淮西,回朝后,宪宗为嘉奖他,诏加金紫光禄大夫、弘文馆大学士,赐勋上柱国,封晋国公,食邑三千户,复知政事。又诏刑部侍郎韩愈撰《平淮西碑》,以示纪念。

张彦远与《历代名画记》

张彦远(815—907),字爱宾。唐蒲州府猗氏(今临猗县)人。出身宰相世家,高祖张嘉贞、曾祖张延赏、祖父张弘靖,曾先后作过宰相。

张彦远曾任舒州刺史、祠部员外郎、大理寺卿,是中国唐代画家、绘画理论家,著有《历代名画记》、《法书要录》、《彩笺诗集》等著作,对于中国古代美术科学研究工作做出了重要贡献。

《历代名画记》是我国第一部系统的、完整的关于绘画艺术的通史。在他这部书出现以前,虽然已有一些绘画理论著述,如孙畅之的《述画记》、裴孝源的《贞观公私画录》、窦蒙的《画拾遗录》等;也有零散的绘画评论,但张彦远认为"率皆浅薄漏略,不越数纸"。因而他在前代诸多著述的基础上,又搜求了一些史料,完成了《历代名画记》。

《历代名画记》共 10 卷,成书于大中元年(847),包蕴宏富,见解深微,所保存的资料也十分珍贵,被人誉为画史中的百科全书。其内容大致可以分为绘画历史发展的评述、画家传记及有关绘画的资料、作品的鉴藏等三部分。

在绘画历史发展的评述部分,集中体现了张彦远的绘画思想。他对古代绘画传统的形成与演变作了阐释,指出绘画艺术是一重要的文化现象,绘画是形象的教育工具。同时,他追溯历代画家们一脉相传的承继关系,强调绘画艺术的传统性,内容上的现实性,并对南北朝著名画家谢赫的"六法论"作了自己的精辟见解。他赞赏南北朝画家们刻画形似而产生一定的美的效果,同时创造一定的风格。最后他强调以造型为目的的线纹的节奏感,和线纹在中国绘画中形成画家独特风格时的决定性作用。

张彦远的美学思想主要表现在他的绘画理论上。他把绘画艺术的存在看作是一种社会文化现象,认为绘画是应社会发展的需要而产生的。"无以传其意,故有书;无以见其形,故有画"。指出绘画具有极大的社会教育功用和特殊的艺术审美功能,把形似和神似作为"气韵生动"的核心内容,强调通过象形来表现对象的骨气。崇尚自然美,以"自然"为艺术美的最高准则和理想。

张彦远在中国古代书画理论上取得历史性的成就,是中国最早的艺术理论家、批评家。

一代文豪柳宗元

柳宗元(773—819),字子厚,祖籍河东(今永济市虞乡镇),世称"柳河东"、"河东先生"。因官终柳州刺史,又称"柳柳州"。唐代政治家、文学家、哲学家、散文家和思想家,与韩愈共同倡导唐代古文运动,并称为"韩柳"。

柳宗元出生官宦家庭,少有才名,早有大志。贞元九年(793)中进

永济柳宗元塑像

士,十四年(798)登博学鸿词科,授集贤殿正字。后迁为蓝田尉。入朝为官后,积极参与王叔文集团政治革新,迁礼部员外郎。永贞元年(805)九月,革新失败,先贬邵州刺史,十一月又加贬永州司马。在永州期间,写下了著名的《永州八记》。元和十年(815)春天回到京师,不久再次被贬为柳州刺史。柳宗元元和十四年(819)十一月初八,卒于柳州任所。

柳宗元一生创作甚丰,流传到今天的诗文作品达600余篇,其散文成就大于诗歌。散文论说性强,笔锋犀利,讽刺辛辣。游记写景状物,多所寄托。策论有《天说》、《天对》、《封建论》等。柳宗元的作品由唐代刘禹锡编成《柳河东集》。

柳宗元重视文章的内容,主张文以明道,认为"道"应于国于民有利,切实可行,须有益于世。他提倡思想内容与艺术形式的完美结合,指出写作必须持认真严肃的态度,强调作家道德修养的重要性。他继承倡导的"比兴、寄兴"诗文理论,代表着当时文学运动的进步倾向。

柳宗元虽然活了47岁,却在诗歌、辞赋、散文、游记、寓言、小说、杂文以及文学理论诸方面,都做出了突出的贡献。他的光辉业绩将永载文学史册。

司空图与《诗品》

司空图（837—907），字表圣，河中府虞乡（今永济市）人，晚唐诗人、诗论家。

司空图少有文才，唐懿宗咸通十年（869）应试，擢进士第，受到绛州刺史王凝的赞许。唐僖宗乾符四年（877），王凝出任宣歙观察使，召请他为幕府。第二年，朝廷授司空图殿中侍御史，因不忍离开王凝，被左迁为光禄寺主簿，分司东都洛阳。当时卢携罢相，正居于洛阳，对司空图的才华和为人很爱重，常相往来。卢携回朝复相后，召司空图为礼部员外郎，寻迁郎中。唐僖宗广明元年（880），黄巢起义军攻入长安。司空图弟弟的奴仆段章，参加了黄巢起义，劝他归降起义军。他不肯，便回到故乡。后听到僖宗在凤翔，便去拜见，被封为知制诰、中书舍人。广明二年（881），僖宗逃成都，他追随未及，又回到河中。从此二十多年间，司空图基本上是过着一种隐居生活。他的大部分诗歌和诗论也在这一时期写成。

司空图出身于官宦家庭，又处在黄巢起义和唐王朝行将覆灭的时代。他面对现实，采取避世隐退的态度，定居在中条山王官谷的先人别墅里。

王官谷位于永济市以东20余公里的中条山麓，谷内有天柱峰、东西瀑布、贻溪清流、奇峰珠帘、明镜映天、百二盘山、休休亭、三诏堂等自然胜景和古建遗存。

在这"泉石林亭，颇称幽栖之趣"的"世外桃源"里，司空图每日与高僧、名士吟咏为乐。唐昭宗即位，曾先后数次召他入朝，拜户部侍郎、兵部侍郎等职，他都以老病，坚辞不受。在王官谷庄园特地修了一个亭子，取名叫"休休亭"，并作《休休亭记》以明其志。还自号"知非子"、"耐辱居士"，又作了一首《耐辱居士歌》，反复咏叹"休休休，莫莫莫"。天复四年（904），朱全忠扶持朝政，迁都洛阳，召司空图为礼部尚书，他佯装老迈体衰不任事,方被放还。天祐四年(907),哀帝被弑,司空图绝食呕血而卒,终年72岁。

在文学史上,司空图以诗论著名,他的《诗品》是唐诗艺术高度发展在理论上的一种反映,是当时诗歌艺术理论的集大成之作。《诗品》把诗歌的艺术风格和意境分为雄浑、冲淡、纤秾、沉着、高古、典雅、洗练、劲健、绮丽、自然、含蓄、豪放、精神、缜密、疏野、清奇、委曲、实境、悲慨、形容、超诣、飘逸、旷达、流动等二十四品类,每品用十二句四言韵语加以描述,以形象化语言来描绘或比喻诗歌的各种分格。

司空图的美学思想包含多个层面。在其《二十四诗品》中,不仅有各类风格论的阐释,而且蕴藏着创作方法的探索,对后世诗歌美学有着较强的指导作用和借鉴意义。

唐中都蒲州城之盛况

蒲州古称蒲坂。尧、舜都曾建都蒲坂。早在氏族社会部落联盟时期,蒲坂地带就是华夏文明的政治、经济、文化中心。中华民族开始聚集之初就有"一年成聚,二年成邑,三年成都"之说。《禹贡》中描绘尧舜时代的九条贡税线路皆通向蒲州。蒲州,商属缶邦,春秋属晋,战国属魏,秦分天下为36郡,蒲州属河东郡。秦始皇东巡郡县,至帝舜之都,亲登蒲坂城以显神威。河东郡两汉时统领20余县。北魏置泰州,北周改泰州为蒲州。隋开皇三年废郡存州。

在历史长河中,唐代蒲州城规模最大,为唐王朝的中都。唐贞观元年(627)分天下为10道,蒲州为河东道署。开元八年(720)定蒲州与陕、郑、汴、怀、绛并称六大雄城。开元九年(721)改蒲州为河中府,升为中都,与西都长安、东都洛阳相呼应。开元十二年,升为四辅,视作京畿。乾元三年(760)又设为中都。这时的蒲州城紧临大河,楼堞完固,控制关河,山川要会,秦晋要道,西卫京师,东保三晋,为唐王朝的军事重镇之

蒲州古城

一。蒲州城周围 10 余公里。城内建筑星罗棋布，街道纵横，布局完整，规模宏伟。有人舜庙、先农坛、禹王庙、文庙、关帝庙、马工庙、真武庙、城隍庙、钟楼、鼓楼、薰风楼、都司署、道署、府署、县府、廖阳宫、玉皇阁、魁文阁、龙亭等。在城西门外设有护城河石堤、蒲津渡、蒲津浮桥，城西南角有鹳雀楼，城南门外有西海神祠、河渎神祠，城东门外是繁华的商贸区。今从鹳雀楼一楼大厅的彩塑《大唐蒲州繁盛图》即可窥见盛唐蒲州的昔日辉煌。

因历史的沧桑变化，曾经繁华的唐中都已辉煌不再。只留下古城墙、城门、钟楼、书院等残迹遗址，唯城西唐开元大铁牛的重见天日显示了蒲州古渡当年的盛况。

蒲州城外古蒲津渡有一座横跨黄河的浮桥，它比西方波斯军队架的博斯普鲁斯海峡浮桥要早 48 年，堪称天下第一浮桥。唐朝开元年间，唐王朝为了加强蒲州与长安的往来、盐运、通商和兵运，倾国力对蒲津

桥进行了大规模的改建。唐朝以后，随着中国的政治文化中心东移，长安城则逐渐衰落，使蒲津桥也从冷清走向衰亡。蒲州也失去了曾经的中都地位。

蒲州古城门

开元铁牛，位于蒲州城西的黄河古道两岸，各四尊。铸于唐开元十二年（724），是为稳固蒲津浮桥、维系秦晋交通而铸。元末桥毁，久置不用，故习称"镇河铁牛"。因黄河变迁，逐渐为泥沙埋没。1989年8月在蒲津渡遗址上经勘查发掘，处于黄河古道东岸的四尊铁牛、四个铁人、两座铁山、三个铁墩、七根铁柱全部出土。铁牛头西尾

永济黄河铁牛

东,面河横向两排。伏卧,高1.5米,长3.3米,两眼圆睁,呈负重状,形象逼真,栩栩如生。牛尾后均有横铁轴一根,用于拴连桥索。牛侧均有一铁铸高鼻深目胡人作牵引状。四牛四人形态各异,大小基本相同。据测算,铁牛各重约30吨左右,下有底盘和铁柱,各重约40吨。

蒲津渡遗址是一处具有丰富遗存的大型遗址,也是我国第一次发掘的大型渡口遗址,它展现了我国古代桥梁交通、黄河治理、冶铸技术等各方面的科技成就,也直观地揭示出黄河泥沙淤积、河水升高、河岸后退的变迁过程,从而为历史地理、水文地质、环境考古及黄河治理提供了许多有用资料。

今天的蒲州正以其深厚的历史文化和全新的市容风貌,吸引着中外游客。爱情圣地普救寺、四大名楼之一的鹳雀楼、中条第一禅林万固寺、五老峰、王官谷等每年都吸引大量的游人,续写昔日中都的辉煌。

普救寺与《西厢记》

普救寺位于永济市蒲州镇的土岗上,始建于唐武则天时期,原名永清院,是则天娘娘香火院,后改名为普救寺,为一座佛教十方院。元代王实甫《崔莺莺待月西厢记》中说的"红娘月下牵红线,张生巧会崔莺莺"的爱情故事就发生在这里。

历经岁月沧桑,普救寺内殿阁僧舍均已毁坍湮没,唯有18层高的舍利砖塔(俗称莺莺塔)屹立于土岗之上。20世纪80年代中期,永济市政府组织国内专家,筹献谋划,依据唐代佛教寺院的布局和西厢记故事的格局重新修复了普救寺。

寺宇布局以中轴线为准,依次为天王殿、钟鼓楼和大雄殿。东侧前为经院,后为僧舍等;西路为塔院、西厢书斋,最后是别墅花园。

莺莺塔位于寺宇西侧,塔呈四面形,叠层出檐,收刹很小。造型与西安小雁塔相似,犹存唐韵。莺莺塔最奇特之处,在于它能传出蛙叫之声。

在离塔 15 米处,以石块互击,即从塔内传出蛙叫声,奇妙无比,令人惊诧。它是我国古代四大回音建筑(北京天坛回音壁、四川潼南石琴和河南三门峡市蛤蟆塔)之一。

1995 年,普救寺被评为"山西省十佳旅游景点"。2002 年 3 月,普救寺被国家旅游局授予第一批"AAAA"旅游景区。1998 年至今,这里成功举办了四届"中国·永济'世界情侣月'"活动。

西厢记故事,发端于唐人元稹所作传奇《莺莺传》(一名《会真记》)。说的是文人张生在普救寺骗取了相国之女崔莺莺的爱情却又抛弃了她而另娶高门。后经过民间和文人的不断演绎,将这一故事的主题由"痴情女子负心汉"逐渐演化为"愿天下有情人皆成眷属"的美好祝愿,从而成为一个家喻户晓的故事。

元稹是中唐时期著名的诗人。贞元十五年(799)冬,21 岁的元稹赶考途中寓居蒲州普救寺中,与远亲表妹双文发生的爱情故事,遂写了《莺莺传》传奇。文中的张生即元稹本人。前半部爱情故事写得生动感

永济普救寺

永济普救寺莺莺塔

人；后半部"始乱终弃"的观点令人感到他是个文过饰非的无德文人而不可取。

　　传奇《莺莺传》之后，民间就以诗歌、说唱等多种艺术形式广为流传这一故事。直到400多年后，金代董解元对故事的情节、人物形象、结构形式等作了一定的改变，以诸宫调的形式出现，今天称之为"董西厢"。尔后到元代，著名杂剧作家王实甫在"董西厢"的基础上，又进行高度的艺术加工，突出了"愿天下有情人皆成眷属"这一主旨，将说唱诸宫调变为杂剧《西厢记》，也称"王西厢"，成为流传千古的一部经典戏曲。现河东的蒲剧曾多次改编演出《西厢记》，为王秀兰、武俊英代表作，还拍有戏曲电视连续剧《西厢记》，在全国获奖。

绛州城之盛况

　　新绛县位于山西省西南部,北靠吕梁山,南依峨嵋岭,汾、浍二河穿境而过,古称绛州,是座历史悠久的文化名城。春秋时曾为晋都,战国时属魏。南北朝时,北魏置东雍州,北周明帝改为绛州。隋开皇三年(583)州治从玉壁迁至今县城处,距今已有1400多年的历史。唐武德元年(618)置绛州总管府,曾辖15州并5县。武德三年(620)罢总管府称雄郡。贞观中,绛州属河东道。现在隶属于运城市。

　　绛州自古地沃民富,古典建筑驰名中外。古城旧称"卧牛城",只有南北两个城门,南为嘴,北为臀,东、西天池为牛眼,角塔为牛犄角,唯一的南北大街为牛脊,左右62条巷道为牛肋,宝塔为牛尾。古城不同一般

古绛州图

新绛县绛州大堂

绛守居园池

州县城制,抛弃了方城十字对称中轴的格局,而是因地制宜,街、楼、塔、园、寺、庙、碑,三关五坊,两门众巷,皆依其自然,穿插其间就地而建,形成整体而活泼的建筑群落。虽历经千年沧桑,仍较好地保留了唐代的形制,在城建、交通、文化、艺术、科学、建筑等方面都具有丰富的文化内涵。

在漫长的历史长河中,新绛文臣武将云集,文人墨客荟萃,文物古迹众多。目前,全县已发现各级文物古迹169处,其中包括旧石器遗址、新石器遗址、春秋战国墓群、汉代墓群等,仅2.5平方公里的县城就有各类名胜古迹30多处,全县完好保存的文物古迹达200余处,其中国保13处。号称"晋国三城"的古绛州,不仅物华天宝,而且人杰地灵,从春秋以来,一直是山西南部的政治、经济、文化活动中心。1994年国务院将新绛县列为第三批国家"历史文化名城"。

创建于隋开皇十六年(596)的"绛守居园池",是目前全国唯一的时间最早的官家园林。建于唐代的"绛州大堂",曾是大唐名将张士贵的"帅府堂",为全国州府大堂之最。龙兴寺内的"唐代宝塔",迭涩而出,直指蓝天,塔顶多次腾烟,青云直上,一连数日。这千年来笼罩在人们心头的谜,时下尚未能解开。名闻遐迩的唐代"碧落碑",小篆俊秀,书写特异,笔法工整,布局严峻,后人难以认读,为我国书法史上的珍品。保存完好的十二卷本宋代"绛帖",系全国四大名帖之一,再现了历代书法名家的风貌;闻名全国的绛州澄泥砚和于良瑛毛笔是古城当年"七十二行"的遗韵传响,已列入非遗项目。以"悬塑"出名的唐代福胜寺,完好地保存了几代民间艺术家精心创作的40余尊彩塑,成为我国美术园地中的奇葩。以古代农业为题材的明代稷益庙壁画,名扬华夏,可与"永乐宫壁画"媲美;创建于元明的"绛州三楼",其三足鼎立的局面,全国罕见。金代天德三年(1151)铸造的万斤巨钟,钟声悠扬,静夜可达数十华里。价值连城的馆藏文物"战国玉璧"、"金代钞版"等,永久折射出五彩缤纷的民族文化之光。

产盐工艺的革新

运城古有安邑东池、解州西池两大盐池,唐代两池盐的产量很大,采盐工艺也有了巨大进步。

我国盐业发展到唐代,盐池开发采用了垦畦浇晒法,这是人们经过长期探索后的一次重大变革和突破。垦畦浇晒法,就是将盐池划分为像"井"田一样的方块,"垦地为畦",将卤水灌入畦内,配以淡水,经过阳光曝晒、风力蒸发,五六天即可晒制结晶盐。这种方法彻底改变了运城盐池早期"天日曝晒,自然结晶,集工捞采"的生产方式。

在我国社会发展过程中,唐代初期政治比较清明,社会较为安定。在经济上,唐王朝采取了一系列措施和政策,促进了农业的发展,商业的繁荣。随着手工业的发展,科学技术的进步,都给运城盐池盐业生产技术的突破和生产方式的改革,提供了良好的条件。垦畦浇晒法就是在这种时代背景下出现的。它在运城盐池盐业生产史上具有划时代的意义。

垦畦浇晒法的出现,距今已有约1300年的历史。在当时,海盐各个产区都还靠煎煮成盐。海盐走向制畦晒盐,距今也不过900余年。在世界上,其他国家制畦晒盐的历史只有300余年。因此,运城盐池垦畦浇晒法的出现,产量、质量都有很大提高,在我国和世界天日晒盐史上居于领先地位。

唐代河东诗人

中国是诗的国度,诗歌是中国文学的主流。从远古时期开始,在河东大地上就有了一定数量的口头诗歌,如先秦时期的《魏风》《唐风》等。到唐代,河东诗歌创作进入一个黄金时代,出现了诸如王绩、王勃、王维、王之涣、柳宗元等享誉诗坛的诗人。无论诗的艺术体裁、艺术风格、艺术成就,都达到了空前的繁荣。

首先,唐代河东诗人队伍十分庞大。

初唐时期,绛州龙门(今河津)人王绩,听厌奢华宫体诗,归隐河东老家东皋,在清幽静雅的田园风光环境熏陶下,创作了大量的山水田园

王绩画像

诗，成为盛唐山水田园诗派的前驱。

被誉为"初唐四杰"之一的王勃，是隋末王通之孙（王绩的侄孙）。诗作突破六朝浮靡诗风的束缚，创作了《送杜少府之任蜀州》等非常优秀的诗歌。

盛唐前期的张说，为一代文宗，执掌文坛30年。他原籍范阳，世居河东（今永济）。其诗主要讴歌功业抱负，表现出鲜明的英雄气概和书生意气，显示了盛唐诗歌最显著的精神内涵。

王维画像

王维，字摩诘，原籍太原祁县，其父迁居蒲州（今永济）。曾官至尚书右丞，世称王右丞，为盛唐山水田园诗派的代表。工书画，懂音律，其代表作《渭川田家》《山居秋暝》《鸟鸣涧》等，朴素自然，静谧空灵。苏轼说："味摩诘之诗，诗中有画；观摩诘之画，画中有诗。"

王之涣，字季陵，原籍太原，后徙绛州（今新绛）。性格豪放，才锐能诗，曾与高适、王昌龄等相唱和，诗名很大。代表作有边塞诗《凉州词》和气势雄浑豪迈、意境阔大的《登鹳雀楼》。

中唐大历、贞元年间为唐诗的"再盛期"，在河东的土地上又走出了柳中庸、卢纶、耿湋、杨巨源、畅当、吕温、柳宗元、裴潾、裴度等一批优秀诗人。即使在晚唐，河东诗人聂夷中、司空图亦以感时伤怀之作载誉诗坛。

其次，唐代河东诗人创作的诗歌，题材十分丰富。

南宋赵孟奎编纂的《分门纂类唐诗歌》100卷，以天地山川、朝会宫阙、经史诗集、城郭园庐、仙释观寺、服食器用、兵师边塞、草木虫鱼等名目把唐诗的题材分成八类，每类又分若干类，详述了唐诗题材的广泛。

河东诗人的笔触也深入到了现实社会的每一个角落：壮丽山河，优美田园,繁华都市,荒凉边塞,惨烈战争,中外交流,以及朝政的得失,国家的兴衰,阶级的对立,现实的矛盾,民生的疾苦,世态的炎凉,无不入诗;士人理想追求,愤慨不平,羁旅愁思,离情别怅,比比皆是。

唐代河东诗人在题材上既有鲜明的时代感,又有强烈的现实性和社会性,更具诗歌的生活化、世俗化。如对亲情友谊的描写,就是唐代河东诗人笔下最常见的题材,而且名篇佳句俯拾即是。表现思亲怀乡的,有王维《九月九日忆山东兄弟》、柳中庸《听筝》;赠别友人的,有王维《送元二使安西》、柳宗元《与浩初上人同看山寄京华亲故》、王绩《秋夜喜遇王处士》;也有展示唐人爱情生活的,如王维《相思》《秋思赠远二首》等,都是情真景真、语浅情浓的佳作。

第三,唐代河东诗人形成了成熟的风格流派。

严羽在的《沧浪诗话·诗体》中,将"有唐三百年"所形成的诗风,记有24体,这里的"体"即作家成熟的风格。唐代的河东诗人也都有着自己鲜明的、与众不同的风格。

初唐诗人王绩、王勃等,反对绮靡,主张文质并重,追求情思浓郁与气势壮大,对当时文风的改变起到非常重要的作用。杜甫在《戏为六绝句》中的"王杨卢骆当时体,语不惊人死不休"一句,高度评价了他们的成就及对当时的影响。

盛唐诗人王维追求昂扬浓烈的感情,雄浑豪迈的气势,乐观高昂的基调,形象玲珑的诗境。王维的山水田园诗,自成一体,称为"王右丞体",又因"诗中有画,静谧空灵",与孟浩然一起,被誉为"王孟诗派"。

中唐时期诗人卢纶,诗风粗犷豪放,其边塞诗气势磅礴,笔调深思,极有生气,为当时其他诗人所难及。

晚唐时期,唐王朝政治黑暗腐败,诗人们大多产生了强烈的失落感,诗坛不再有盛唐的气象,又滋长了华靡纤巧的颓风。因此,晚唐诗偏于个人主观感受的描绘,具有浓郁的感伤情调。河东诗人聂夷中的《伤田家》《公子家》等诗作,感愤时事,关怀民情,多"警醒之辞",在唐末日趋颓靡的诗坛上,诗风清新,风格独具。

总之,唐诗发展的每个阶段,河东诗人总以独特的风格,丰富的内容,为唐诗的发展做出了巨大贡献。

第七章

河东文明谱华章
（宋金元时期）

■ 概述

宋代的运城地区，分属陕西路和河东路。今永济、临猗、万荣、河津一带，属陕西路的河中府。今盐湖区、闻喜一带，属陕西路的解州。今平陆、芮城、夏县一带，属陕西路的陕州。今稷山、新绛、绛县、垣曲一带，属河东路平阳府的绛州。金代此地为河东南路，东部北部数县仍属绛州，南部数县统属河中府。元代设晋宁路，区划与金代类似。

宋金元时期，随着政治中心的变迁，河东失去了在唐代时期的中都地位。然而，由于这里是有着几千年历史文化积淀的地域，在经济、文化等方面仍然有着突出的地位。在经济上，薛田发行了官交子、范祥改革盐法、薛景石对纺织技术的创新等，有力地推动了社会的发展。在文化方面，司马光的《资治通鉴》是中国史书中有极重要地位的一部编年体通史。后土信仰、关公崇拜、永乐宫壁画等，都在我国源远流长的文化史上，产生了广泛而深远的影响，占有非常重要的地位。

宋真宗祭后土

宋朝定都于黄河下游的汴梁(今河南省开封市)后,每年天地祭祀仍然延续儒家旧制在汴京南北郊举行。到了宋真宗赵恒的时代,却意外地举行了一次汾阴后土祭祀。

大中祥符三年(1010),河中府汇报,进士薛南率父老、僧道千余众,要求到京城请愿,目的是请皇帝到汾阴祭祀后土。遭到真宗拒绝,他认为自己德薄,不配亲自到汾阴祭祀。薛南等人再次强烈请求,朝中的文武百官亦再三上书,请求祭后土。于是,宋真宗顺应天心民意,下诏第二年春天前去汾阴祭后土。

次年正月,真宗先在开封演习祭礼,于二月到达汾阴宝鼎县(今万荣县),住在行宫"奉祇宫"里,先派人给后土娘娘送新衣服新供具。第二天,宋真宗登上后土祠的方坛,隆重祭祀后土,把"天书"供在神座的左边,并以宋太祖、宋太宗二位皇帝配祭。现存后土祠内的《汾阴二圣配飨铭》,也称

万荣县后土祠

"萧墙碑",就是宋真宗此次祭祀时所作。

方坛祭祀完毕后,宋真宗另换了一套衣服,乘辇车拜谒后土祠,向"后土娘娘"上供。然后派官员分祭河中府一带的诸神,如伏羲、神农、帝舜、成汤、周文王、汉文帝、周公庙等。连汉代、唐代曾经祭祀过后土的六位皇帝,在这次祭祀活动中,也得到纪念。

祭祀完毕,宋真宗改"奉祇宫"为"太宁宫",接受百官朝贺,大赦天下,并宴请群臣和当地父老。

在这次祭祀活动中出现了"荣光溢河"的祥瑞景象,说是黄河河面上闪耀出奇异的五彩颜色。为了纪念这一祥瑞,宋真宗下令改"宝鼎县"为"荣河县"。荣河县在新中国成立后与万泉县合并为"万荣县"。而"宝鼎"(今作"宝井")、"荣河",至今仍然是万荣县的乡镇名称。

大中祥符四年宋真宗亲历汾阴,是史书记载的最后一位帝王亲历后土祠祭祀。之后,由于距离京师较远,后土的祭祀转变为地方官府和民间来祭祀。而皇帝祭祀后土则在京城的北郊,明清时北京修筑了天、地坛之后,就改为在天坛祭天,地坛祭后土,其实万荣后土祠就是北京天、地坛的根。

薛田与"交子"

我国是世界上最早使用纸币的国家。在宋代,民间就开始使用"私交子",即最早的纸币。1024年,四川益州交子务发行了世界上最早的国家法定纸币。纸币是人类货币史上较高级的货币形态。北宋时的经济学家薛田,为交子的成功使用和发行,做出了贡献。

薛田,字希稷,宋河中府河东(今永济)人,进士出身。宋真宗大中祥符八年(1015)任益州路转运使,后又任陕西转运使、河南知府、龙图阁待制、开封知府等。《山西通志》对其一生所任官职和成就有记载。

宋中期,我国蜀地的益州(今四川成都)率先使用纸币——交子,系数十家商户联合发行的私交子。私交子在民间流通,一度泛滥、贬值,百姓拒用,遂停止流通。宋仁宗天圣元年(1023),朝廷再度发行纸币。此时,担任益州转运使的薛田,发现民间普遍因铁钱笨重而用纸币进行交易,有极大的便利与合理性,但私交子又不被民众认可、信任,便上奏朝廷,建议国家设立专门纸币管理机构,由政府印发交子。天圣元年(1023),宋仁宗接受了薛田的建议,在益州设置我国第一处官办交子务。在薛田的主持下,官府第一次发行了官交子,并制定了比较完善的制度、措施和办法。

正是在薛田的主持下,官交子得以发行,也才使我国最早的纸币起死复生,并由四川推向全国。后世评价,薛田不愧是我国和世界上发行国家纸币的鼻祖,制定纸币发行管理政策的鼻祖,最早的杰出的纸币专家。

范祥改革盐法

范祥(？—1060),字晋公,北宋邠州三水(今陕西彬县)人。进士及第,初为乾州推官,后迁殿中丞、通判镇戎军(治今宁夏固原具)。

范祥是北宋中期著名的盐政改革家和治理边地的地方长官。在主持陕西盐政期间,先后两次进行盐政改革,创立的"钞盐法"对当时和后代的盐政都有很大的影响。

范祥注重经济,善理财赋,通晓解盐(即运城盐池)的经营利弊。庆历三年(1043)知汝州期间,他就提出了制置解盐的具体措施。第二年,朝廷命范祥"驰传与陕西都转运使程戡同议解盐法",因为"议不合",被改任华州并提举陕西坑冶铸钱事。后因其父丧而离任。庆历八年(1048)十月,朝廷又任用范祥为陕西提点刑狱兼制置解盐。嘉祐三年(1058)七月,范祥再次对盐政进行改革。他改革陕西盐法,制定新的钞盐制度,将官营、官运改由商人交钱领钞券,凭钞券到解池贩盐,自行销售。这种经营办法受到商人和百姓的欢迎,又使国家每年可节省运输费数百万缗。

宰相包拯曾肯定范祥改革陕西盐法的功绩,称"其劳可录"。

范祥对盐政的改革,创立了钞盐制,消除了北宋中期盐政的诸多弊端,获得了较好的经济效益,缓解了经济危机。他创立和制定的制度和一系列措施,为明代"开中法"所效仿。范祥盐法改革,在中国古代盐政发展史上具有里程碑的意义。

司马光与《资治通鉴》

司马光(1019—1086),字君实,陕州夏县(今属运城市夏县)涑水人,进士出身,世称涑水先生。其父司马池,官至兵部郎中、天章阁待制。宋仁宗宝元初,司马光由奉礼郎升迁为天章阁待制兼侍讲、知谏院。英宗时为龙图阁直学士。神宗熙宁二年(1069),任王安石为参知政事实行变法,司马光因反对而请求作外官,知永兴军。第二年,王安石为相,司

夏县司马光碑楼

夏县司马光塑像

第七章 河东文明谱华章

《资治通鉴》书影

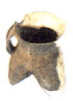

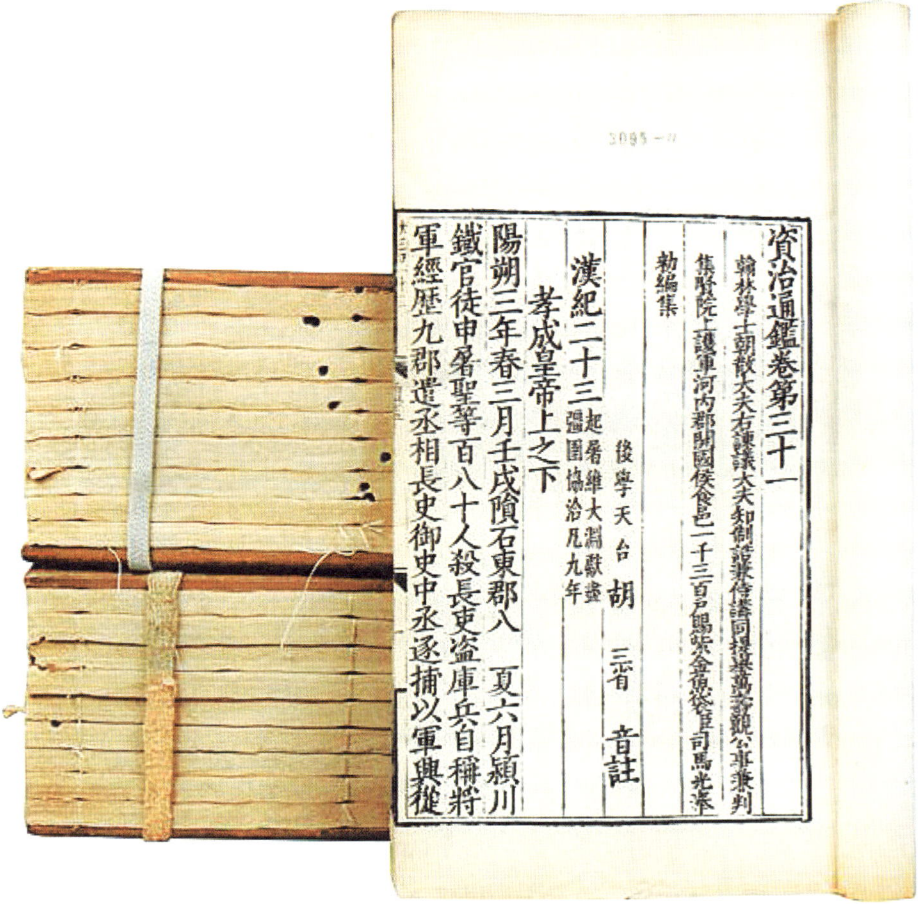
資治通鑑卷第三十一
翰林學士朝散大夫右諫議大夫知制誥兼侍講同提舉萬壽觀公事兼判
集賢院上護軍河內郡開國侯食邑一千三百戶賜紫金魚袋臣司馬光奉
勑編集
後學天台 胡 三省 音註
漢紀二十三 起著雍大淵獻盡彊圉協洽凡九年
孝成皇帝上之下
陽朔三年春三月壬戌隕石東郡八 夏六月潁川
鐵官徒申屠聖等百八十人殺長吏盜庫兵自稱將
軍經歷九郡遣丞相長史御史中丞逐捕以軍興從

《资治通鉴》书影

夏县司马光墓

马光自请任闲职于西京御史台,居于洛阳15年,长期致力于《资治通鉴》的编纂。1085年哲宗即位,拜司马光为相,废止了王安石的新法,恢复旧制。同年九月,司马光病卒,终年68岁。追赠太师,封温国公,谥文正。司马光一生,历经仁宗、英宗、神宗、哲宗四朝。著述主要有《资治通鉴》、《易说》、《太玄注》、《稽古录》、《传家集》、《涑水记闻》等。

司马光是一位杰出的政治家,政治思想集中体现了历来的正统观念。他笃信儒家学说,提倡"家世为儒",即周公、孔子一类的大儒,追求周公、孔子安邦治国的方略,反复强调任官以才、立政以礼、怀民以仁、交邻以信的主张。

《资治通鉴》是中国第一部官修编年体通史,是一部不朽的史学名著。在司马光主持下编纂而成。《资治通鉴》的内容以政治、军事和民族关系为主,兼及经济、文化和历史人物评价,目的是通过对事关国家盛衰、民族兴亡的历代经验总结,为后人治国理政提供借鉴。

《资治通鉴》书成后,宋神宗为其写序,认为该书"鉴于往事,有资于治道",钦赐书名。

金代刻印大藏经

《赵城金藏》是金朝熙宗皇统(1141—1149)初年,潞州(今属山西长治)民女崔法珍在山西、陕西等地断臂化缘、募资所刻的汉文大藏经。因发现于山西赵城广胜寺,故后世称之为《赵城金藏》。

《赵城金藏》为宋代我国第一部木刻版汉文大藏经《开宝藏》的版式,刻于金代,后被存放在赵城县(今属洪洞县)广胜寺。

1933年,一个名叫范成的高僧到广胜寺考察,在弥陀殿的十二个藏经柜中发现这部藏经。当时没有人知道这部藏经是谁主持刻印的。1934年,南京又派遣一个名叫蒋唯心的人到广胜寺考察,前后40多天,他将大藏经全部览阅一遍,经过多方面研究考证,最终认定这部藏经为金代刻印。

根据蒋唯心的考证,山西赵城广胜寺发现的古版经卷《赵城金藏》,是由金代民间劝募,在山西解州(今运城市盐湖区解州镇)静林山天宁寺刻成的。发起人是潞州的崔法珍,她为募缘刻经,毅然断臂,感动了很多善男信女,纷纷前来捐款资助。布施者以普通百姓为主,遍及晋南和秦西各州县。大约在金熙宗皇统九年(1149),崔法珍在天宁寺组成了"开雕大藏经版会"负责刻造,到金世宗大定十三年(1173)刻竣。

大藏经是中国古代对所有佛教典籍的总称,按内容分经、

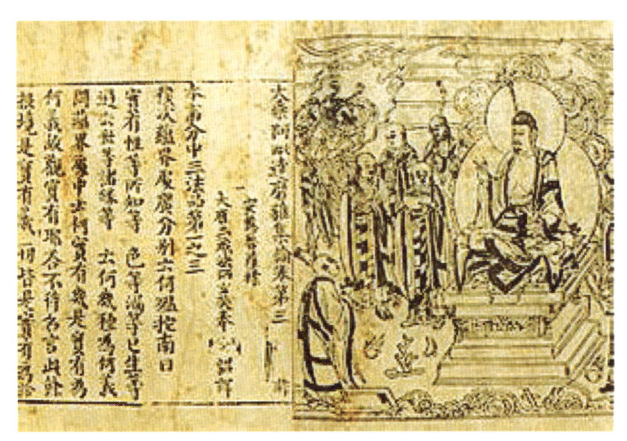

《赵城金藏》经卷

新版《赵城金藏》

律、论三藏。大藏经的刊印始于北宋初年。宋太祖赵匡胤开宝四年（971），派太监张从信到成都刊印藏经，至太平兴国八年（983），用12年时间完成了中国历史上第一部官方主持刊印的藏经。因刊刻地在成都，后世把这部大藏经称为《蜀版大藏经》，因始刻于开宝年间，也称《开宝藏》。《赵城金藏》以《开宝藏》为蓝本覆刻。因《开宝藏》及其别的覆刻本均已散佚，《赵城金藏》便成为我国第一部官方刊印大藏经之覆刻本中的孤本，这对研究佛学、版本学，皆具有重要的价值和意义。

稷山的宋金墓群

宋金墓群位于稷山县城西4公里的稷峰镇马村西南，东与全国重点文物保护单位青龙寺相邻。从1953年发现首座墓室始，至今先后发现同类墓室14座，清理发掘9座，向游人开放4座。由于这些墓室形成于宋金时期，又相距不远，故名为宋金墓群。2002年，被国家文物局列为全国重点文物保护单位。

宋金墓一般都由墓道、墓门及墓室三部分组成。墓道为砖筑，墓门一般为砖券门洞，墓室平面均呈大小基本相等的长方形。墓顶正中有天窗，皆为漏斗式。就单个墓室而言，因其规模大小不同，墓室的结构与雕刻装饰也繁简有别。建筑形制，大致可分为两类：一类全部是仿木结构，

稷山马村砖雕墓（外部）

雕刻精致，装饰华丽；另一类为部分仿木结构，比较简单，装饰平常。从建筑结构上看，有窑洞式、楼阁式、宫殿式，分单檐、重檐和多重檐等。大多为四合院民宅样式。墓室中的门窗隔扇、滴水瓦当、飞禽走兽、花草树木，无不精巧美观，玲珑剔透；墓室中安详端坐的墓主人以及书童、侍女砖雕，和陈设在廊下的"二十四孝"人物砖面组雕，无不逼真生动，栩栩如生。尤其是墓主人对面舞台乐楼上，既有乐队，又有演员，乐器有大鼓、腰鼓、拍板、横笛等，演员分副净、副末、装旦、装孤等，惟妙惟肖，活灵活现，呼之欲出。

据专家对宋金墓形成过程考证，下限时间拟为金大定二十一年（1181），上限时间从墓中出土的铜钱"大观通宝"推断，拟可早到北宋晚期。从墓室形制、装饰等看，墓群形成的年代应为金代前期。

宋金墓的发现，在目前国内仍是十分罕见。它为研究古代建筑、雕刻和戏剧发展史等提供了宝贵的实物资料。

稷山马村砖雕墓(内部)

薛景石与《梓人遗制》

薛景石,字叔矩,万泉县(今万荣县)人,生活于金末元初,是北方设计制作织布机械的著名木工匠师。祖父和父亲都是擅长设计制造木织机的匠师。薛景石继承木工事业,并著有《梓人遗制》一书,是中国封建社会中唯一由木工匠师著作的纺织机器设计制作专著。

薛景石家庭比一般农民富裕,他又聪明伶俐,断文识字,能写会算。他在跟随父辈长期的观察和实践中,发现河东一带流行的不仅有华机子、罗机子、立机子、卧机子等多种型号,而且即使是同一种机子,其部件、型号也不尽相同,这就为修理工作带来很多麻烦。他用心研究了历代官家和私人手工业传统图谱中许多机械的造型和结构，并结合旧法创出新意，自行设计制造出纺织机及各种木制器具。经过数年努力，他写出具有一定学术价值的《梓人遗制》。金代著名诗人段成己为该书写了序言，称赞他平素就热爱学习机械制造业，有智慧，有思想，制作的产品既保持了传统，又有所创新。

该书写成后，于元世祖中统二年（1261）刊印发行。于明万历年间收入《永乐大典》。《梓人遗制》具有五个特点：一是它是我国古代一位木工结合亲身经历写的科普读物，图文并茂，通俗易懂，语言生动，状物准确；二是书中对织布机结构的介绍，要比当时的《农书》、《农政全书》更详细、更具体，对推动当时的纺织业起了很大的作用；三是编排方法科学，书中叙述每一类机械制造方法，先写其概况、历史沿革，次写其用材、规格、尺寸和装配，再写其制造用工时间；四是为后世保存下许多重要资料，收录了在我国早已失传的罗机子和盛行于我国部分地区的竖立式织布机；五是为我们后人研究金代的礼制提供了重要参考。

由于薛景石在木工机械设计制造方面的独特贡献，2006年他被中宣部、教育部、科技部列为"中国古代100名科学家"之一。

永乐宫元代壁画

永乐宫，本名为大纯阳万寿宫，因原建于芮城县永乐镇而俗称永乐宫。1959年因黄河三门峡工程启动，永乐宫处于淹没区，国家牵头出资历时六年，将永乐宫全部迁建到芮城县城北3公里的龙泉村东侧，属全国重点文物保护单位。

永乐宫始建于元代。原为世人祭祀仙人吕洞宾的吕公祠，规模较小。后因全真教首领丘处机被成吉思汗封为国师，成为道教正统，吕洞宾被尊为全真教北五祖之一，故吕公祠被扩建为大纯阳万寿宫，与终南山的纯阳宫、元大都长春宫并列为全真教三大祖廷。

永乐宫的主要建筑为一门三殿,一门为无极门,也称龙虎殿。三殿为三清殿、纯阳殿、重阳殿。

永乐宫之所以名闻天下,皆因一门三殿内的元代壁画。其总面积达960平方米,艺术价值之高、数量之多,实属罕见,为世界壁画艺术之瑰宝。特别是无极殿内民间画家马春祥及弟子画的《朝元图》更是壁画中的精品之作。

《朝元图》描绘的是各路道教神仙朝谒元始天尊,在长达95米的壁画中,286位神仙人物向着一个方向朝拜,人物前后排列四五层之多,彼此相互交错、井然有序,使整个壁画显得场面壮阔,气势恢宏。威严肃穆的帝君,安详凝重的王母,端庄秀丽的侍女,骁勇剽悍的武将,天姿绰约的玉女。画师们用遒劲流畅的神来之笔,将这些形态各异、神采飞扬的人物勾勒得细腻传神,呼之欲出,充分反映了中国传统绘画艺术的精华,无愧于中国元代艺术宝库的美誉。

芮城永乐宫壁画

芮城县永乐宫

兴建于元代的运城

历史上,中国各个封建王朝对运城盐业的经营都非常重视,都相应采取过一些重要措施。元代经营运城盐池的一个重大举措,就是在盐池所在的路村修建城池,即运城。

我国产盐的地方很多,而因盐务修建的专城,只有运城一处。

运城最早见于史书是在战国时期。当时,由齐国、韩国、魏国、赵国、宋国以及中山国,联合出兵攻击秦国。多国联军进到"盐氏",便退回去了。这个"盐氏"就是运城的古地名。就此即可看出它和盐池的关系渊源。

到了汉朝,朝廷在全国28郡设置盐官。河东盐官称河东均输长,驻节运城,当时名为司盐城。到汉章帝时,又称监盐城。虽然名为"城",并没有城池建筑,驻地路村仅是个小村镇而已。

唐、宋时期,运城盐池盐业生产有了相当的发展,但是运城的建城问题却没有提到议事日程上。

到元太宗时,河东盐运使姚行简绘制了图形,向皇上提出建议,要在路村修建一座城池,但未能实现。到元仁宗延祐年间,由于遭受雨灾,盐池生产受到严重损失,朝廷减免了"引钞",老百姓感谢元朝皇帝的"恩德",所以,将路村改名为圣惠镇。直到元代末期,惠宗至正年间,才由盐运使那海德俊主持修筑了城池,名为凤凰城。当时建筑的城池围长九里十三步,呈正方形。绕城一周开有五门,到明代改为四门。东门名放晓,西门名留晖,南门名聚宝,北门名迎渠。从此,我国唯一的盐务专城——运城,便固定下来,至今已有600多年的历史。

到明、清两朝,运城又多次进行增修、扩建,城池建筑更加完备,规模更大,逐渐发展成为河东一座名城。

同时,随着盐业经济的发展,在运城城内百货、手工业、饮食业、旅店、盐栈、票号……纷纷兴起,形成了一个围绕盐业生产、运销事业为核心的商业、手工业、服务行业、金融业的经济体系和繁荣的市场。

清朝道光年间,山东举人郭书俊写有《鹾城绝句》六首,形象地反映了运城的繁华气象,其中一首写道:"居人艳说凤凰城,百货纷纭闹市声。向晚葡萄美酒熟,醉乡有梦不分明。"

关汉卿:元代杂剧奠基人

关汉卿,号已斋叟。约生于金哀宗正大三年(1220),卒于元成宗大德十一年(1307)。据《元史类编》、《中国通史》载,为河东解人(今盐湖区解州)。他少年时代是在河东度过的,中青年时期在平阳燕尔巷(今临汾)从事戏剧活动,后到元大都北京,曾主持玉京书会,与王实甫、杨显之、珠帘秀等剧作家、演员交往甚密,写了大量杂剧、散曲,还粉墨登场演出。六十岁南下,在苏杭等地逗留十余年后返回河北,寓居祁州五仁村终老。现该村还有关汉卿墓地。

关汉卿一生写了六十七种杂剧,现存十八种。以《窦娥冤》、《单刀会》、《望江亭》、《救风尘》最为著名,现京剧、蒲剧还有演出。他与白朴、郑光祖、马致远合称"元曲四大家"。他的剧作深刻揭露了元代的社会现实,充满了强烈的反抗意识,成功地塑造了众多光彩照人的妇女形象。如

关汉卿画像

《窦娥冤》,被列为世界十大悲剧,一直盛演不衰。原晋南蒲剧院还拍成电影艺术片,由王秀兰、阎逢春等名家主演,轰动一时。

1958年,关汉卿被列入世界文化名人。

"巴尔思"姚天福

姚天福(1229—1302),字君祥,稷山县南阳村人,元初名臣,出自显赫的吴兴姚氏。姚天福是唐朝宰相姚崇的后代。金末,其父姚居实避兵乱曾到雁北寄居进士赵泰家,与其女结合,生天福。

天福幼读《春秋》,深通大义,受父母的影响,早年就有为国为民的理想。青年时,以过人才识被推为怀仁县县吏,不久被征召为县丞。至元初年(1264),丞相塔察尔出使北国途经怀仁,后经代州太守杨阔阔推荐,受到丞相塔察尔赏识,任命天福为架阁管勾兼狱丞。至元十一年(1274),升任监察御史。从此,姚天福成为元世祖时期一位举足轻重的人物。

天福刚毅正直,不畏强悍,多次上奏揭露权臣,颇为元世祖欣赏。有次,天福劲奏宰相阿合马不法行径,群臣顿感震惊。忽必烈即召阿合马对质,天福当殿列其罪状,才念三条,忽必烈就说:"就此三条,已够斩首,何奈别余?"当众赐天福为"巴尔思"(蒙古语呼虎为巴尔思),并以物重赏,天福坚辞不受。

元大名府太守小甘浦,系元世祖宠臣,以打猎为名,抢夺民财,作恶多端,御史奉命查办,反被殴打而回。皇帝命姚天福去办理,他微服出访,索得实据,立捕小甘浦归案,后因皇帝传旨才释放。但小甘浦不思悔改,一日竟骑马于台门大骂御史,天福又将其逮捕,并从佩包中搜出行贿于侍御史安兀求免贿单。翌日,天福以赃据面君论罪,世祖却说"小甘浦虽犯死罪,我免他十死,你怎奈何?"天福力争:"他已犯下十七次死罪,你赦他十次,七死谁顶命?"忽必烈遂命斩了小甘浦,安兀被罢官。

稷山县姚天福神道碑

　　天福初任御史,于北方巡察路过家里时,其母告诫说:"为官者要公而忘私,尽职尽责,勿以家庭老母为念。"姚天福也对母亲说:"监察责任重大,我一定秉公办事,不负朝廷,不为家庭所累。"有人把此话传给皇帝,世祖感叹曰:"巴尔思母子虽生今世,其义烈之言当于古人中求之。"

　　自天福奏揭阿合马后,阿合马怀恨在心,便乘世祖巡幸上都的机会,突派兵马司率骑兵将天福捆绑到大都(今北京),原想抄家搜其财宝,以贪罪处之,不料只搜出几升谷米。天福说:"宰相无旨相杀御史,岂想造反!"阿合马慌忙释绑,向天福赔罪。

　　至元十二年(1275),元世祖听信谗言,撤各道按察司。天福即向大夫玉速贴木儿进言,说设按察司的好处。贴木儿连夜内奏皇帝,世祖大悟,立又诏复各道按察司。此事引起权臣不满,降天福为朝列大夫、衡州路同知,天福未去,不久,遂又起用为河东道提刑按察副史。当时北邑兵兴,转运事繁多,河东民苦徭役,天福便劾执政失计,奏免其役,不久特授为中顺大夫、治书侍御史。

　　至元十六年(1279),元平江南,授天福为嘉议大夫、淮西道按察使,铲除扰害百姓的兵将贪官。翌年,转任湖北道按察使,查办了省臣阿老凡丁贪军粮一万余石大案,使贪官权贵对天福更为畏惧。

至元二十年(1283),天福任山北道按察使。时值大旱成灾,蝗虫遍地,饥民外逃,天福命开仓济民,帮百姓渡过难关。当地人多以游牧为生,不知稼穑,天福便教其种田植树,使其生活日渐富裕,百姓感戴不尽,建祠刻碑。

至元二十二年(1285),天福升任刑部尚书,不久调任扬州路总管。至元二十六年(1289),复任淮西按察使。期间,天福很快逮捕淮西七名大盗,全部杀头示众,并查获中书右丞宣慰使昂吉儿及其子在淮西贪赃巨万的大案,抄其所有家私,使淮西大治。

大德四年(1300),授参知政事、大都路总管兼大兴府尹,畿甸大治。六年(1302)正月,病逝大都,享年73岁,归葬于稷山南阳村祖茔,赠正奉大夫,追封平郡公,谥号忠肃。

天福死后三十年,即元统元年(1333)三月,惠宗又为天福树神道碑一通,诏命翰林学士虞集撰文,刻写天福功德五千字于碑上。此碑现存于稷山博物馆。

据《元史·姚天福传》及有关资料,姚天福一生反对官吏贪赃枉法、行贿受贿、勒索民财、欺压百姓,其事迹可与汉代汲黯、宋代包拯媲美。

第八章

经济繁荣　人文昌盛
（明清时期）

概述

明代运城地区属山西省平阳府。其中，蒲州辖今永济、临猗、万荣、河津等地；解州辖今盐湖区、夏县、闻喜、平陆、芮城等地；绛州辖今新绛、稷山、绛县、垣曲等地。清代蒲州升为府，原辖区内的河津划给了绛州。解州升为直隶州，辖区也有变化，先以闻喜换来垣曲，不久闻喜和垣曲都划拨出去。绛州也升为直隶州，辖区变化较多，先将今河津、闻喜等地划入，绛县、垣曲等地划出；后又将垣曲划入，闻喜等地划出。划出之县，属平阳府管辖。另外，明清时代还设立了河东道，明代驻临汾，后改蒲州，清代移驻运城。河东道辖蒲州、解州，而绛州属雁平道。

明清时代的河东，其主要特色有三：从经济上讲，河东盐池依然是河东乃至国家的重要财富基地之一，为河东经济及至晋商早期资本积累做出了重要贡献；从政治上讲，明代河东人杰地灵，涌现出了大量政治风云人物，甚至足以左右一时之局。如首辅张四维、内阁大学士韩爌、兵部尚书杨博、刑部尚书王纪、宣大总督王崇古等；从思想史上讲，明代河东亦不逊风色，形成了以著名思想家、理学大师薛瑄为代表的河东学派。

薛瑄与河东学派

薛瑄（1389—1464），字德温，号敬轩，山西万荣县里望乡平原村人。明代著名思想家、理学家和文学家，河东学派的创始人。官至通议大夫、礼部左侍郎兼翰林院学士。明天顺八年（1464）卒，赠资善大夫、礼部尚书，谥号文清，故后世称其为"薛文清"。隆庆五年（1571），从祀孔庙。

薛瑄是继明代著名学者曹端之后，在北方开创"河东之学"的大学者，门徒遍及山西、河南、关陇一带，蔚为大宗。著名思想家高攀龙认为，明代学脉有二：一是南方的阳明之学，一是北方的薛瑄朱学。可见其影

万荣薛文清陵园

《薛文清公文集》

响之大。其著作集有《薛文清公全集》。新中国成立后,由运城学院赵北耀、孙玄常、李元庆、李安纲等四位教授点校的《薛瑄全集》,于1990年由山西人民出版社出版发行,填补了国内薛瑄研究的一项空白。

薛瑄自幼天资聪颖,记忆超人,十余岁就会写诗作赋。薛瑄的父亲在任荥阳县教谕时,河南布政司参政陈宗问前来巡视,在船上偶有感触,随口吟出"绿水无忧风皱面",却一时想不出对句,便求教于在场官吏,结果无一人能够对得上来。薛瑄父亲回家将此事告之,薛瑄稍加思索便对出"青山不老雪白头"。陈宗问得知后,颇感惊奇,亲临学舍看望,称其才学出众,必成大器。

薛瑄自明宣德三年(1428)始,到天顺元年(1457),先后居官24年,大多执掌法纪,如监察御史、大理寺少卿和大理寺卿等。期间他严于律己,勤廉从政,刚直不阿,执法如山,被誉为"铁汉公"的清官。

薛瑄为官不但清廉律己,而且勤政爱民。在居官期间不断地为民请命,为民申冤,动人事迹广为流传。

景泰四年(1453),全国发生大饥荒。苏州、松江一带民众纷纷向富户借粮。但富户们乘人之危,大抬粮价,激起民怨,发生了民众群起抢富户粮食、烧富户房子的事件。朝廷派太保王文前往查处。王氏为了表功,一下便查抄平民500余户,并以谋反罪将200余人解京问斩。不少大臣都认为这是一宗大冤案,但慑于王文权势却不敢提出异议,只有薛瑄向朝廷奏章辨冤。最后经都察院官吏勘实,只严惩了为首者三四人。

薛瑄是明代有名的理学大师,十分推崇程朱理学,在思想上同程朱理学一脉相承,但又进一步完善和发展了程朱理学。他弃旧图新,提出了不少具有唯物主义思想倾向的观点,对明中叶兴起的理学唯物主义思潮起到了首倡和先导作用。

薛瑄一生勤于文学创作,有散文、杂文、诗歌传世,成就颇大。

薛瑄的散文、杂文大体可分为游记、随感、为友人题赠等。在写作上大都结构严整,行文流畅,格调清新,寓意深刻。如《游龙门记》叙述简洁明快,写景绘声绘色,给人以身临其境之感,被称为明代散文佳作。他的诗歌意境优美,形象生动,多有名篇警句。清人纪晓岚曾给以很高评价,说有陶渊明、韦应物之遗风。

河东盐业与晋商

明清时期,河东盐业产量比以前有了很大提高,这主要因为明初实行的开中制对晋商崛起起到了重要的推动作用。开中制是商人向边郡如大同、太原诸仓输米而换取国家专卖盐引的一项双赢性制度。国家可减少运费而使边郡储粮充裕,商人可获取食盐的高额利润。另外,朝廷增设河东巡盐御史,也是促进盐业增产的重要因素。还有明代在盐池修建禁墙,有效防止了盐业走私、盐工逃亡,也可以阻击洪水入侵,这些都有利于盐业的增产。明代盐业的官商经营方式也发生了变化,明代在河东盐池从事运输贩卖的盐商约500家,他们捞采的盐按三七分成,即运商得三成,算做工本费,政府得七成。盐商不再纳税,积极性得到很大提高。最后,清代初年,为了刺激商人的积极性,朝廷施行了畦归商种的措施,进一步增强了商人的积极性。

古盐池生产图

随着明清河东盐业产量的提高,销售便提上了日程。明清时期,河东盐业销售范围极广,除了山西本省,还远销河南、陕西众多州县。关于河东盐的产销量,明代的产量增长较快。明弘治五年(1492)已达42万引,计8400万斤,岁入银近9万两。嘉靖二十七年(1548)为62万引,岁入银近20万两。到万历三十二年(1604)增为140万引。尽管河东盐场在清代的地位有所下降,但盐商每年运销的盐引总额最高达60余万引,平均贸易额达到167万两之多,乾隆朝56年来累计达到9000多万两,依然是一个不小的数目。

河东盐业的长期销售,使周围的白银长期流入河东,由此导致河东、山西的白银库存增加,为明清晋商的发展奠定了经济基础,被誉为晋商之源。白银流入对明清时期山西经济产生了巨大的积极影响,同时与山西商人的发展也是密切联系在一起的。可以说,长期的地区贸易顺差使白银持续流入,是晋商兴盛五百年,以及晋商票号达到辉煌顶峰的重要原因。

守边名将：王崇古与杨博

王崇古(1515—1588)，字学甫，别号鉴川，运城永济市人，明朝著名的封疆大吏。嘉靖二十年(1541)进士，任刑部主事，因抗倭有功，累进陕西按察使、河南右布政使。

王崇古为人慷慨有奇气，少时评三晋人物，且心向往之。一生任职多在刑名与兵事上。在刑事上，王崇古慎刑罚，主公正，为此还得罪过严嵩、张居正等权臣。在兵事上，王崇古喜谈兵事，熟悉边土，且多有建树。嘉靖三十四年(1555)，王崇古与倭寇作战，累建战功。嘉靖四十三年(1564)，王崇古巡抚宁夏，成为封疆大吏，主抓北部边防建设与对蒙事务。

整个明朝，北部边境一直不安定，俺答部落逐步强大，屡犯明朝边境。隆庆四年(1570)正月，朝廷诏王崇古总督宣、大等军务，十月，俺答的孙子把汉那吉与俺答反目，遂来降，巡抚方逢时告知于王崇古。王崇古认为"奇货可居"，并把这作为牵制俺答的好机会，两人经过商榷决定先留下把汉那吉，然后由方逢时上疏。

当时朝中争议极大，御史饶仁侃、武尚贤、叶梦熊等不以为然。虽然朝中争议不断，但最终留下把汗那吉，牵制俺答，被高拱和张居正力排众议所采纳。经过双方交涉，十一

王崇古画像

月,俺答遣来使,表示愿意接受明朝封号,并请求互市,穆宗允之。王崇古力主与俺答议和互市,功在边陲,为边境的和平与发展做出了贡献。

从军事上而言,王崇古练兵务实,选官惟才,善于抓要害与主动权,这一点在对蒙关系上尤为重要。著有《王襄毅公奏议》《公余漫稿》《王鉴川文集》《庄浪漫记》等。

杨博(1509—1574),字惟约,号虞坡,运城永济市人,明朝著名的军事家。杨博幼时聪敏好学,20岁中进士,初任陕西周至知县,后任兵部武库主事。曾随大学士翟銮北巡九边,尽记山川地理、风俗民情、兵士多寡等,为日后御敌入侵打下了基础。明嘉靖二十五年(1546),任右佥都御史,巡抚甘肃。在官期间,固边防,兴屯田,开凿龙首渠等。后又升为左副都御史、兵部右侍郎,经略蓟州、辽东、宣(今河北宣化)、大(今山西大同)等地军务。

嘉靖二十九年(1550),蒙古俺答部率军从古北口北下,在京郊掠夺八日后撤兵,史称"庚戌之变",引发明廷的巨大震动。在这种背景下,朝廷命杨博兼都察院右佥都御史,总督蓟辽、保定等处军务,随后,杨博进行了一系列措施加强边关建设。嘉靖三十三年(1554)秋,俺答汗派遣部将十余万骑兵进犯蓟镇,杨博亲临古北口城上督战四天四夜,战斗异常激烈。杨博招募敢死之士,连夜火攻敌营,取得胜利。遂升兵部尚书,加封太子太保。

杨博的军事才能还体现在抗倭方面。倭寇就是13到16世纪以来,骚扰中国沿海一带的日本海盗,也就是以日本落魄武士与中国商人等组成的海上盗窃集团,严重破坏了东南海疆的安定。杨博当时采取的措施是:提高御敌速度;增加兵力部署;处罚失职,奖励军功;加强沿海地区的防御等措施,取得了很好的成效。

杨博魁梧丰硕,文武双全。武能统兵善战,文能作文写诗。万历皇帝说他"忠亮老成,望隆中外,三朝太宰,一代师臣"。万历二年(1574)卒,赠太傅,谥号"襄毅",大学士张居正为他撰写了墓志铭。

首辅张四维

张四维（1526—1585），字子维，号凤磐，运城永济人，明代著名政治家。张四维父亲张允龄笃信重义，经商发家，成为山西著名盐商，使张四维从小受到良好的教育。

张四维从小资质聪慧，嘉靖三十二年（1553）中进士，授翰林院编修。嘉靖四十一年，重录《永乐大典》，任编修分校官。隆庆元年（1567），以《永乐大典》成，升右春坊、右中元，皇帝首御讲幄，以他充经筵日讲官，他尽心答对，多有发挥，使皇帝很满意。并开馆修《实录》。万历三年（1575），张四维升礼部尚书兼东阁大学士，参与朝政。有次他在文华殿为皇帝讲读，神宗以其气度不凡，御书"一德和衷"四大字赐予张四维。

张四维与杨博是同乡，又是王崇古外甥，他受二人影响，亦熟知且热心边防军务。在俺答孙子把汉那吉来降，朝议纷争不绝时，王崇古建议与俺答通商贸易遭否决时，张四维都旗帜鲜明地写信、上疏支持王崇古，并说服了首辅高拱和张居正，使俺答归降，边关贸易得到实现，也使隆庆和议顺利达成。虽然张四维时任吏部右侍郎，位置不足以左右朝中大事，但特殊的身份使张四维在封贡过程中扮演了一个独特角色，贡献亦不可小看。正是在王崇古、高拱、张居正、张四维等共同努力下，造就穆宗时边境20多年的相对平静安宁。

张四维为人正直，博物多才，有康济天下之心，主政以宽大为主。在张居正当政之时，曾支持配合张居正改革。张居正死后，张四维任首辅，对张居正改革中的一些弊端进行了修正。但因张居正严刑峻法，结怨甚多，万历帝也支持清算张居正。张四维以宽大从事，乘神宗得子之际，劝阻皇帝放宽政策，放惠天下，使受张居正排挤、罢官的人复了职，安定了人心，为朝廷的稳定做出了贡献。万历十一年因父亡归乡服丧，两年后病卒故里。神宗很是悲伤，停视朝一日，派官员治丧，赠太师，谥号文毅。

对联名家乔应甲

乔应甲(1559—1627),字汝俊,号儆我,山西临猗人,民间尊称乔阁老。明万历二十年(1592)进士,任湖北襄阳府推官。在任上,乔应甲刚正耿直,不阿权贵。乔应甲平反冤案,办事从宽从简,在当时颇有廉声。

天启五年(1625),乔应甲任御史大夫,巡抚陕西,吏治为之一清,并主持杖死鱼肉人民的国舅曹应祥,大快民心。天启六年春(1626),迁南京右都御史,因谣言中伤,乞休回家,开始著《半九亭集》。乔应甲路过山西平定等州,见因饥饿卖儿卖女者络绎不绝于道,便慷慨解囊,捐资赈济,救活幼儿1000余人,恩德感人,百姓为其建生祠祭祀。

乔应甲一生著述颇丰,有《便民实政》、《三实奏章》、《看山集》、《半九亭集》等。其中,《半九亭集》是取"行百里者九十,以警末路之难也",多为对联、律诗等内容。专就对联而言,大约几千副,有山河胜迹、官场君鉴、吏治腐败、人生感触、园林隐趣、读史心得、处事格言、农事活动、庙祀坟墓等,可谓林林总总、包罗万象。下面我们选择几个优秀的对联,赏析一下。

清晨端坐坐无营,取架上左传文、马迁史、相如赋、南华经、少陵诗、右军帖、屈子离骚,开卷广胸中识见;

亭午高眠眠且觉,想世间沧海日、赤城霞、巫峡云、洞庭月、峨嵋雪、广陵涛、庐山瀑布,何地非物外逍遥。

在这副对联中,上联是文史著述,下联是壮美山河。人文与地理相得益彰,又不觉得突兀难解。从对联的寓意而言,文史中有儒(《左传》)、有道(《南华经》),地理中有佛

乔应甲画像

教名山(峨眉山)、有道教名山(庐山),作者在"开卷广胸中识见"的基础上,能做到"何地非物外逍遥",的确做到了物我一体、自在逍遥的境界。

勇斗阉党的曹于汴与韩爌

曹于汴(1558—1634),字自梁,一字贞予,解州安邑(今山西省运城市)人,为明末一代廉吏。

曹于汴自幼聪颖,博览群书,尤长理学。因家贫,曾任西席教师十年有余;明万历十九年(1591)应乡试,考取举人第一名;第二年赴北京应壬辰科公试,钦点进士及第。初授江苏淮安府推官,曹于汴到任以后,明察秋毫,执法如山,屡受山东按察司嘉奖;万历二十五年,被提拔进京任给事中。曹于汴坚持任人唯贤和直言敢谏。大胆弹劾了两京兵部尚书、云南巡抚等要员,并为蒙冤的吏部侍郎赵邦清昭雪,获得好评。万历二十八年(1600),回故里安葬亡母,地方官吏和乡绅极尽阿谀奉承之能事,可是曹于汴却深居简出,不收礼,不待客,除缅怀慈母外,慷慨解囊,在运城文庙隔壁他家祠堂里(现运城中学校址)创办了一所"宏运书院"。曹于汴的浩然正气和高风亮节赢得了乡里的敬仰。

崇祯帝对宦官阉党魏忠贤之流深恶痛绝。为了彻底肃清这些内患,就授曹于汴为左都御史。曹于汴建议朝廷以"赞导、拥戴、颂美、谄附"四条罪状,对魏忠贤之流进行严格审查,举国上下和宫廷内外,一起动手,几天工夫,261名罪犯全部落网。魏忠贤在从安徽凤阳皇陵往京都解押途中畏罪自杀被碎尸,朝廷内外的狐群狗党,基本扫尽。除掉了宦官阉党,曹于汴已是75岁的老人了。在风云变幻、三易其帝的年代里,在奸贼不绝、诤臣受压的朝廷里,几经宦海沉浮,他深觉精力不支,力请告老还乡。曹于汴家居期间,专心致志,呕心沥血著作《共发篇》、《仰节堂集》和《安邑县志》。曹于汴逝世后,崇祯帝表示震悼,追赠"太子太保",并派鸿胪寺遣使致祭,抚恤优厚。

韩爌（1564—1664），字象云，蒲州（今永济）人，万历二十年（1592）进士，由编修累迁礼部尚书，兼东阁大学士，入参机务。明末，朝廷中很多大事都经韩爌亲理，著名的"红丸案"就是一例。泰昌元年（1620），光宗即位，身染重病，司礼监秉笔兼御药房太监崔文升给光宗服泻药，更加重了病情。鸿胪寺丞李可灼给光宗进红丸药，光宗连服二丸后即死。对此，朝野议论纷纷，要求追究当事人崔文升、李可灼的责任，甚至幕后主使者的责任。身为内阁大臣的韩爌，在关键时刻，上疏梳理事情经过，把进呈红丸的经过公之于众，并告诫天启帝，勿以小疑成大疑，涉及面不要太广，最终只处理了当事人崔文升、李可灼，而没有大兴冤狱，可以说，韩爌起到了重要的作用。

天启年间，魏忠贤权倾朝野。东林党人杨涟弹劾魏忠贤二十四条罪状，魏忠贤恐惧，求助于韩爌，韩爌没有理睬，因而得罪魏忠贤。韩爌为首辅后，处事公正，不为魏忠贤所用，更遭到魏忠贤的怨恨。随着杨涟、左光斗等正直大臣的遇害，韩爌也随之成为魏忠贤的打击对象。并被冠以独霸内阁之最，韩爌因此上疏辞官。

离职时，韩爌还提醒天启帝远离魏忠贤，这也深为魏忠贤所不满。离职三年后，被魏忠贤诬陷贪污白银二千两，为偿还白银，韩爌变卖田产，向亲友借债，结果倾家荡产，甚至无处居住，一度住在先人墓地。崇祯帝即位后，再召为首辅。韩爌遂与李标、曹于汴等主治魏忠贤及其余党。崇祯三年（1630），因门生袁崇焕擅杀毛文龙，韩爌受到牵连，故被罢职。

韩爌先后两次为大明首辅，为人老成慎笃，能以大局为重。韩爌当政时，引正人，抑邪党，天下称其贤。

韩霖与《守圉全书》

韩霖（1596—1649），字雨公，号寓庵，山西绛州（今新绛县）人，民间著述家。韩霖父韩杰为一富商，兄韩云（字景伯，万历四十年，即1612年举人)曾任徐州知州、汉中推官及葭州知州等职。同时,韩霖也是明末最先受洗加入天主教的士人之一。他于天启元年(1621)中举,一生不愿做官,酷爱书籍,虽家境并不宽余,但花费家资购书数万卷收藏于家。少年时即随兄四方云游,结交天下名士,于读书之暇学兵法于徐光启,学铳法于高则圣。韩霖精于火炮,晚年被李自成农民军所用,最后居于稷山。

韩霖为文有奇气,喜书法,善著述,一生著作等身。主要有《守圉全书》、《救荒全书》、《铎书》、《二老清风》、《士范》、《俎谈》、《群言》、《祖绛帖考》、《炮台图说》、《神器统谱》、《山西添设兵马议》、《燕市和歌》、《维风说》、《寓庵集》、《慎守要录》、《圣教信证》、《敬天解》等数十种,约60余卷。

《守圉全书》是他的主要著作,其书名来自于墨翟之书,意为守城、守堡、守边。从韩霖给书的界定而言,防守第一,攻占第二,即详守略战。《守圉全书》还介绍了西方先进技术,以为我所用。

《守圉全书》、《西法神机》、《火攻挈要》都是流传至今且仅存的明末三大介绍西方火器技术的典籍,且《守圉全书》保存了中外火器交流史料,偏重于对西方铳台、筑城技术的论述。从文献学而言,《守圉全书》征引书目达百种以上,且许多书目现已不存于世,故《守圉全书》对研究当时中外军事交流提供了极好的史料。

清初诗人王含光与吴雯

王含光(1606—1681),字表朴,号似鹤,又号谷口逸人。运城临猗人,明末清初著名诗人。王含光从小聪慧,9岁善属文,10岁辨音韵。明崇祯四年(1631)举进士,历任行人司行人、吏部验封司主事、礼部仪制司员外郎。清朝后,又任礼部郎中、吏部考功司郎中、吏部文选司郎中、光禄寺丞、光禄寺少卿、太仆寺少卿、河南按察使等职。在任期间,他执法严明,除恶务尽。顺治十六年(1659),54岁的王含光选择了急流勇退,隐居于中条山的王官谷。

王含光工诗、善文,著述甚丰,主要有《四书疑注》《易图直解》《易学三述》《金刚经集》《道德经集》《医方选要》及诗论《吟坛辩体》、诗集《谷口集》等。除了诗文,王含光还擅长书画,尤工画山水。

　　吴雯(1644—1704),字天章,号莲洋,又号玉涧子,运城蒲州(今永济)人,原籍辽阳,清初著名诗人。父吴允升,顺治七年(1650),任蒲州学政,遂举家迁居蒲州。顺治十三年(1656),吴允升卒于任所,吴雯方12岁,乃发奋读书,力求功名。康熙十八年(1679),吴雯试博学鸿词科,当时,考生中有怀揣金银求权贵找关系走后门的,吴雯厌恶这种乞求权贵的行为,固守淡泊,不巴结权贵,结果落榜而归。吴雯一生未仕,后居家侍母,并到全国多地游历,和许多著名文人都有交往。晚年,吴雯功名不举,家境日艰,思想常常游走于佛道中。康熙四十年(1704),吴雯母亲去世,由于哀伤过度,于次年五月逝世。著有《莲洋集》传世,诗体峻洁,有元好问之风。光绪七年(1881),张之洞在太原建四征君祠,将吴雯与傅山、阎若璩、范鄗鼎合祀,并称为"晋士楷模"。

李家大院

　　李家大院位于运城市以北38公里处的万荣县阎景镇,是省级重点文物保护单位,国家AAAA级景区。它创建于清道光年间,占地100余亩。整个建筑为竖井式聚财型四合院,藏风聚气,精致大宅门接地通天,同时又吸纳了南方徽式建筑风格。其建筑的砖雕、石雕、木雕及铁艺等饰品,形象生动地体现了晋南的民俗和文化特点,又因李子用留学英国,娶英国女子麦克蒂伦为妻,部分院落为欧洲"哥特式"建筑风格,从而又呈现出中西文化交流融合的艺术特点,是全国众多富有地方特色民居中的一朵奇葩。与乔家大院、王家大院并称为"晋商三蒂莲",素有"乔家看名,王家看院,李家看善"之说。

　　明朝永乐年间,李家始祖李百泉,因灾荒由陕西韩城相里堡村逃难

万荣县李家大院

万荣县李家大院

万荣县李家大院

至山西万泉（今山西万荣）县，依靠缠簸箕、扎笤底手艺落户立业，生息繁衍。第八代李永山时，亦农亦商，小本经营。1823年，李家第十三代李文炳抓住商机，贩卖土布到陕北"三边"，走上商贸之途。1830年前后，李家生意日益兴旺，开始设立商铺。商品种类扩大到盐、茶叶、皮货、药材、杂货等。他们以"信、义、诚、恭、谦、和"的经营理念，货通天下。1862年至1937年，是李家生意鼎盛时期，其商号遍布山西、陕西、甘肃、宁夏、天津、上海、湖北、河南、青海、内蒙古等地，总资产达数百万银圆，成为晋南一带屈指可数的富商巨贾。

李家大院素以善文化著称，显著标志是其影壁上雕刻的百善图，集自商周至明清历代书法家所书善字365个，寓意每年365天，天天行善。院内还刻有四句话：善无大小，善无多少；善无止境，善不等待；善不图报，善行为宝；修德为善，善行天下。李家所做善事不计其数，四方百姓有口皆碑。

光绪三年（1877），河东大旱，麻雀都饿得从树上掉下来。面对如此大灾，李家毅然决定倾囊解救周围13个县的灾民。在村里设点置大锅熬粥舍饭。于是，李家所在的阎景村就成为河东民间赈灾救助的中心，大批银圆和粮食调往各地，络绎不绝的灾民前来李家开设的赈灾点吃饭。"李善人"的声名遂不胫而走，传遍了黄河沿岸河东大地。近百年来，李家的善行比比皆是，如光绪二十年（1894）的洪灾、光绪二十六年（1900）的旱灾、民国十七年（1928）的旱灾、民国十九年（1930）的河东瘟疫横行及修建公路等，李家均慷慨解囊，竭力救助，善始善终。

李家大院的善念善行不仅得到百姓拥戴，也受到官方嘉奖。清光绪朝曾赠封李廷槐、李文蔚、李敬义为奉政大夫，赐五品衔；北洋政府大总统徐世昌赠"彤华垂耀"匾，山西省政府主席阎锡山亲书"博施济众"匾，现仍悬挂在李家大院。

历史文化名城——绛州

绛州城，西北高，东南低，古时只有南北两个城门，俗称"卧牛城"。又因旧时城围九里，也叫"九里城"。绛州在城建布局上，具有鲜明的个性特点。它不是以中轴为线，左右对称，而是临川笼丘，因地制宜，楼、街、塔、观、庙、院犬牙交错，层层叠叠，很少讲究对称。就如同一幅酣畅淋漓的国画，讲究山水意境、民情神韵、自然之趣。新绛，如此国画般的城建布局，在1300多年前的唐朝就形成了。

绛州悠久的历史为今天的新绛县留下了极为丰富的人文景观。唐贞观年间敕建的福胜寺、唐开元年间修建的白台寺、宋太祖寓居的龙兴寺、元代修建的稷益庙、爱国将领冯玉祥卧薪尝胆的汾阳洞等。全县共有各类文化古迹169处。1994年1月，新绛县被国务院命名为国家级历史文化名城。特别是城内的绛州大堂、绛守居园池和绛州三楼以及龙兴寺，是我们研究新绛历史文化、吏治文化、园林文化和民俗文化的代表性建筑。

新绛之奇，奇在绛州大堂。绛州大堂，是唐代创建的州衙大堂，也是

古绛州城

全国目前保存最完整的三座州衙大堂之一。唐初,左将军张士贵奉命在此设帐募军,寒窑出身的薛仁贵风尘仆仆来投军,走上了报国平寇的军旅生涯。近年来,又在绛州大堂内发现了极为珍贵的宋代刻石《文臣七条》。系宋真宗赵恒御制的臣子规范:"一曰清心;二曰奉公;三曰修德;四曰责实;五曰明察;六曰劝课;七曰革蔽。"如此严厉完备的文臣规范,倘若当时的臣子都能恪尽职守,大宋江山也不会沦入金人之手。

新绛之美,美在绛守居园池。此园历代俗称"隋园"、"莲花池"、"新绛花园"、"居园池"等,是中国北方著名的园林之一。首先,它具有丰厚的文史积淀。最早的开凿是为了吃水和浇灌问题,从城北15公里外的"鼓堆泉"引水入绛,汩汩泉水得以流入城郊和街市。到了隋末,绛州薛雅和闻喜裴文安为抗拒造反的汉王杨谅,筑台垒石,加固城垣,原来的活水入城后在州衙附近形成了一个大水池。唐以后几经修葺,遂成北国名园。王通、王勃、岑参、范仲淹、梅尧臣、欧阳修、司马光等文人墨客先后慕名而来,留下了大量的题咏之作。园以人传,园以文传,本是官衙花园的绛守居园池声名大震,成为众人向往的仙境。其次,它具有布局之

古绛州城

美。居园池分别为春、夏、秋、冬四园,每个景区分别种植了与四季相应的迎春、夏莲、秋菊、冬梅等花卉,还充分运用棋、琴、书、画、石、亭、桌、壶等物品来营造春浓、夏艳、秋实、冬寒的人文意境。像绛守居园池这样可与苏州园林相妣美的写意山水园林,在北方可以说是寥寥无几,在黄土高原更属凤毛麟角。

  新绛之乐,乐在绛州三楼。钟楼、乐楼和鼓楼,是古绛州百姓传报平安,祈愿酬神的公益性建筑。钟楼,为明代万历年间所建,地势高耸,台基宽阔,呈正方形,楼身四周设有券洞门,嵌有四副石刻楹联,内悬万斤巨钟。乐楼,是唱戏的舞台,现存为明代建筑。逢年过节,楼上好戏连台,楼下欢声笑语;鼓楼,始建于元代至正年间,明清均有重修,楼身为三重檐,歇山顶。登临鼓楼,四周风光尽收眼底。钟楼、乐楼、鼓楼三楼并峙,而且完好如初地保存至今,这在全省其他城市并不多见,在全国文化名城中也属奇观。这悠久雄峙的绛州三楼,既向后人讲述着新绛不同凡响的历史价值,也向前来观光的游客展示着文化名城的独特神韵。

  新绛之神,神在龙兴寺。新绛城北街的龙兴寺,始建于唐,初名碧落

第八章 经济繁荣 人文昌盛

古绛州城

绛州重刊碧落碑图

观。宋太祖赵匡胤曾寓居于此,后改名龙兴寺。寺内藏有仙迹神刻碧落碑。碑是唐代韩王元嘉之子李训、李谊等人为其母祈福而立。碑文全系篆书,行笔精绝,书字奇古。据州志记载:有两位仙道答应篆碑,闭门三日后,化白鸽而去,碑文刻成。此碑因有仙道传说,再加之书体颇具仙韵,故而成为我国书法史上的奇迹。

新绛城,有各类古迹三十三处,几乎每走几步,就可以看到一处名胜。唐、宋、元、明、清,各个朝代都可以在这里找到与之相对应的文化古迹,游客无不惊叹新绛文化的博大、精深和完美。

李毓秀与《弟子规》

李毓秀(1647—1729),字子潜,号采三,清代绛州人,著名学者、教育家。

李毓秀平生只考中秀才,后来师从学者党冰壑,游历近二十年。精研《大学》、《中庸》,创办敦复斋讲学。来听课的人很多,被人尊称为李夫子。著有《弟子规》、《四书正伪》、《四书字类释义》、《学庸发明》、《读大学偶记》、《宋孺大文约》、《水仙百咏》等,其中以《弟子规》最为知名。

《弟子规》初版称为《训蒙文》,后由浮山县贾木斋修订为《弟子规》,辗转翻印,流传甚广,成为清代至民国年间通用的儿童启蒙读物。

《弟子规》包含七个科目,即孝、悌、谨、信、爱众、亲仁、学文,其中,前六个为德行修养,最后一个为文化修养或智育修养。从"有余力,则学文"看,德行修养是必备的,而文化修养则具有条件性。这也充分说明德行修养的重要性。

《弟子规》把为人处事原则与人格教育融为一体,是中国古代启蒙培智教育之大成。其内容主要是对弟子在家、外出、待人、接物、处世、求学时应有的礼仪规范和处事原则。《弟子规》以孝为基础,重点熏陶与培养人的恭敬之心。把对父母的爱,扩充到兄弟、人民、社会,步步相连、合情合理,这也是《弟子规》为人民所接受的理论基础。

近年来,《弟子规》被一部分传统文化学者大力提倡,在"儿童读经"等活动中被大量诵读,绛州学者李毓秀的名字因此也广为人知。

铿锵激越的蒲州梆子

蒲剧,因发源于运城古蒲州(今永济市)而得名。又称乱弹、山陕梆子、蒲州梆子,起源于元末明初,成熟于明代中叶,兴盛于明末清初。蒲

蒲剧剧照

剧居山西四大梆子之首，而其他三大梆子的形成都曾受到蒲剧影响，同时还影响到河南梆子、河北梆子、山东梆子等，被称为中国梆子声腔剧种之鼻祖。主要流行在山西及陕西、河南、甘肃、青海、宁夏、内蒙古等地。

蒲剧音乐的特点是粗犷豪放，慷慨激越，素有腔高板急之称，但又不失委婉缠绵、柔美抒情之韵味。蒲剧的表演艺术有着悠久的历史和深厚的传统，行

蒲剧老一辈名家

当齐全，程式丰富，唱做念打并重，并具有难度较高、观赏性较强的特技功，也称绝活。如翅子、翎子、梢子、胡子"四子功"及踩跷功、担子功、耍蛤蟆、吃草、火流星等，为蒲剧一大特点，也为兄弟剧种赞叹而搬用。

蒲剧历史悠久，源远流长。明朝嘉靖年间，蒲州义和班曾随杨博到北京演出，衍生了河北梆子。清代康乾盛世，蒲伶葵娃、薛四儿曾唱红京华。同光年间，郭宝臣、祁彦子、侯俊山曾入皇宫献艺，名噪一时。民国时期，蒲剧戏班众多，尤以唐风、晋风、唐声等班社唱红西安、兰州，载誉西北。新中国成立后，蒲剧更加繁荣昌盛，涌现出了王秀兰、阎逢春等五大名演员及武俊英、王艺华、景雪变等九个梅花奖演员，多次赴北京、福建、四川、上海等地演出，多次获得国家级大奖，拍摄了《窦娥冤》《山村母亲》等电影和《西厢记》等戏曲电视连续剧，开创了蒲剧新的辉煌。

蒲剧约有传统剧目1000余出，题材广泛，内容丰富。代表剧目有《薛刚反朝》《西厢记》《赵氏孤儿》《清官寇准》《周仁献嫂》《少华山》《意中缘》《港口驿》《苏三起解》等。

第九章

悲壮激烈的近代历史画卷
（晚清至抗战爆发前）

■ 概述

1840年，鸦片战争一声炮响，打开了中国封建社会几千年沉重的大门，中国社会各个领域逐渐发生着新的变化。整个近代前期（1840—1919），包括河东地区在内的山西即已呈现出相对的闭塞性和发展的缓慢性。

清末民初时期，河东社会发生了一些新的较大的变化，尤其是近代工业的创办和发展，使得河东地区的产业结构、城乡结构、阶级结构以及知识结构等发生着明显的变化，推动着河东乡村社会缓慢向前发展，而且伴随着西方列强军事、经济、文化等侵略活动的加剧，清朝中央统治者和河东地方统治者也加紧了对河东人民的掠夺和剥削，最终导致整个河东社会的动荡程度日益加深，河东人民的反侵略斗争也愈加激烈。在这样一个剧烈变迁的年代，河东地区的近代历史上出现了慈禧太后过河东、丁丑大荒、人民抗税抗捐斗争等活动，也出现了"戊戌六君子"之一的杨深秀、名臣阎敬铭、李岐山、景耀月、景梅九等诸多历史文化名人，使河东地区的近代史呈现出波澜壮阔、英雄辈出的时代特征，给人们展现出一幅悲壮激烈、奋斗不息的历史画卷。

太平军北伐在河东

1853年3月,太平天国定都天京之后,随即于5月派遣大将林凤祥、李开芳和吉文元等率两万余人举行北伐,希望一举捣毁清朝的统治中心北京城。北伐军过关斩将,势如破竹,很快攻入河南,欲渡过黄河,由河北直趋京津。清政府极度恐慌,马上调兵堵截太平军。9月2日,太平军在河南济源地区受阻,决定改走山西境内并绕道进攻北京。当日,太平军由河南济源进入山西。

北伐太平军进入山西后的第一个军事目标就是攻占据山临河、地势险要的垣曲(指垣曲老城,今日县治已移至刘张镇)。从新发现的一些史料来看,未行动之前,太平军的情报人员已先期进入垣曲,秘密鼓动城内群众响应大军到来。9月4日当北伐军主力到达后,内应者即在城内放火,秩序大乱,守城团练仅五百人,一闻火起,立即溃散,于是太平军顺利地占领垣曲县城,守城的清朝官员河东道张锡藩、知县晏宗望皆被捕杀。太平军在垣曲停留三日,继续向西北方向前进,经王茅、皋落、过中条山的横岭关,于9月8日占领绛县,杀清朝知县潘名魁。9月9日继续由绛县北上,经过东阎村、北董、下裴庄等地,途中停留一宿,于9月10日占领曲沃县城。然后经平阳、洪洞、潞城、黎城,于9月26日从东阳关出山西。

在河东地区的战斗过程中,太平军军纪严明,深得人民拥护和欢迎,但太平天国的宗教信仰是只承认一个上帝的存在,其他神灵、偶像均在铲除之列,所以也焚烧了一些庙宇。

丁丑大荒

因光绪三年(1877)晋南一带发生了"丁丑大荒",使山西的人口十年间骤减六百万。

据夏县水头镇的《丁丑大荒记》石碑载:

光绪三年,岁次丁丑,春三月微雨,至年终无雨,麦微登,秋禾尽无,岁大饥。平(指平阳,今临汾一带)、蒲(指蒲州,今永济一带)、绛(指绛州,今新绛、河津、稷山、闻喜等县)、解(指解州,今运城市一带)等处尤甚。先是,麦每石粜银三两有余;至是年,每石银渐长至三十二两。白面每斤钱二百文,馍每斤钱一百六十文,豆腐每斤钱四十八文。人食树皮、草根及山中沙土、石花,将树皮皆剥去,遍地剁成荒墟。猫犬食尽,何论鸡啄;罗雀灌鼠,无所不至。每地一亩,换面几两,馍几个。人死或食其肉,又有货之者,甚至有父子相食,母女相餐,较之易子而食,折骸以爨为尤酷……此诚我朝二百三十余年未见之惨悽,未闻之悲痛也。

碑文中可见,光绪三年,山西遭受旱灾严重,河东地区受灾尤为严重,今永济、新

平陆《灾年后掩藏暴骨记》碑

闻喜《灾情碑》

绛、解州、安邑、闻喜等地一片荒芜,河竭井枯。及至光绪四年,以上各县地户口不及上年一半,百姓不是死于沟壑,便是逃亡他乡。光绪三年在干支纪年中属丁丑年,故称"丁丑大荒"。

大灾结束后不久,河东地区许多村落纷纷刻碑,记述了这次罕见的灾害。除了夏县水头镇碑刻之外,现存的碑刻还有运城市上王乡牛庄村《丁丑大荒记》、芮城县《荒旱及瘟疫狼鼠灾伤记》、《创修五圣祠碑》、《狼鼠灾伤记》,稷山县《历年遭劫记》,万荣县《村社灾情碑》、《荒年志》以及平陆县《灾年后掩藏暴骨记》、闻喜县白石乡十八堰《灾情碑》等,均为亲历大灾、劫后余生的人们所撰刻,成为重要的历史文献。

河东地区在这次大灾中所遭受的损失、人口锐减的程度,远远超过全省的平均水平。运城碑刻《悲灾荒歌》说:

光绪三年至四年,十有余省无收田。平斗麦价二三两,秋价一两零五钱。野菜拌糠待亲眷,树皮磨面老幼餐。肚皮饥饿实难受,走向富门告艰难。饥瘦如柴跌倒地,死于路旁真可怜。

在这次灾荒中,由于当时生产力落后,交通几乎处于封闭状态,所以遇到这种天灾,在很大程度上人们只能是自生自灭,根本无力抵御。清政府虽然重视赈灾工作,但救济重大灾害的能力和财力十分有限。

这场灾害严重破坏了社会生产力。河东地区原本是山西最富庶的地区,在大灾后却成为一片凋零之地,以至于多年之后当地的经济和社会发展都难以复苏。大灾过后,人们从中吸取了深刻教训,倡导"耕九余三、耕三余一"、"崇简去奢"的生存理念和生活方式。

杨深秀与戊戌变法

在清末轰轰烈烈的戊戌变法运动中,有六位令人敬佩的志士,人称"戊戌六君子",其中一位就是我们河东的杨深秀。

杨深秀(1849—1898),字漪邨,本名毓秀,号耸耸子,闻喜人。光绪十五年(1889)中进士,授刑部主事,累迁郎中。1897年底授山东道监察御史,立志"以澄清天下为己任"。当时俄国要求割让旅顺及大连湾,杨深秀上疏请联合英国、日本拒俄,那时的人都知杨深秀国学根底深,却不知他更明了世界局势,因此均感惊服。1898年3月他和御史宋伯鲁发起关学会,讲求变法。4月参加康有为组织的保国会。他与康有为过

杨深秀墓碑

从甚密，不少奏疏是和康有为商量后写成，或为康有为代拟。戊戌政变时被捕遇害。遗著有《雪虚声堂诗钞》、《杨漪邨侍御奏稿》、《闻喜县新志》。

杨深秀在中举和任职之后，积极为河东地方社会服务，深得乡民的拥戴。

光绪三至四年，河东地区发生"丁丑大荒"，杨深秀毅然抛弃科举考试，请假回乡，团结官绅，组织赈灾。此外他还续修了《闻喜县志》，并在光绪《山西通志》的修纂中做出重大贡献。

杨深秀为官清正廉洁。身为御史，家里衣食有时都供应不上。在京城住了20年，破车老马，生活艰苦，有古君子的风范。

在闻喜县至今流传着这样一个故事。杨深秀当年赴京赶考途中，一女子在路旁哭泣，原来是女子父亲身亡而无力安葬。杨深秀十分同情，但由于囊中盘费不宽，只得卖了自己赶考之马，将银两赠予女子帮其葬父，而他则雇一独轮小车推上行李步行进京，最后误了考试时间而未能进入考场。就在他焦急不已时，主考大人问明缘由，深受感动，索性场外面试，以定其才。主考大人当即对杨深秀出联曰：八抬大轿如船，前后左右四对人忙碌，主考官守时早到；深秀当即对曰：独轮小车非马，南北东西两千里奔波，应试者行义迟来。主考官没表态，又出一联曰：为朝廷选才去石留玉；语音刚落，杨深秀即对曰：替社稷补天蹈火赴汤。主考官大喜，但还想再考考他的智慧，随即撕下二指宽的纸条，让他写万言宏文。深秀闻之暗笑，接过纸条挥笔写下"一而十，十而百，百而千，千而万"十二个字呈上。主考官曰："你的十二个字怎能抵万言？"杨深秀答曰："大人二指宽的纸条怎能容万言宏论。"杨深秀对得好，答得巧，态度不卑不亢，有礼有节，主考官万分欣喜，心羡此才不凡，遂奏皇上，破格录为进士。

在百余天的变法改革过程中，杨深秀和谭嗣同一样，骨头最硬，态度最坚决、最积极，最后不惜以自己的生命去唤醒国人。为促进变法，他共上奏折17件之多。1898年9月21日（八月初六日）慈禧太后发动政变，光绪帝被囚禁，康梁逃亡，变法遭到失败。杨深秀不顾个人安危，打算前往南苑，说服董福祥军反正，可惜抓捕他的人已到，他从容就捕。据说当年杨深秀本来完全可以逃过此劫，前五位下狱后，杨深秀不但不惧,还向慈禧上疏,劝她赦免5人,归政于光绪帝,这才断送了性命。

今天,在山西运城闻喜县仪张村村南50米处,静静地长眠着这位为变法而献身的英杰。

永济抗柿酒税斗争

清朝末年,由于清政府苛捐杂税多如牛毛,抗捐抗税运动在全国各地风起云涌。

当全国人民的抗税抗捐斗争蓬勃发展的时候,河东大地也爆发了一场轰轰烈烈的人民抗税行动——永济抗柿酒税斗争。

永济栽培柿树约有1500年历史。明、清时地方官吏以其作为向皇上进贡的佳品,品种资源丰富,素有柿乡之称。除了进贡和食用之外,永济乡民们经常把柿子用作制酒的原料,其所制作的柿酒味道醇美,深受人们的喜爱。对于乡民的这一生产活动,官府在征税过程中依然没有放过,且征税税额越来越高,令乡民们忍无可忍。1903年9月29日,数千名当地乡民涌入永济县城,捣毁县衙,永济知县仓皇逃窜,此后,乡民在全撰文的带领下与官府论理,柿酒税最终被迫取消,永济人民的抗酒税斗争取得了胜利。

永济人民的抗柿酒税斗争虽然时间很短,但它却是清末民变的重要组成部分,是河东人民为了生存而奋起反抗的真实表现。这次斗争连同全国各地人民的反抗斗争一起构成了清末反抗清王朝反动腐朽统治的一部分,对于加快清王朝的灭亡起到了重要作用,也为1911年辛亥革命的爆发以及民主革命高潮的到来起到了促进作用。

慈禧太后过河东

1900年8月14日,即庚子年的七月二十一日,八国联军兵临北京城下,开始攻城,很快,这座有着高大城墙的大清国都即被攻破。也就是在这一天,慈禧太后拉着光绪皇帝和部分大臣仓皇出逃。慈禧太后把自个打扮得像个乡下的老婆子,而光绪一边逃,一边甩掉自己的朝珠缨帽,匆忙换上了平民的布衣。随从大多数步行,跟在后面逃出北京。

八月初六,慈禧太后一行进入了山西境内,首先来到了大同府,休整四天,继续前行,于十七日到达太原。上任不久的山西巡抚毓贤率领省城文武官吏数百人,赶到离省城外数里地迎驾,慈禧一行进入太原城内。随后,地方上的大小官吏,趁此难得的机会争相报效,以显示忠心,纷纷给慈禧献出金银玉帛,膳食服用百般周到。

慈禧在太原停留了21天,于闰八月初八日,从太原起驾,于十九日,抵达闻喜县,进入河东境内。在闻喜县,停留了两天。二十一日,抵达安邑县北相镇(即今运城盐湖区北相镇),次日抵达临晋县(今临猗县临晋镇),停留两天。二十四日,抵达蒲州府(今运城永济市蒲州镇)。

在蒲州府,两宫一行忽降谕旨,革去庄亲王载勋爵位,囚禁于蒲州。另革去都察院左都御史英年、刑部尚书赵舒翘职位。同时,慈禧下了第三次关于减免山西赋税的圣谕,将太原至蒲州沿途经过地的赋税由缓征改为豁免。虽然缓征赋税不能从根本上抵消慈禧给山西百姓以及地方政府带来的沉重负担,但在一定程度上可以缓解当时社会纷乱带来的政治危机和阶级矛盾,同时也保证了慈禧一行在西逃路上的安全。

在慈禧太后经过蒲州府时,还留下了一个真实的故事。

中条山的西端是一座土山。人常说中条山是一条龙,这里是龙头。龙头往下一伸,便伸进黄河。就在这个山与河交接的悬崖上,有一个村庄,名叫商王村,慈禧太后经过这里之后,更名长旺村。

话说西太后带着一班人逃到蒲州,稍作休息后又向西走,打算渡过黄河,逃往西安。不料,路上走得慢,走到商王村时,天已经完全黑了下来,他们只好在村里休息下来。这时,慈禧太后走进商王村的一个大户人家,刚坐下便问:"这个村是什么村?"大户说:"商王村。"西太后听成"伤亡村",立刻吓得脸色发白,又问了一句:"什么村?"那人又大声说:"商王村。"西太后仍听成"伤亡村",全身立刻哆嗦起来,马上要走。随从说无法渡河,只能在这村住一夜。西太后无奈,只好长叹一声,在心中说:老天要伤亡我吗?我不能亡在这里,便立刻下令:"传我的懿旨,把这个村名改为长旺村,长寿的长,旺盛的旺。"从此,商王村就更名为长旺村了。

离开长旺村,慈禧一行继续往西,于二十五日,抵达今芮城县风陵渡镇上阳村。第二天,在风陵渡,改乘三只旧木船渡过黄河,离开山西境,抵达陕西潼关。

名臣阎敬铭

阎敬铭(1817—1892),字丹初,陕西朝邑(今大荔市)人,前清东阁大学士、军机大臣兼户部尚书。1867年任山东巡抚期间因病回乡,由于家乡遭水灾而侨居山西永济虞乡屯里村,他看到当地许多"生童"无学可上,一边调养身体,一边设馆教学。1877年至1878年间,山西遭灾,他奉命就地稽查山西赈务,筹款调粮,力查贪污赈灾大案,奏请裁减差徭,被灾民称颂为"阎青天"。期间他大力提倡栽桑养蚕,戒种罂粟,扫除积弊;用赈务余款兴建"王官书院",又捐银四千余两以添经费,亲自刻版印刷了司马温公的《资治通鉴》以及《涑水纪闻》诸书,教化民众。1883年,阎敬铭调任户部尚书,后出任军机处大臣,期间整顿户部事务,曾查处云南军费贪污案,受到惩处的官员上至军机大臣,下至户部侍郎、兵部侍郎、云贵总督约数十名,是中国近代史上一桩惩腐大案,震动朝野,影响很大。1885年阎敬铭被授东阁大学士仍兼管户部,却因谏阻挪用海军军费修筑颐和园而触怒了慈禧,受到"革职留用"处分。两年后官复原职。但因看不惯晚清腐败的朝政,苦叹回天无术,不久奏请辞职归里,先侨居虞乡屯里村,后移居王官别墅,1892年逝世,享年75岁。

河东籍的辛亥元勋

在中国近代轰轰烈烈的辛亥革命运动中,有三位河东籍的著名革命元勋——姚以价、王用宾及张士秀。

姚以价(1881—1947),字维藩,号龙门,山西河津西毋庄人。他出身寒微,7岁时父母双亡,幸赖叔父抚养成人。河津县为唐朝名将薛仁贵故里,薛仁贵成了姚以价十分崇敬的偶像和立身处世的楷模。清政府腐败无能,列强弱肉强食的社会现实,更坚定了他从军报国、浴血疆场的志向。

光绪二十八年(1902),停办两年之久的山西武备学堂于夏天复办,在全省招生。血气方刚的姚以价毅然投笔从戎,与阎锡山、温寿泉、黄国梁、荣炳等同期考入山西武备学堂。光绪三十年(1904),山西巡抚张曾敭奏准清廷,选派50名学生赴日留学,姚以价因品学兼优,与阎锡山、张维清三人享受公费留学的特殊待遇。

旅日期间,姚以价先后结识了温寿泉、李烈钧、唐继尧等激进青年,受到反清革命思想的影响和熏

姚以价像

陶,并曾参与李烈钧等推翻清廷的秘密活动。

1911年武昌起义爆发,山西新军中的革命党人密谋响应。当时,姚以价虽然不是同盟会会员,但一向同情革命,思想激进,在新军中职务较高,声望素重,因而被杨彭龄等推为义军司令。10月29日凌晨,起义正式发动。参加起义的八十五标一、二一营官兵在狄村广场聚众誓师。姚以价声泪俱下,众官兵齐声回应:"愿拼死,愿服从大人命令。"姚以价随即下达了"攻打抚署"的作战命令,起义部队即兵分三路向省城进发,打散了抚署的亲军卫队,将巡抚陆钟琦、协统谭振德击毙,太原起义宣告成功,姚以价为山西辛亥革命立下了不可磨灭的功勋。

太原光复后,姚以价受阎锡山排挤,不久到北京任晋威将军,后赴江西李烈钧部任参谋总长。李在赣发动二次革命,姚以价受命北上,计划策应,被袁世凯侦知,遂辗转到云南,参与蔡锷发动的护国战争。1927年1月,姚作为冯玉祥的高级代表,赴陕游说杨虎城参加国民革命。后客居山东,成了韩复榘的高参。抗日战争爆发后,姚以价不满韩复榘媚日行径,毅然捐尽家资离开山东,只身赴陕西邠县旅居,临走前命其长子姚鸣第从军鲁北,坚决抗日。后姚鸣第在山东聊城战役中为国捐躯。

在旅居陕西期间,姚以价对中共"捐弃前嫌,团结御侮"的主张极为赞同,因而受到国民党右派势力的疑忌,于1941年6月被免去军事参议院参议之职。1945年9月抗战胜利后,始授予陆军中将之衔。为避蒋介石特务的迫害,于1946年又迁往兰州,寄居于名士水楚琴的花园。1947年,姚以价病逝于西安,终年66岁。

第二位河东籍辛亥革命元勋是王用宾。

王用宾(1881—1944),字太蕤,曾用名利臣、理成、君实等,别号鹤村,室名半隐园,1881年6月15日生于山西省临猗县黄斗景村。10岁起在本村上私塾,因家贫常常中断学习帮人打零工。1901年,入太原府办学堂,后调入山西大学堂中斋学习。1904年以官费生被保送到日本,先入日本盐仓铁道专科学校攻读铁道工程,后考入法政大学法律科。

1905年10月,王用宾在日本加入中国同盟会,成为首批会员之一,不久即任同盟会山西分会负责人。1906年同盟会山西支部成立,王用宾被推为支部长。当年,因清廷屈从帝国主义压力,将山西平、盂、潞、泽等地的采矿权出卖,留日学生闻讯大哗,有个山西学生以蹈海自杀抗

王用宾墓碑

议。北方同学组织大规模追悼会,并派代表护送死者遗体回太原以示抗议,王用宾是组织者之一。为在省内宣传革命,他在东京与景梅九、景耀月、刘绵训诸同志创办《第一晋话报》,积极参加争矿运动。随后又创办了《晋乘》、《晋阳公报》等报刊,宣传革命。

辛亥革命前夕,王用宾回到北京,秘密进行革命活动。当时,清廷第六镇统吴禄贞与阎锡山密组燕晋联军,袭取北京,他急切想到石家庄会见吴禄贞。不料吴禄贞被袁世凯派人暗杀,便绕道河南到达晋南,被山西军政府任命为河东兵马节度使,组织河东军政府。1912年,应山西都督阎锡山之邀赴太原组织临时省议会,被选为副议长。1917年,随孙中山南下护法,先后任大元帅府参议、大本营参议及国民党本部参议员等职。1921年,出席广州非常国会两院联席会议,再次揭起护法旗帜,被任命为总统府咨议,后又任北方特派员。第二年又任国民党山西支部筹备处长。1924年,出席国民党第一次全国代表大会后,被任命为北方特派员兼军事委员,策动成立"国民军"。1925年到河南任胡景翼省政府的秘书长并代理省长。1928年,任国民党北平政治分会秘书长,多次赴东北,对张学良"易帜"起了一定作用。1928年11月当选国民政府第一届立法委员,为国民政府起草过许多法规。1934年任国民政府司法行政部长。1937年8月,他积多年的体验,已看清蒋介石政权的腐败与独裁,一面慨叹"宦情冷似炉中烬,鬓色繁于瓦上霜",一面晓喻子女不要从政,要子女攻读工科,为中华民族做些实际贡献。1944年,王用宾因心脏病发逝世于重庆北碚高台邱寓所,终年63岁。

王用宾还是一位造诣甚高的旧体诗人,有"陆游式爱国诗人"之誉。传世著作有《中国历代法制史》(与邵修文合著)、《辛亥革命前后山西起义纪实》、《半隐园词草》等。

张士秀(1870—1925),字实生,永济市开张镇南营村人。幼年时虽家境贫寒,但聪明好学。12岁时因其伯父霸占田产,乃至县衙击鼓告状。在公堂上张士秀侃侃而谈,以口算田亩钱粮胜过了县太爷的珠算速度,打赢了官司,博得了"铜嘴铁舌"的绰号。18岁时父亲病逝,家道中落,遂辍学归家从事农业并兼营商业。1900年,经人推荐担任了县差徭局长,不到月余,将差徭事务治理得井井有条。1905年,张士秀到运城,经营进步组织"回澜公司",任总经理。次年东渡日本游学,与景梅九、章太炎诸人讨论反清救国大计,并在日本加入中国同盟会,进行革命活动。回国后于1909年被选为山西省咨议局常驻议员。

1910年,山西巡抚丁宝铨为了邀功,派兵在交城、文水二县查禁种植大烟,酿成官府枪杀百姓三四十人之惨案。张士秀到出事地点调查了解并将惨案真相公诸于世。因张士秀直言不讳揭露山西巡抚残杀无辜,而遭丁宝铨拘捕,将其判处徒刑二年,解回原籍临晋监狱执行。在狱中张士秀以琴书歌自娱,自拉自唱,充满了乐观和对革命胜利的信心。

宣统三年(1911)春,同盟会领袖之一黄兴致函运城同志,嘱咐将张士秀营救出狱。半年后的10月10日武昌起义成功,11月陕西响应。陕西与临晋一河之隔,县令惧怕,将张士秀释放出狱。张出狱后,连家也未回,就径直渡河抵陕西搬兵求援,终于说动秦军,签订秦晋互动条约。适时清军攻潼关甚急,陕西一时不便分兵,张遂返回蒲州,与蒲州六县革命党人组建民团,实则训练革命武装,公举张士秀为蒲属六县民团总团长、总司令。之后,陕西民军陈树藩、井勿幕等履约东渡,一举光复运城。张士秀等组织了河东军政分府,并被推举为河东民军总司令,总理地方军政事宜,王用宾为民政长,李岐山为讨伐司令官。

1920年,张士秀作为中间人传话给李岐山,促成了陕西军阀陈树藩与李岐山会面。但随后因阎锡山挑唆,陈树藩派人在西安郊外暗杀了李岐山。此后,张士秀被李岐山部下误解为参与了暗杀李岐山的活动。当张士秀取道河南回山西时,被李岐山的部属武士敏捕获并解往郑州,在李岐山的灵前被砍头活祭,一代辛亥英雄就这样蒙冤去世。

李岐山与李健吾

在近代河东的名人谱上,有一对父子相继续写了近代河东社会灿烂耀眼的美丽华章,他们就是今运城市盐湖区西曲马村人李岐山与李健吾。

李岐山(1879—1920),又名鸣凤,清末秀才。西曲马村李氏家族原籍河南汤阴县,与南宋抗金名将岳飞颇有些渊源。同时,由于李岐山出生于关公故里,又就读于该村关帝庙中的小学,深受岳飞与关公两位历史名人的熏陶,因此自幼胸怀大志,喜读兵法。青年时受民族革命思潮影响,成为辛亥革命山西的骨干人物,是辛亥革命中从河东大地走出的志士名将。

李岐山的父亲李文章是当地很有名望的人士,在清末官吏大肆捕杀革命者的危难时刻,李父丝毫没有畏惧退缩,坚定地站在了儿子的大后方。正是父亲的深明大义,让李岐山得以毫无顾虑地参加革命运动,带领全家人都投入到革命的浪潮中。

早在 1907 年,李岐山就加入了孙中山成立的同盟会,并于次年赶赴陕西联络革命人士,积极筹划武装起义。

1911 年武昌起义爆发后,李岐山即赶赴陕西关中地区,联络同志以响应起义,曾于同年十月率军与清军激战于雪花山。同年十二月,直抵河津,一路上奋勇冲锋,带兵有方,得到了民军将士们的交口称赞。1912 年年初,革命军进入运城后,河东军政分府成立,李岐山被任命主管军事,为旅长(之前,他曾被推为民军总司令),随后带兵攻克绛州。袁世凯死后,李岐山到北京领少将衔,并担任陆军部咨议。1920 年,陕西兴起靖国军,陕督陈树藩急电李岐山入秦调解,靖国军首领于右任、胡笠僧等人也对李岐山表示欢迎,并嘱其相机行事,以达到革命目的,而且此时靖国军内部也有很多人愿受李岐山指挥。如此一来,李岐山便领兵驻扎在西安郊外的遇济屯，颇有左右陕局之势。这样使原本邀他来陕的陈树藩便忌恨在心，就决定设计杀害李岐山。

1920年中秋节前夕，陈树藩假借要与靖国军议和，托李岐山的好朋友，也是儿女亲家的张士秀，邀李岐山来西安城内商议。中秋节这天，陈设宴热情招待，还答应赠给李部许多枪械。李不知是计，三天后，就在回防地的路上，经过西安郊外的十里铺时，被陈树藩的伏兵暗杀。

李岐山对于家乡的教育事业和农业发展，也有着突出的贡献。在驻军鸣条岗期间，他主持拆毁附近几个村庄的庙宇，兴建起平民学校，鼓励百姓学习知识，惠及乡里。后又在其原址上建起舜帝庙中学，他本人也曾在羊驮寺、河东书院、省立第二师范、太原铁路学校等任职。李岐山还令其弟李九皋屯田垦殖，使原来满目荒芜的土地田连阡陌，树木蔚然。今天，盐湖区博物馆尚存当年鸣条屯田碑。

李健吾是李岐山之子，生于1906年，是我国近现代著名作家、戏剧家、翻译家和文学批评家，也是一位为东西方文化交流架设桥梁的和平使者。

自父亲被军阀杀害后，李健吾便从小随母亲漂泊异乡。他10岁起

李岐山、李健吾墓碑

在北京求学,1920年考入北京师大附中。1925年,考入清华大学西洋文学系,并在此期间创作和发表了多篇中长篇小说。1931年,在父亲生前好友杨虎城将军与山西省主席商震的资助下,李健吾与老师朱自清、赴英留学的清华同学徐士瑚一起抵达法国首都巴黎。他先在一所学校补习法文,后入巴黎大学文学院学习。日军侵占东三省后,他写出爱国诗词《出征歌》,用文艺作品宣传抗日思想。1933年回国后到上海国立暨南大学任教。他认真研究巴金、曹禺等作家的作品,并发表评论。他立论公正,见解宏达,文笔华美,时人把他与北京大学的朱光潜、南开大学的梁宗岱并称为文学评论界的学院派"三剑客"。

新中国成立后,他先后担任北京大学文学研究所、中国科学院文学研究所、外国文学研究所研究员,还曾担任国务院学位委员会评议组成员、中国外国文学学会理事、中国戏剧家协会理事、法国文学研究会名誉会长等职。

李健吾相继出版过《咀华集》、《咀华二集》、《戏剧新天》等评论集,并撰写《人间喜剧的革命辩证法》、《巴尔扎克的世界观问题》等专著;还编撰了《外国古典文艺理论译丛》、《论巴尔扎克》、《巴尔扎克论文学》、《福楼拜评传》、《司汤达研究》等巨著。李健吾在小说领域也颇有建树。他的短篇《中条山的传说》受到鲁迅先生的评赞。他还创作了《这不过是春天》、《青春》、《战争贩子》、《伪君子》等近10部戏剧,改编了《和平颂》、《山河怨》等外国戏剧,并翻译了高尔基、契诃大、莫里哀、托尔斯泰等世界名著名戏剧家的剧作,受到叶圣陶、郭沫若的赞誉。

民国宪法起草人景耀月

在近代辛亥革命中制定的《中华民国临时约法》是中国历史上第一部资产阶级性质的法典,而这部法典的主要起草人之一就是芮城县人景耀月。

景耀月故居

景耀月（1881—1944），字瑞星，别署秋陆等。出生于芮城县陌南镇小寺前村。幼年家境贫困，他与父亲靠租种土地和编制竹器为生。少年师从芮城名儒刘渭渔，因学业优秀被选入太原令德堂（后并入山西大学堂）学习。1904年秋，景耀月作为山西第二批官费留日学生，进入早稻田大学攻读法律。期间结识孙中山、胡汉民等，加入中国同盟会，担任组织干事。他还与景定成、谷思慎等人在东京创办《晋乘》和《夏声》杂志，宣传革命思想。1909年毕业回国后，曾在上海与于右任办《民呼日报》，宣传抵制日货思想，揭露日本侵华阴谋。

1911年，武昌起义后，景耀月以山西省代表资格，被举为临时政府各省代表会议主席、参议院议长。当时，百废待兴，无章可循，他日理万机，夜不成眠，妥善处理了不少事务，参与起草《中华民国临时约法》和《临时政府组织法》，对于建立民主体制的立法工作做出了一定贡献。1912年，他被孙中山任命为南京临时政府教育次长（代总长）兼南京政法大学校长。期间，他主持拟订了全国第一部民主教育法规。法规中主张男女都有平等受教育的权利，为我国近代的民主教育奠定了基础。在主持教育部工作期间，他主持制定了《师范教育令》、《国民教育令》和《普通教育暂行办法》、《普通教育暂行课程标准》、《学校系统令》等一系列教育法规。这些教育法规对学校名称、教育内容、课程设置、教学要求、课程标准、教育宗旨等都做了明确规定。

袁世凯恢复帝制后，景耀月因谴责北洋政府的倒行逆施而被扣押在总统府怀仁堂达数十天。袁世凯为达到恢复帝制之目的,花重金收买景耀月,被他严辞拒绝。

1931年,景耀月惊闻"九一八事变"后伏案痛哭,三日卧床不食。当他的恩人、友人郑孝胥就任伪满洲国总理时,他激于民族大义,写信斥责郑:"背叛祖国,甘效吴三桂、洪承畴,认贼作父。"1937年"七七事变"后,日伪政府对他硬逼软诱,希望他能主持华北教育总署的工作,景毅然予以拒绝,暗中却效法史可法,进行抗日活动。日本人知道他支持抗日救国活动,便将其子景炎、景柔以抗日罪名,逮捕并关押在敌宪兵队,严刑逼问。其夫人死于日寇扫荡之中,其故居也被日本士兵所焚毁。1944年,日寇乘其病情严重时,强行将他拉到日伪同仁医院,暗施阴谋伎俩,多处开刀,予以残酷折磨,使他死在病榻上,终年62岁。

景耀月既是革命斗士,又是优秀学者。他与辛亥革命志士景定成均以文思敏捷、文笔犀利而著称,有"山西二景"之美誉;他国学根基深厚,著有《清诗存》、《新雅诵》、《教育史》、《芮城金石志》、《庄经发微》、《共和国卅年史》等,可谓著作等身。

同盟会元老景梅九

与景耀月并称"山西二景"的景梅九也是山西运城人,是辛亥革命时期的同盟会元老和民主革命斗士。

景梅九(1882—1961),名定成,字梅九,笔名老梅,晚号无碍居士。1882年,景梅九出生在安邑县(今运城市盐湖区)一户耕读人家。7岁入私塾,10岁通"五经",17岁就读于太原晋阳书院。1901年入山西大学堂西斋。同年冬,被保送入京师大学堂,次年被清政府官费派送赴日留学,入帝国大学预科,很快就成为武装反清的坚定拥护者。1906年3月,景梅九加入同盟会并担任山西分会评议部部长,创办《第一晋话报》,宣传革命思想。1908回国后,曾在陕西高等学堂任教,后到北京,创办了《国风日报》。1911年,任山西都督府稽勋局局长,后被选为国会众议员。后袁世凯称帝,景梅九坚决反对。在袁登基之日,他在《国风日报》出无字白版以示抗议。1916年曾草拟《讨袁世凯檄文》,义正辞严,铁笔诛心,被推为"讨袁檄中第一文字"。他因此被捕,押解北京,直到袁世凯死去方才出狱。

1923年他在广州参加了中国国民党改组会议,坚决拥护联俄、联共、扶助农工的三大政策。1930年,他拒绝了国民政府高官厚禄的诱惑,回归家园,潜心纂修《安邑县志》。1932年迁居西安,复刊《国风日报》,宣传抗日救国。1938年7月,朱德总司令从太行山抗日前线回延安时,途经西安,杨明轩在莲湖公园设宴犒劳,请林伯渠、景梅九诸人作陪。景即席作《赠朱德将军》诗四首。

1947年夏,景在上海,参加李济深、蔡廷锴等发起成立的中国国民党革命委员会,当选为首届民革中央监委。

中华人民共和国成立前夕,林伯渠、董必武、李济深联名邀景梅九赴京共商国是,景因病未往,后被选为西安市人民代表、政协陕西省第一届委员会委员,还受聘担任西北历史文物研究委员会委员和陕西省文史研究馆馆员,积极参加了陕西的革命和建设工作。1961年逝世,终年79岁。

景梅九还是位中外知名的国学宗师、文学家、书法家,时有南章(太炎)北景(梅九)之说。著作有《罪案》、《〈石头记〉真谛》及翻译外国名著《神曲》、《家庭与世界》等。

景梅九学富五车,才高八斗。一生蔑视权贵,不好当官,仗义执言。他富有传奇的人生和逸闻趣事,至今犹在河东大地广为流传。

景梅九先生因

晋同盟会支部欢迎孙中山先生(中右为景梅九)

不满国民党反动派的黑暗统治，多次在报刊上撰文痛斥山西土皇帝阎锡山，阎对他恨之入骨，出告示通缉他说："谁抓住景梅九，赏大洋一千块。"景梅九看后嗤之以鼻，在《国风日报》登启事说："谁给我抓住阎锡山，赏半文铜钱。"有人问道："阎锡山出一千大洋抓你，你咋才出半文铜钱抓他？"景梅九笑道："阎锡山一文不值！"

有一次，阎锡山召集山西省各界人士开会，景梅九也在被邀之列。人们都快到齐了，景梅九才提着马灯，踱着慢步走进会场。众人不解地问："大白天你咋提着灯来？"景梅九叹了一口气说："因为省政府太黑暗啊！"

景梅九平易近人，不拘小节，衣着也很普通。有个久仰他大名的人见到他后惊异地说："你就是大名鼎鼎的景梅九啊？"他笑着说："没错！这就叫看景不如听景啊！"民国元年，长安知县张瑞玑请客，景梅九因相貌平常、衣服普通而被警卫挡住不让进去。后警卫得知这个平凡老头就是景梅九时，忙赔罪，景梅九笑道："不知者不为怪，只是以后别再以貌取人啊！"

教育家解荣辂

解荣辂（1875—1920），字子仁或芷纫，号菊村，山西万泉县（今山西万荣县）人。清朝政治人物、进士出身，民国时期的民主革命人士、教育改革的先驱。

解荣辂于1875年生于万泉县解店镇北牛池村一个大地主家庭，他兄弟五人，他是老三，父亲解如松，仰慕读书人，对儿子从小就灌输"万般皆下品，惟有读书高"的思想。解荣辂生性温良，从小聪颖，读书用功，清光绪二十九年（1903）考中癸卯科三甲进士，后改翰林院庶吉士，授翰林院检讨。1904年，他被派往日本留学，学习政法。在那里他参加了孙中山先生领导的同盟会，接受了革命思想。

万荣县解荣辂故居

1906年8月,解荣辂任山西大学堂监督。第二年就公派西斋学生22名留学英国,同时从天律购回发电机一台,专供两斋照明之用。此外,他与梁善济等三百余人联名上书,痛陈丧失矿权的严重性,要求废除与福公司签订的合同。山西大学堂和武备、师范、商矿、警务等学堂学生共千余人联名具禀,声明山西主权属于山西人民所有,福公司采矿合同未经山西人民同意,不能发生效力,并主张筹款赎回矿权。最终,英国福公司被迫签订了"赎回开矿、制铁、转运"合同,山西人民的争矿运动,获得最后的胜利。

解荣辂是清末民初我省的一位教育改革家。其性格较为懦弱,书生气十足,人称"好好先生",但在教育改革方面,却不怕困难,可谓勇士。他在其故里北牛池建立的正则初等公小学的办学经验,曾受到南京国民政府教育部次长景耀月的称道,并在河东各县推广。他利用课余时间考察日本国富强的原因,他发现日本国的商人、工人,乃至"走卒贱婢",无一不读书识字。由此,他认定只有兴办学堂,普及国民教育,提高国民科学文化水平,才能振兴中华,强国富民。尤其在普及小学教育方面,他

1902年创办的山西大学堂旧影

认为不光是为日后培养高等人才之必须,也是将来为工为农为商为艺或从事一切职业,都必须以此打下基础。

后来,解荣辂到东南各省考察,发现那里小学建设方面,官办、私办两条腿走路,城乡并举,而且兴办起师范,培养师资。而当时的山西,虽然重视起大学堂建设,并在府县建立起小学,但广大农村,仍是沿袭私塾之教学方法。因此,1905年,他参照日本国经验,结合本乡情况,拟定了《北牛池正则初等公小学堂章程》。其宗旨是:以德育为基础,启迪儿童智力,教育儿童生活知识,培育儿童活泼的性格,使儿童有一个健康强壮的身体,将来做一个合格的国民。

此年,朝廷下诏改各地书院为学堂,万泉县把方山书院改为方山高等学堂,荣河县把汾阴书院改为汾阴高等学堂。解荣辂乘风使舵,支持在北牛池村建起正则初等公小学校,延请教师,招生50名,分级编班,照章上课。所设课程为修身、国文、算学、历史、地理、习字、图画、体育、读经,绝大部分为新时代内容。学校规定每年正月入学,腊月放假,五年期满为止,它为农村初级小学树立了楷模。

第十章

峥嵘岁月的英雄足迹
（抗日战争与解放战争时期）

■ 概述

辛亥革命后，民国政府于1912年对整个山西行政区划进行了改革和整顿，废除了府州，并对县制进行了调整。民国初年，河东地区设河东道，治所在运城，下辖安邑、襄陵、汾城、万泉、荣河、临晋、猗氏、曲沃、翼城、解县、虞乡、永济等20县。1927年，河东道撤，各县直属山西省。1949年，河东地区设晋南行政公署，治所在运城。

这一时期(1919—1949)，处于内陆地区的河东社会产生了一些较大的变化，尤其是近代工业的创办和发展，使得本地区的产业结构、城乡结构、阶级结构、劳动者的知识结构发生了很大变化，而这些变化又在很大程度上影响着整个河东社会的变迁，传统社会的封建经济、文化结构已开始动摇。不过，由于受帝国主义和封建主义统治的压制，整个河东社会的发展程度依然较低，封闭、落后的状况并没有根本的改变。

河东农业发展历史悠久，而且域内自然条件复杂多样，有平川，有丘陵，有山地，为农、林、牧、副、渔的发展提供了多种不同的条件，但是，由于特殊的自然环境和地形特点，河东地区耕地的分布极为集中，几乎全部处在中部狭长的盆地内，再加上垦殖历史悠久,又历经历代战乱,盲目的毁林毁草活动从未停止。因此,到近代后期,河东地区的自然资源已遭到极大破坏,土地利用率和农业产量都较低,到处是荒山秃岭,植被稀少,水土流失非常严重,作物产量很低,农业生产发展呈现出明显的落后性,民众的生活仍处于贫困的状态。

　　五四运动后,中国革命进入到新民主主义革命时期,中国共产党应运而生。从诞生的那一天起,中国共产党就开始领导中国人民为完成民主革命的任务而流血奋斗,中国革命呈现出焕然一新的气象。如同全国各地的形势一样,河东地区英雄人物辈出,他们带领河东人民为推翻帝国主义、封建主义的反动统治,抛头颅、洒热血,前赴后继,最终赢得了河东地区的解放,河东的社会、经济、文化发展迎来了前所未有的机遇。1926春,中国共产党登上了河东政治舞台,率先在运城建立了第一个党支部——中共运城支部;1929年,中共河东特委在夏县堆云洞成立。抗日战争爆发后,河东英雄儿女在中国共产党抗日民族统一战线旗帜引领下,开创了中条山、稷王山等抗日根据地,与全国人民并肩作战,取得了反法西斯战争的伟大胜利。之后,在两种命运、两种前途决战的关键时刻,河东人民在中国共产党的领导下,支援晋冀鲁豫野战军和西北野战军进行著名的晋南战役、三打运城,并运送解放军指战员强渡黄河,挺进中原,转战西北,对国民党反动统治的最终灭亡起到了重要作用,也为新中国的诞生和古老河东的新生做出了重要贡献。

王鸿钧与河东党组织

在中国共产党早期发展历史中,有一位颇有名气的共产党人,他就是运城地区的早期建党活动家——王鸿钧。

王鸿钧(1909—1929),又名王宏汉,字秀民,山西临猗县楚侯村人。1909年2月12日出生,1924年在太原由高君宇介绍加入社会主义青年团,同年8月任太原团地委书记。10月由团转党,成为中国共产党早期的一名光荣而坚定的党员。第一次国共合作时期,他曾于1925年以个人名义加入国民党,并担任国民党省党部执行委员及农民部长。1925年12月,中共北方区委决定成立中共太原地方执行委员会,崔锄人任书记,王鸿钧任组织部长。后兼任中共太原地委农民运动委员会书记,参与榆次晋华纱厂、临汾、霍州、祁县、平定、汾阳、运城、夏县等地中共地方党组织的创建或指导工作。1927年5月,中共山西省委成立,王鸿钧任宣传部长。不久,山西全省的革命形势急剧恶化,轰轰烈烈的大革命失败,阎锡山当局和国民党山西清党委员会在全省大肆实行白色恐怖,血腥镇压共产党人,山西党组织进入了极端困难的时期。山西省委遭破坏后,王鸿钧与崔锄人、周玉麟等在祁县乔家堡重建党的组织,继续领导全省党的工作。之后,中共北方局决定,由王鸿钧代理山西省书记,薄一波等为临时省委委员。在担任山西省委代书记时,王鸿钧年仅18岁,是中国共产党历史上最年轻的临时省委书记。

1928年2月,王鸿钧在霍州主持召开山西省委扩大会议,成立了新的中共山西省委,他被选为省委组织部长和出席党的六大代表。同年5月,他与赴中央请示工作的汪铭同行到河南时,惊闻山西省委秘书长关广荟叛变,省委遭到破坏。经与河南省委研究决定,他立即返回山西,通过基层选举,重新恢复了山西省委,他被选为执委委员兼组织部长。

在从事革命活动期间,王鸿钧极为关注家乡的革命运动,经常给家乡的同学亲友寄送《新青年》、《中国青年》、《陈独秀文集》、《向导》等进步刊物，并于1925年秋，在运城组建了河东学生旅运青年社和"读书会"，以研究社会科学为名，宣传马列主义，从思想上为运城建党奠定了基础。

王鸿钧曾三次到运城，为各地党团组织的建立做了大量的工作。

从1925年到1927年两年间，在王鸿钧、邓国栋和郭巨才等同志的指导下，运城地区已建立起河东支部干事会、省立二中支部、省立二师支部、盐池支部、北相农民支部、安邑支部、闻喜支部、河津支部、夏县支部、芮城支部、猗氏支部、新绛支部、万泉支部等13个中共支部，1个中共县委，发展党员92人。在1927年，河东著名革命志士嘉康杰正是经王鸿钧等人的介绍而加入了中国共产党。

在建立各级党组织的同时，河东各级党组织又领导成立了共青团、农民协会、工会、学生联合会等群众团体，运城地区的革命斗争如火如荼地开展起来。

1928年2月，时任代理省委书记的王鸿钧在运城地区建立中共河东特委。在成立大会上，被选为中共山西省委组织部长的王鸿钧和省委交通员汪铭来到运城布置工作。6月，冯天祥等人按照省委霍州扩大会议精神和王鸿钧的部署，在夏县堆云洞召开了有夏县、解县、安邑、闻喜等县及运城党的积极分子参加的河东地区党的代表会议，选举产生了运城地区的第一个地级党组织——中共河东特委。特委建立后，先后领导了运城省立二师学生驱赶反动校长冯大轰、农民抗缴粮捐、解县饥民反对盐警禁止下池捞盐等斗争。在斗争中，党员发展到了119人。

1928年6月，王鸿钧调中央工作，中央派他到莫斯科参加党的"六大"会议，但在苏联却不幸因"托洛茨基嫌疑"问题被捕，在狱中去世，时年仅20岁。

革命志士嘉康杰

嘉康杰,原名寄尘,河东著名的革命活动家、教育家,1890年生于山西运城夏县胡张乡其毋村。辛亥革命爆发后,投笔从戎。清王朝被推翻后返乡就学。1912年,考入太原农业专科学校。因参加并领导驱赶反动学监斗争,受军阀当局通缉。不久,赴日留学。1915年回国,在北京大学求学,参加了反对丧权辱国"二十一条"的倒袁运动。1919年参加"五四"运动。同年,大学毕业,再度赴日留学。

1920年,阎锡山向日本出卖山西煤矿权益,他作为留日学生代表回到北京,号召山西学界起来斗争,使阎锡山的阴谋破产。

1921年至1926年夏,嘉康杰曾拒绝军阀当局所委职务,先后在夏县、运城、临汾、太原等地,创办了以太小学、夏县平民中学、运城河东中学、运城中山中学、太原中山中学等学校,积极宣传新思想、新文化,培养出一批具有新思想、新道德观念的进步学生和革命骨干。在此期间,还发动群众开展反征收房产税、反向贫民摊派"富户捐"等反封建、反专制的斗争,后被捕入狱,迫于北伐战争节节胜利的革命形势,山西当局将其释放。

出狱后,嘉康杰被中共山西省委吸收入党。1929年,面对严重的白色恐怖,嘉康杰临危受命,先后担任中共河东中心县委书记、河东特委组织部长等职,致力于重建和恢复党组织的工作。经一段时间努力,在晋南36个县中的32个县建立了党的领导机关,

嘉康杰像

嘉康杰和他的战友们

在农民中发展了400多名党员,把党的组织由青年学生发展到社会各阶层,特别是占人数众多的贫苦农民中。

  这一时期,在嘉康杰一系列革命活动中,夏县下牛村土岗上的堆云洞,是他从事革命活动最重要的场所之一。1922年,嘉康杰从日本留学回国后,拒绝了阎锡山高官厚禄的收买而回到故乡夏县,当他看到堆云洞建筑奇特,格外恬静,于是便和几位同仁志士将堆云洞整饰一新,办起了平民中学。嘉康杰在堆云洞与敌人斗智斗勇的故事也广为流传。三孔一门两窗的窑洞叫三拐窑,里面相互连通,在窑洞内秘密印发文件和传单。院中有一口普通的水井,里面却暗藏机关,在这个水井中间有一个暗道,它就是当年嘉康杰与敌人周旋的脱身密道。据上牛村洞沟的老乡说,当年嘉康杰留着一把长胡须,手里时常握着一管长烟杆儿,貌似老道,如果迎面碰上搜捕他的敌人,质问嘉康杰在什么地方,他会不慌不忙、漫不经心地用长烟杆随便指一个地方把敌人骗走,然后从地洞中巧妙脱身。1929年4月,面对严重的白色恐怖,中共山西省委书记汪铭同志在此主持召开了河东特委会议,决定成立以嘉康杰为领导的中国共产党河东特别委员会。1936年红军东渡到山西,嘉康杰响应红军的行动,在夏县策动了中条农民武装暴动,建立红军游击队,担任总指挥。

  1937年11月,八路军入晋抗日,他在不到一个月时间里,组织了

夏县堆云洞

1200人的"侯马团",送到120师,使河东党组织圆满完成了中央军委周恩来副主席交给山西省委的扩兵任务。刘少奇曾称赞嘉康杰是河东"群众领袖"。

1938年1月,嘉康杰赴延安"抗大"学习,5月受组织派遣回河东从事敌后游击战争。先后担任中共晋豫特委(后改为晋豫地委)委员、军事部长、晋豫边游击支队供给部长等职,率领游击队战斗在中条山区,配合主力部队多次挫败日军的进犯。1939年9月,在中共晋冀豫区党委第一次代表会议上,当选中共晋冀豫区党委委员,并被选为出席中共七大的候补代表。11月18日,嘉康杰在夏县韩家岭动身赴延安,途经夏县中条山武家坪时,被国民党特务李玉安派人暗杀,不幸牺牲,时年49岁。为了悼念嘉康杰同志,1952年10月14日,毛泽东主席在《革命军人牺牲家属纪念证》上题写:"嘉康杰同志在革命中光荣牺牲,丰功伟绩,永垂不朽!"

1940年1月17日,《新华日报》发表《悼念嘉康杰同志》的文章,高度赞扬了嘉康杰为革命奋斗的精神和做出的贡献。中共夏县中心县委警卫部队也被命名为"八路军康杰支队"。1952年5月1日,山西省人民政府将"山西省运城中学"命名为"山西省康杰中学"。

八路军赴晋抗日

1937年9月,为保证八路军三大主力部队顺利渡过黄河北上抗日,山西运城荣河县和陕西韩城县共组织木船400余只,船工1000多人,采取换班吃饭休息、人歇船不停的办法运送抗日部队,共计4.6万人,苦渡40天,使全军官兵顺利进入山西。八路军路过荣河县时,受到沿途群众热烈欢迎。在山西万荣县荣河镇一带,许多老人常常给年轻人讲起抗战时期,朱德总司令和任弼时、邓小平、左权等率八路军东渡黄河,在当地驻扎时,与人民群众亲如一家的动人故事。

1937年9月15日夜晚,八路军在朱德总司令的带领下,从陕西芝川东渡黄河北上抗日。河东岸的荣河、宝鼎一带的船工,昼夜运送八路军战士渡河。当年庙前村村长李旭东召集村民,拿着雨具,拉着牲畜,早早来到渡口等候八路军。由于蒋介石、阎锡山的黑暗统治,加上连年黄河泛滥,老百姓生活十分困难。村里没有骡马,只有几头驴子。村民们从下午6点一直等到深夜,终于等来了渡河部队。大家热情高涨,人抬肩扛,冒雨运送军需物资。队伍中有一个30岁左右、个子不高、满身泥水的人,走到一个牵驴村民面前和蔼地说:"老乡,把我的包裹捎上行吗?"牵驴村民二话不说,立即把他和包裹扶到驴背上,拉着毛驴从张仪古道一直来到后土祠里。村民们忙着把备好的柴火点着,让战士们烘烤湿衣,暖和身子。部队在祠里停留了一个多钟头,马上要出发了,那个小个子军人从身上掏出十元钱要给牵驴的村民,村民死活不要。小个子军人说:"请收下吧,这是我们的纪律。我叫邓小平,谢谢老乡们!"

据皇甫文保老人回忆,当年八路军部队过河后,沿张仪古道前进,在荣河和宝鼎驻扎了三天。八路军战士在城中沿街墙刷写标语宣传抗日,且军纪严明,秋毫无犯,对老百姓态度非常和蔼。他们见了年纪大点的男女就亲切地叫"大爷"、"大娘"。借用群众的东西,有借有还,损失的照价赔偿。部队临走时,还要把住房打扫得干干净净,所用的家具物品摆放得整整齐齐。皇甫老人还清楚地记得,当时朱总司令身着灰军装,脚穿麻鞋,夜宿宝鼎城南门里潘秉玺家中,和房东拉家常话,嘘寒问暖,平易近人。一天晚上,村里12岁的孩子狗娃见朱总司令面带笑容,态度和蔼,立刻就像见了亲人一样。朱总司令也很喜欢这个聪明伶俐的娃子,那晚给狗娃讲了好多部队的战斗故事,还让狗娃和自己住了一宿。第二天部队要出发了,狗娃非要跟着这位像父亲一样和蔼可亲的人走。朱总司令就给狗娃说:"你现在还小,不符合参军要求,等下次八路军再来时一定带你走。"还送给狗娃一顶军帽留作纪念。等部队走后,经人辨认,才看到帽子里写着"朱德"二字。

在朱总司令率领的八路军北上抗日刚走不久,1937年9月下旬,八路军129师在刘伯承师长的率领下,也从陕西渡河来到荣河县周王村。刘伯承师长向欢迎群众作了简短的讲话,号召人民群众团结起来,抗击日本侵略者,极大地鼓舞了群众的抗日热情。当时周王村有个13岁的小男孩叫孙子荣,想参军跟部队走,并千方百计地找到了部队首长。刘伯承师长见他年龄太小,就和县长张生民商量,送给孙子荣一个袖章和一些银两,让他回家等着,过几年长大了再参军。孙子荣一直把刘伯承师长送他的礼物当成宝贝一样珍藏着,直到他后来参了军。

血战中条

中条山位于晋南地区,西起运城永济市与陕西相望,东到豫北济源、孟县与太行山相连,北靠素有"山西粮仓"美誉的运城盆地,南濒一泻千里的滚滚黄河。境内沟壑纵横,山峦起伏,关隘重叠,矿藏丰富。由于中条山与太行、吕梁、太岳三山互为犄角,同时屏蔽着洛阳、潼关和中原大地,拱卫着西安和大西北,俯瞰着晋南和豫北,因此战略地位十分重要。

抗日战争时期，这里爆发了一场国民党军队与日本侵略者之间的大规模会战——中条山战役。中条山战役又称晋南战役，是中国抗日战争进入相持阶段后，正面战场国民党军队在山西范围内的唯一一场大规模对日作战。

1937年，抗日战争全面爆发后，随着山西各主要关隘的相继失守，中条山的战略地位愈加重要。对中国方面来说，占据中条山，就可以此为基地，控制豫北、晋南，屏蔽洛阳、潼关。进能扰乱敌后，牵制日军兵力；退可凭险

绛县中条山战役纪念碑

据守，积极防御，配合整个抗日战场。就日本方面而言，夺得中条山，即占据了南进北侵的重要桥头堡，南可渡河，问津陇海，直驱中原；北可与其在山西的主要占领地相接，解除心腹之患，改善华北占领区的治安状况。正因为如此，日军侵占山西后，曾13次围攻中条山，均未得逞。所以，中条山地区被视为抗日战争时期"关系国家安危之要地"。

1941年5月7日，自感稳操胜券的日军在航空兵的支持下，于傍晚时分突然一起出动，由东、西、北三面"以钳形并配以中央突破之方式"进犯中条山地区。整个战役最后以国民党守军中条山根据地完全陷落而告结束，前后不过30天左右。

据资料统计，中条山战役中国军队被俘虏3.5万人，为国捐躯4.2万余人，而日军伤亡不足中国军队1/12。蒋介石称此役为"抗战史上最大之耻辱"。

在这场战役中，中国军队本有充分时间进行战备，有良好地形可作

依托，且可养精蓄锐，以逸待劳。而日军兵力有限，且又刚刚经过八路军百团大战的打击。但国民党部队战前准备不够，仓促应战，而且在战前按蒋介石要求，仍然消极抗日，积极反共，战前甚至还抽调部队去反共。加之国民党部队武器装备落后，无力封锁山口道路，更难打破日军封锁；再者，日军进攻中又大量使用毒气弹，使中国军队无法坚守，难以作长时间周旋。

这场战役虽然因为多种原因遭到惨败，但在战斗中，国民党军队中还是出现了一些可歌可泣的感人事迹，如第3军军长唐淮源战败自杀，第12师师长寸性奇，第80军新编第27师师长王俊、副师长梁希贤、参谋长陈文杞壮烈殉国。还有陕西籍新兵"八百壮士跳黄河"的壮烈场面，至今犹受到人们的敬仰和怀念。

抗日根据地的重建

中条山战役之后，国民党部队因战败而全部撤出中条山地区。日本侵略军完全进入和控制了中条山区域。但是，对于抗日力量来说，由于中条山地理位置特殊，是屏障中原、西北和西南大后方的前沿阵地，在抗击日军的进攻中起着重要的作用，因此，重建中条山抗日根据地具有重要的战略意义。而日本侵略者为了加强统治，达到长期控制中条山地区的目的，便不断增加军事据点，并派汉奸和伪军严密监控各处民众、残酷镇压人民反抗，人民生活陷入水深火热之中。无奈之下，当地民众不断派人到八路军抗日根据地，以求救生灵于涂炭。在分析了当时的形势后，中共北方局决定再次派出干部和军队，成功地运用了敌占区的工作方针，重新建立了中条山抗日根据地。

在中条山抗日根据地的建立过程中，中共党组织和革命群众作出了巨大努力，实施了一系列的措施，其中的条西地区是根据地恢复和发展中最具有代表性的地区。

第一次反共高潮期间，中共在中条山地区领导的抗日武装和大部分干部被迫转移到太岳地区，只有少数党员留下来坚持工作。中条山战役后，夏县、芮城等县的中共地下党组织发动群众建立了小型的游击武装，同日伪展开斗争。1941年7月，条西地委书记柴泽民和地委委员金长庚、闻家德等回到闻喜，恢复和整顿了党的组织，进一步推动了条西的抗日游击武装的发展。柴泽民等带领队伍巧妙地袭击日伪军，大大鼓舞了士气，他所率领的自卫队后来改编为闻喜县人民抗日游击队。之后，中共晋南领导人很快地在条西地区建立了康俊仁抗日游击支队、中条山抗日游击队第九支队、中条山抗日挺进纵队第十支队、中条山抗日挺进纵队第五支队、稷麓县抗日游击支队、张凯支队等，人数达到3000多人，并争取、团结了夏县的冯虎林抗日游击支队和平陆县爱国人士吴仲六领导的"中条山抗日挺进纵队第四支队"。以上新建的抗日游击武装的领导人和骨干力量，基本上都是中条山地区的农民党员和知识分子党员。他们构成中条山抗日游击武装的骨干力量，为中条山抗日游击战争的开展和根据地的建立立下汗马功劳。如：康俊仁带领抗日支队在条西地区击毙匪首，收编匪卒，伏击扫荡日军运输队，获辎重无数，摧毁楼底村警备队，俘虏多人。康大队成立仅两个月就发展成为一支有800多人的强大武装力量，他们除汉奸，杀日军，灭恶霸，深受群众拥护，沉重打击了日本侵略者。

1942年2月，太岳军分区任命孙定国为五分区司令员，王墉为副司令员，带领25团、54团进入条西地区。经过几个月的战斗，攻克敌伪据点30余处，收复土地2000多平方公里，解放人口3万余，使条西解放区连成了一片。随着中条山局面的打开，晋豫区党委派遣干部，先后建立起绛县、曲沃、翼城、垣曲等七个抗日民主县政府，成立了晋豫边区人民抗日行政联合办事处（简称晋豫联办）。随着条西的

稷麓抗日根据地旧址

开辟,太岳五地委先后领导成立了稷麓、垣南、闻喜等抗日民主县政府和十支队安邑办事处。1944年2月,太岳行署在此基础上设立了条西办事处。之后,随着军事斗争的胜利,条西地区先后建立了垣南、稷麓、闻喜、平陆、夏县、安邑、新绛、稷山、荣河、万荣、猗临等12个县政府和汾南办事处。至此,中条地区的抗日民主政权全部建立。

以条西地区为代表的中条山抗日根据地的恢复和发展具有重要的意义。根据地恢复和发展处于中国共产党敌后抗战最困难的1941年和1942年,并在敌后抗战的再发展和反攻阶段获得进一步巩固和发展。它为1944年八路军太行、太岳部队挺进豫西、开辟豫西抗日根据地和王震率南进支队挺进豫鄂湘粤敌后,架起一座桥梁。同时又为夺取抗日战争的最后胜利,收复晋南地区创造了有利的条件。它更为抗战胜利后阻挡国民党军队北进抢夺华北抗战胜利果实筑成一道屏障,并有力地支持了晋南地区的解放战争。

杜任之与牺盟会

杜任之像

杜任之是中国民主革命时期著名的战士式学者、哲学家,万泉县解店镇七庄村(今万荣县城关镇七庄村)人。原名杜勤职,又名杜力、力夫。清光绪三十一年(1905)生于一个地主家庭。

杜任之早年就读于太原一中、北师大附中,后进入上海复旦大学土木工程系。1927年11月革命低潮时加入中国共产党,并于次年受党的委派到国民党军队中进行"兵运和兵暴"工作。党中央给他的指示是:"长期潜伏在敌人阵营里做

杜任之故居

革命工作,除非生命危险,不能擅自离开"。广州起义之后,他在《太阳月刊》发表长诗《血与火》,歌颂起义者。鲁迅曾当面对他说:"你的诗作已走出'象牙之路'越过'十字街头',方向似乎是对的,努力前进吧!"

1928年杜任之赴德国留学,攻读化学、哲学和社会学,并参加了反帝国主义同盟。1933年回到上海后,即被上海反帝同盟总部派到山西策动抗日工作。杜任之和山西一些进步人士发起组织了牺盟会,被选为临时执委会委员,积极开展抗日救亡宣传活动。

牺盟会全称为山西牺牲救国同盟会,于1936年9月18日在太原成立。它是山西地方国民党政权与共产党合作的产物,阎锡山最初任会长,但最终其控制权被中共掌握。他们随后成立了山西新军的第一支部队——山西青年抗敌决死队,在

杜任之墓碑

山西以至华北的抗日斗争中创造了光荣的业绩。

在此期间,杜任之曾受命到临汾参与组建抗日民族统一战线性质的"民族革命大学",并担任教务主任,培养了大批抗日骨干。因有人向阎锡山告密,被软禁了十个月。后杜任之转到北平,担任华北学院教授兼政治系主任。北平解放前夕,他利用与傅作义的私交积极参与争取和平解放北平的工作。

新中国成立后,杜任之在山西省财委、商业厅及学院任职,后调任中国科学院工作,创办并主编了《哲学译丛》。

杜任之一生始终坚持真理、不畏权势、敢说真话。在反右倾和"文革"中曾因坚持真理而遭到撤职、坐牢。"四人帮"被粉碎后,他又担任了社会学研究会副会长等,继续为中国的文化建设服务。

作为学者,杜任之一生著述丰硕,代表作有《孔子论语新体系》《孔子思想精华体系》《当代英美哲学》《现代西方哲学的基本特点》《关于现代西方哲学研究和批判方法论问题》,他还主编了两卷本《现代西方著名哲学家述评》等。

1988年11月27日,杜任之在北京逝世,终年83岁,党和国家领导人彭真、薄一波、习仲勋等与知名学者为他送了挽联、挽幛和花圈,其中一副挽联内容是:

是战士、是学者,受命病危,龙潭虎穴建功勋;
为祖国、为人民,毕生尽瘁,奋斗终生存晚节。

"野有遗贤"薛笃弼

薛笃弼(1890—1973),字子良,运城市盐湖区车盘村人。民国时期著名的政务家和社会活动家,新中国成立后,曾被毛泽东亲切地形容为"野有遗贤"。

薛笃弼早年毕业于山西法政学校。辛亥革命期间,当革命军收复太

薛笃弼故居

原时,薛笃弼正与同学们结伴上街游览,到了南柳巷,遇见起义军整队而过,军容齐整,他们和群众都热烈鼓掌欢迎。当晚,有乱兵焚烧藩库、钱庄、银号和一些殷实商号并抢劫财物。第二天山西军政府派兵镇压,又组织学生军彻夜站岗巡逻,维持秩序。薛笃弼和他的同学也参与其间,到军械库领取枪械,站了五天的岗。太原秩序恢复后,薛笃弼到山西革命机关报《并州日报》任编辑。在报馆,薛笃弼结识了景定成、孔庚、何遂等人。此后,他回到运城,担任河东军政分府《河东日报》社长,后任河津县地方审判庭审判长、临汾地方审判厅厅长等职。之后曾任陆军第十六混成旅(冯玉祥旅)秘书长兼军法处处长,深得冯玉祥赏识。他随冯玉祥将军转战南北,与河北鹿钟麟并称为冯将军的"左右手"。又先后担任北洋政府司法部次长、国民党政府甘肃省省长、民政部部长、水利部部长等职。薛笃弼一生为官清廉,不摆官架子,一向与部下同甘共苦,用餐时,与下属同饭菜、共进餐。

1948年,薛笃弼辞去国民党政府职务,到上海当律师。1949年,李宗仁曾拟邀其出任行政院副院长,但薛以厌倦政务为由婉辞。不久,人民解放军解放南京。国民党政府要员陈诚曾亲自来薛家邀请薛笃弼全家去台湾,薛又以奉养双亲为由婉拒。

新中国成立后,薛笃弼参加了民革并担任民革上海市委副主委,后担任上海市政协常委。1956年1月,政协第二届全国委员会第二次会议在京召开,薛笃弼作为特邀代表参会,聚餐时被安排与毛泽东、周恩来、张治中、卫立煌和著名中医施今墨同桌。言谈中,薛谈及他在国民政府中历任要职,不胜愧疚。毛泽东亲切地说:"你是冯玉祥将军郑重推荐给蒋介石的,是国民党政府里难得的清官廉吏,真是野有遗贤啊!"薛激动得连声感谢,表示愿为国事竭尽绵薄之力。

1973年7月9日,薛笃弼在沪逝世,终年84岁。上海市政协为其举行了追悼会。

北平和平解放的功臣:傅作义与刘厚同

傅作义(1895—1974),字宜生,山西荣河县安昌村(今属临猗县)人。是一位杰出的国民革命军将领、抗日名将、追求进步的国民党员。傅作义自幼聪颖过人,颇有胆识。宣统二年(1910),考入太原陆军小学。民国元年(1912),保送到北平陆军预备学校,两年后升入保定陆军军官学校,毕业后回山西,历任团长、旅长、师长,直至军长。曾参加北伐战争,1931年任晋绥军35军军长,绥远省政府主席。

傅作义将军为抗日名将,统帅第59军守独石口、镇岭口、怀柔一线,在牛栏山一带阻止了日军进犯。傅作义为反抗日本主张的内蒙古省自治运动,率部抵抗关东军西犯,夺回百灵庙、锡拉木

北平和平解放

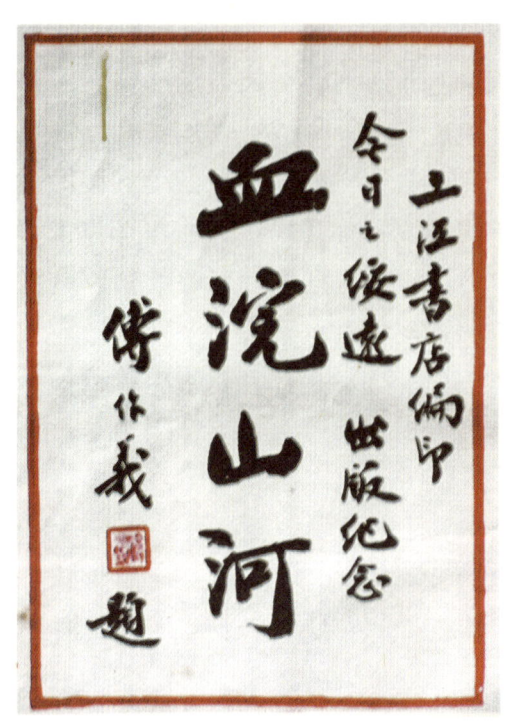

傅作义题词

楞庙等多处战略要地，这次挫败了日军入侵绥远并妄图建立"蒙古帝国"的阴谋，大大鼓舞了全国人民的爱国抗日热情。

抗日战争期间，傅作义历任第七集团军总司令，第八、第十二战区副司令长官、司令长官兼绥远省、察哈尔省政府主席，曾先后率部参加忻口会战、包头战役、绥西战役、五原战役，给日本侵略者以沉重打击。

在"平津战役"中，傅作义同意与中共和谈，和平解放北平，使古老的文化古都及市民的生命和财产免遭战火损毁。后又促成绥远省和平解放。毛泽东对傅作义说："北平问题的和平解决，贵将军与有劳绩"，"你是北京的大功臣，应该奖你一枚天坛一样大的奖章。"

1949年9月，傅作义出席中国人民政治协商会议第一次全体会议，当选为第一届全国政协委员、中央人民政府委员。后历任政协第二、三届全国委员会常务委员，政协第四届全国委员会副主席，第一、二、三届全国人大代表、国防委员会副主席等职。此后，他担任水利部部长，长达25年之久，为新中国水利事业的发展作出了重要贡献。

刘厚同（1882—1961），名文厚，字厚同，别号半醉老农，运城市盐湖区郊斜村人。光绪二十一年（1903）考入甘肃省武备学堂，毕业后被保送到湖北省武备师范学堂深造，参加了资产阶级革命团体兴中会。武昌起义爆发后，刘厚同于1912年1月组织和领导了甘肃秦州（今甘肃省天水市）的反清起义，任甘肃军政府陆军部长兼总招讨使，之后返回故里，任山西学生军总教练、军士学校校长。次年担任北洋政府京畿卫司令部高级参谋，1916年黎元洪继任大总统时，曾任一等侍卫武官。抗日战争期间，日本侵略军请刘厚同出任热河省主席，他坚辞不就，避居天津，以卖字为生。同时,刘厚同多次上书蒋介石,反对不抵抗政策。

刘厚同是傅作义将军的密友和智囊,也是一位著名的爱国人士。1948年2月,傅作义曾到天津拜访刘厚同,询问刘对时局的看法。刘对傅说:"军事为政治服务,政治为军事之本。自古没有政治不修明而军事能胜利者。蒋介石今政无不弊,官无不贪,我看其政权不会有一年半的寿命了。"傅对刘的看法表示赞同。

1948年北平和平解放前夕,刘厚同接受中共地下党的委请,到北平作傅作义的投诚工作。刘厚同多次向傅作义申明大义,陈清利害,请他珍惜自己爱国抗日的光荣历史,和平解放北平,保护文化古都人民生命财产,为中国人民再立一功,使傅作义最终下了与解放军和平谈判的决心。1949年1月7日和16日,傅作义两次派代表与解放军平津前线领导人谈判,终于达成了和平解放北平的协议。

就在北平和平解放之后,刘厚同被人们赞誉为"和平老人"。

新中国成立后,刘厚同被选为天津市第一至第四届人大代表,第一至第二届政协委员、常委。

"无冕大将"程子华

在中国民主革命斗争和社会主义建设道路上,程子华凭借着对国家和人民的卓越贡献,成为河东历史名人中的佼佼者。

程子华(1905—1991),山西省运城市解州镇人,本姓苏,曾用名世杰,很小便被过继给自己的姨妈,从此改姓程;程子华是中国共产党优秀党员、无产阶级革命家、我军卓越的指挥员和政治工作者,也是新中国成立后我国经济战线的杰出领导者。程子华是一位征战半生的著名将领,在长期的革命战争中立下了不朽的功勋。建国伊始,他较早地离开军队从事经济和地方工作,成为经济战线领导人。由于程子华是中国人民解放军16个兵团司令里唯一一个没有授军衔的,因此成为一位

"无冕大将"。

程子华像

程子华出生在一个贫民家庭，青少年时代即立志报国。1922年考入太原国民师范，多次参加了反对军阀统治的爱国学潮，1926年6月加入中国共产党，投笔从戎，参加了革命。12月，他受党组织派遣，考取了黄埔军校武汉分校，从此走上了为中国人民解放事业而斗争的戎马生涯。

程子华的一生可以说是中国近代革命史的一个缩影。1927年蒋介石叛变革命以后，他积极参加了讨伐叛军夏斗寅的战斗，随后参加了广州起义和保卫海陆丰苏维埃政权的斗争。1929年后，他到国民党军队岳维峻部做兵运工作，成功地发动了大冶兵暴，壮大了鄂东南革命根据地的力量。

1931年4月，程子华到中央苏区工作，历任团长、师长、军区代参谋长等职，参加了第二到第五次反围剿斗争。在反围剿斗争中，他运用毛泽东同志的战略战术，深入发动群众，诱敌深入，消灭敌人的有生力量，表现了卓越的军事指挥才能，被中华苏维埃政权授予二等红星奖章。

在红军长征中，程子华率部于1935年初到达陕南，开辟了鄂豫陕革命根据地。后担任鄂豫陕省委代理书记、红25军政委，率军西出甘肃，钳制敌军兵力，有力地配合了中央红军北上。

西安事变以后，党中央为了建立和扩大抗日统一战线，派程子华同志到第二战区民族革命战争战地总动员委员会工作。他积极发动群众，扩大抗日武装，同阎锡山的反共政策进行了有理有利的斗争。

1939年1月，程子华深入敌后到冀中军区工作，任冀中军区政委，后兼冀中区党委书记。在极艰苦的情况下，他和吕正操同志领导了军队的整顿工作，同时发动群众，组织群众，武装群众，坚持平原游击战争，领导冀中军民粉碎日寇的"五一"大扫荡，巩固了冀中抗日根据地。

解放战争时期，程子华在1947至1948年的秋、冬、夏季攻势中，消灭了华北敌军大量的有生力量，指挥了隆化战役，解放了热河全省。在此期间，程子华还树立了英雄董存瑞的形象。

那是1948年5月25日下午，隆化战役胜利结束后，程子华来到隆化城视察战果，当走到隆化中学前面时，只见一个班的战士在那里恸哭，他便上前询问："为什么打了胜仗反而哭呢？"战士们呜咽着告诉他："我们的班长董存瑞为掩护全连冲锋，只身托住一包黄色炸药炸掉了一个横跨在旱河上的桥形碉堡壮烈牺牲了。"战

程子华故居

士们还说，"他们在战场上找了半天，最后只找到了一只鞋子，像是班长董存瑞的，现在大家正对着这只鞋哀悼他们的好班长"。程子华听后十分震撼，他让秘书连夜到董存瑞所在的部队里去，搜集有关董存瑞的事迹，并亲自写下《董存瑞同志永垂不朽》一文，表彰他的英雄事迹，要求《群众日报》头版头条刊登，还要写一篇社论颂扬，董存瑞从此被树立为全军学习的榜样。

1948年9月，程子华参加了辽沈战役，组织指挥了著名的塔山阻击战，成功地阻击了敌人从葫芦岛和锦西增援锦州的部队，对我军取得锦州战役的胜利起了重要作用。同年10月，他任东北军区第二兵团司令员。11月初，奉命先遣入关，协同兄弟部队，重创了敌军的主力，对北平形成了包围态势。北平解放后，任北平警备司令员兼政委。

新中国刚刚成立，中央即任命程子华同志为山西省委书记、省政府主席、省军区司令员兼政委。他从此结束了长达 22 年的戎马生涯，投身到新中国的建设事业。1950 年 10 月以后，他调任全国合作社联合总社副主任、主任、党组书记，领导了全国供销合作社系统的创建。1964 年后任中共中央西南局书记处书记兼西南三线建委常务副主任，在极端困难的情况下，艰苦创业，建设了一批以攀枝花钢铁基地为重点的厂矿和军工企业，并写出了长达万言的《关于西南三线建设的情况总结》。这是一份珍贵史料，周恩来同志曾给予了高度评价。

1983 年 6 月，程子华当选为第六届全国政协副主席。1991 年 3 月 30 日，程子华同志因病医治无效于北京逝世，终年 86 岁。

新中国空军奠基人常乾坤

常乾坤（1904—1973），垣曲县下亳村人。1925 年 7 月，常乾坤在山西讲武堂毕业后又考入黄埔军校。他在黄埔军校受到中共党组织的重视和培养，由范洪亮、曹汝谦介绍加入中国共产党。1926 年考入广州航空学校，后又作为学校的代表，由当时的国民政府派往苏联学习飞行。

在苏联，常乾坤主要是学习航空理论，比较系统地学习了空中领航学和空中射击学等专业知识。1930 年 1 月，常乾坤进入苏联空军独立航空队，一直保持优异的训练成绩，成为中国共产党最早的飞行员之一。

抗日战争爆发后，为了赶赴国内参加抗战，常乾坤没有等到毕业典礼，就匆匆告别了年轻的苏联籍妻子和孩子回到了祖国，任迪化（今乌鲁木齐）新兵营航空理论教员。后又历任八路军航空工程学校教务主任、中国人民抗日军政大学第三分校大队长、军委总参谋部高级参谋等职。1941 年 2 月，常乾坤等向中共中央提出在延安成立航空学校的建议。毛泽东主席非常重视，亲自接见并给予鼓励。中央军委根据常乾坤等的建议和当时延安的条件，成立第 18 集团军工程学校，常乾坤任教务主任，为国家培养航空技术人才。

解放战争时期，在常乾坤等人的奔走努力之下，东北民主联军航空学校于1946年3月1日在通化正式成立，这是中国共产党、中国人民解放军历史上的第一所航空学校，常乾坤任副校长、军委航空局局长。当时，老航校留用的日本航空技术人员有300多。常乾坤对这些人以诚相待，尊重他们的人格，鼓励他们发挥自己的技术专长为航校工作。同时，启发教育他们认清过去的历史，将功赎罪。日本航空技术人员，在东北老航校和后建的空军第7航空学校工作10多年之久，为航校建设做出了应有的贡献。

常乾坤是从运城垣曲县走出去的共产党将领，也是赫赫有名的飞将军，他创办了我国第一所航空学校东北老航校；开国大典上他领导的空军在天安门实弹受阅飞行，这在世界上是创举；抗美援朝中，他指挥、训练的人民空军部队打落美军的"王牌"、"双料王牌"飞行员，取得了击落击伤敌机425架的成绩。

1949年初，三大战役结束后，常乾坤于3月上旬从北平乘汽车到西柏坡向中央首长汇报东北航校的建设情况，当常乾坤谈到东北创办的航校走过一段艰苦历程，已经培养出空、地勤人员500多名时，毛主席高兴地连声称赞说："了不起！了不起！"周恩来副主席也高兴地说："我们的学生很不错嘛！为党争了气，立了功。"

中华人民共和国成立后，常乾坤任中国人民解放军空军副司令员兼训练部部长等职。1955年被授予中将军衔。曾获得一级解放勋章和二级独立自由章，为新中国空军事业的创建和发展，奉献了终生。

三打运城

1947年春，中国人民解放战争迎来了一个新的阶段。国民党军对解放区的全面进攻严重受挫后，不得不改为重点进攻，气势汹汹地向山

二纵副政委王恩茂与359旅政委李铨等在观察运城敌情

东解放区和陕北解放区扑来。为了有力地配合陕北作战,同时猛烈地扩大解放区,大量歼敌有生力量,中共中央电令晋冀鲁豫野战军第4纵队司令员陈赓、政委谢富治、太岳军区司令员王新亭、政委王鹤峰统一指挥第四纵队和太岳军区部队,迅速占领战略要地运城,消灭盘踞在那里的胡宗南部队。

运城是国民党苦心经营、坚固设防的城市。1947年,在我解放区军民打击下,晋南残敌纷纷猬集运城。当时敌人的正规军有一万余人,包括胡宗南的整编第36师、第17师各1个团的精锐部队,还有阎锡山的保安5团、保安11团等杂牌武装,其城防工事,外围以高碉、低碉、野战工事组成交叉火网;城沿以10多米高的砖石城墙和深宽各8米的护城外壕,构成环形障碍。

根据作战计划,为了歼灭内线敌人,策应外线作战,完成战略展开的任务,人民解放军于1947年5月至12月,曾三次攻打运城。可以说,运城战役是解放战争由战略防御转入战略进攻后,在山西内线进行的第一个战役。

第一次攻打运城是在1947年5月。根据军委命令,我军在晋南发动的攻势作战中,至4月25日,先后解放了除运城、安邑、夏县以外的19座县城以及广大地区,并控制了风陵渡和禹门渡口,歼敌16400余人。4月26日,中央军委和毛泽东同志指示晋南我军:应乘胜相机夺取运城,彻底解放晋南三角地带,并以一部向吕梁山地区扩张战果,协同吕梁部队解放吕梁南部广大地区,继续威胁陕北敌之侧翼。根据这一指示,我军首先以第十旅攻占羊驮寺飞机场,歼灭守备机场之敌军,吸引运城守敌出援,并歼敌于野外。

5月3日四时,一打运城开始。太岳军区第十旅部队开始向飞机场守敌发起攻击。当日中午占领机场,守军大部被歼,运城随即处于被包围状态。但敌人只顾孤守,不敢出援。我军决定夺关作战。经过连续四天的反复争夺战斗,歼敌千余人,击落敌机一架。至10日,我外围攻关作战的各部队,占领了运城的西、北两关,并将东、南方向的攻击要点全部控制。这时由于全国战局需要,陈赓同志奉命率四纵队南渡黄河,挺进豫西,执行战略反攻任务。我军主力遂于12日主动撤离,暂时停止对运城的围攻。

7月,刘邓、陈谢两路大军先后横渡黄河,挺进鲁西南和豫西,转入外线作战,迫使敌人由战略进攻转入战略防御。为了更有力地配合外线我军作战,肃清内线敌之残留据点,我军决定第二次围攻运城。晋冀鲁豫军区副司令员徐向前整合当时晋冀鲁豫军区、太岳军区部队,由王新亭担任第8纵队司令,从东、西、北三面包围运城,进行攻坚战。

10月8日,二打运城开始,我军遵照中央军委和晋冀鲁豫军区首长徐向前的指示,以第八纵队之二十三、二十四两旅、吕梁军区独三旅、太岳军区第三军分区基干团等部队,从东、西、北三面包围了运城。这次

三打运城

突击队宣誓：不打下运城决不下火线

攻打运城的主要目的是锻炼部队的攻坚能力，为尔后继续攻克临汾、太原等具有更坚固设防的城市积累作战经验。

虽然当时我们部队的技术装备很差，只有三门旧山炮，但是部队打得非常顽强，在外围作战中，各部队连续向敌人发动攻击，经过激战，很快攻下了运城外围七个据点碉堡。但正当我们扫清登城障碍，准备发起攻城之机，敌情突然变化，胡宗南部将原拟向南调去陇海路增援的钟松第三十六师四个旅撤回，调头北渡黄河，增援运城。据此，经请示晋冀鲁豫大军区和军委批准，我军又主动撤离运城，集中兵力至平陆的杜马迎击援敌，歼敌3700余人，敌残部窜进运城与守敌会合。

11月22日，毛泽东、军委发来电报指示："攻运未克，打援又未全歼，在指战员中一时引起情绪不好，是很自然的。但我军精神很好，一、二次打不好并不要紧，只要你们虚心研究经验，许多胜仗就在后头，望将此意向指战员解释。"攻城部队因此而深受鼓舞，士气很旺盛，积极请战，要求"三打运城"，得到上级的同意。

第三次打运城前，守城敌军情况是：胡宗南派钟松部前来增援解围运城，经我阻击消耗，只有二五零团的一个营和土匪头子雷文清残部进了运城。加上原在城内的敌人，运城共有敌兵13000余人，火炮、轻、重机枪,火力配备严密,工事较前加强,但是敌人的士气低落,而我八纵队有二纵队的并肩作战,攻下运城信心很大。

第三次攻打运城的战役于12月16日晚开始,由徐向前亲自指挥。之前,毛泽东特意指示要严防黄河南岸的胡宗南部北上。根据敌情地形,我军决定以西、北两面为主攻方向,东、南面为助攻方向,实行四面围攻,并派太岳军区三个团于茅津、太阳、沙窝、风陵、吴王等渡口,担任阻援任务。

17日,天慢慢黑下来了,担负攻击任务的各部队,向运城城郊开进。先头各团,以突然袭击手段向敌攻击。但是,外围攻击战起初并不顺利。22日晚,纪念塔以北的方形碉堡和敌人的两处阵地同时被攻占,守敌全部被歼,为我军接近敌人城垣和攻城创造了有利条件。

23日,独三旅攻占纪念塔,八纵队二十三、二十四旅拔掉护城碉,二纵四旅攻占运城西关。至此,敌人在运城西、北两面的登城障碍全部被扫除。

我军原定25日攻城,但23日接到情报:在黄河南岸的胡宗南的四个旅,准备北渡黄河,向运城增援。为了避免重蹈前次攻打运城的覆辙,使部队再受重大挫折,我军决定赶在援敌到来之前将城攻破,把守敌歼灭。兵贵神速,事不宜迟,二纵队、八纵队于24日提前分别从城西、城北发起总攻,两个方向的突击部队都采用云梯和跳板登城的办法向守城敌人猛攻,但由于攻击提前,准备仓促,两次攻击均未成功。我军决定向城根底下进行坑道作业,以便爆破,但时间紧迫,坑道作业距离不能太长,只能跳进敌人火力严密封锁的外壕内,强行挖坑道。因为二十三旅在打曲沃县城时,曾经用过坑道爆破,指挥部便决定让二十三旅担负这一艰巨任务。当时,胡宗南四个旅援兵的先头部队已经渡过了茅津渡,离我军越来越近了,因此,必须在一天的时间内,完成坑道爆破城墙的任务。

这天晚上,风雪交加,寒气袭人。刘明生等十位战士背着门板和湿被子防御敌人子弹,带着作业工具和同指挥所联系的绳子,分作三个战斗小组行动。第一战斗小组和第二战斗小组都在火力掩护下跃进时失去了联系,第三战斗小组提出:"不用火力掩护,免得暴露目标;也不再背门板和湿被子防弹,身子也灵便些。"团里同意了这个建议。第三小组便悄悄地向外壕方向爬去了,果然出敌意外,顺利地摸进了外壕,同先前进到外壕内的其他战士会合了。战士们在刺骨寒风和冰冷泥浆中迅速挖掘坑道,敌人还不时地往外壕扔手榴弹和手雷。进到外壕里挖坑道的同志大部分负了伤,个别同志牺牲了,剩下的同志,带着伤,艰难地而不停地进行坑道作业的战斗,携带的工具施展不开,就用双手刨,最终,战士们经过彻夜的努力,终于在拂晓前,挖成了5.5公尺长的坑道和可容纳3000公斤炸药的药室。27日黄昏,爆破队仅用40分钟就完成了3000公斤炸药的传递和装填,并按预定时间发起了总攻。此时,一声巨响,震天动地,城墙被炸开20多公尺宽的斜坡,几支部队顺利攻入城内,当夜将守敌13000余人全部歼灭,解放了晋南重镇运城,缴获大批武器弹药和其他军用物资。

运城攻坚战,就这样经过连续艰苦的作战而获得了完全胜利。

对于运城战役的意义,新华社当时发表的社论指出:"此次战役,有力地配合了刘邓、陈粟、陈谢三路大军对平汉、陇海两路的突击战,同时也证明我大军打到外线后,我内线兵力还很强大。不但能拉住它,而且能反攻并消灭它。"徐向前也曾具体指出:运城战役"可以说是攻坚战的典型歼灭战""在精神上摧毁了敌人防守这种城市和固守据点的信心,这个作用是非常大的"。

参考文献

郭正忠主编:《中国盐业史(古代编)》,人民出版社1997年版。

唐仁粤:《中国盐业史·地方编》,人民出版社1997年版。

宫崎市定:《歴史と塩》,《宫崎市定全集》(第十七卷),(日本)岩波书店2000年版。

杨国勇主编:《华夏文明的曙光——山西上古史新探》,中国社会科学出版社2002年版。

贾兰坡、王建:《西侯度——山西更新世早期古文化遗址》,文物出版社1978年版。

山西考古研究所:《山西考古四十年》,山西人民出版社1994年版。

李济:《李济文集》(第二卷),上海人民出版社2006年版。

余西云:《西阴文化——中国文明的滥觞》,科学出版社2006年版。

山西省考古学会、山西省考古研究所:《三晋考古》(第二辑),山西人民出版社1996年版。

河北省文物局:《冀中的西阴文化遗存与伏羲传说》,新华网河北频道2009年1月14日。

陈文华主编:《农业考古图录》,江西科技出版社1994年版。

中国国家博物馆田野考古研究中心等:《运城盆地东部聚落考古调查与研究》,文物出版社2011年版。

中国社会科学院考古研究所等:《夏县东下冯》,文物出版社1988年版。

北京大学震旦古文明中心等编:《早期夏文化和先商文化研究论文集》,科学出版社2012年版。

中国历史博物馆考古部等:《垣曲商城1985—1986年度勘察报告》,科学出版社1996年版。

朱学渊:《中国北方诸族的源流》,华东师范大学出版社2010年版。

徐旭生:《中国古史的传说时代》,文物出版社1985年版。

胡阿祥:《伟哉斯名:"中国"古今称谓研究》,湖北教育出版社 2000 年版。
李玉洁:《中国古史传说的英雄时代》,科学出版社 2010 年版。
山西省史志研究院:《河东盐业三千年》,三晋出版社 2008 年版。

杨树达:《论语疏证》,上海古籍出版社 1986 年版。
张翰:《松窗梦语》,上海书店出版社 1994 年版。
咸增强校释:《河东盐法备览校释》,中国社会出版社 2012 年版。
《明世宗实录》卷 405、卷 415、卷 350,台湾"中央研究院历史语言研究所"校印。
《大明律》,法律出版社 1999 年版。
陈懋恒:《明代倭寇考略》,人民出版社 1957 年版。
杨博:《杨襄毅公本兵疏议》,《续修四库全书》本。
张居正:《新刻张太岳先生文集》卷 10《谥襄毅杨公墓志铭》,明万历刻本。
张四维:《条麓堂集》,《续修四库全书》本,上海古籍出版社,1995 年影印。
王世贞:《嘉靖以来首辅传》卷 7《张四维传》,《文渊阁四库全书》本,台湾商务印书馆,1983 年影印。
潘钺:《猗氏县志》卷五,清光绪六年刻本。
清雍正版《山西通志》卷 140,中华书局 2006 年版。
韩霖:《守圉全书·自叙》,崇祯八年韩霖叙刊本。

董江凯等:《运城盐湖的形成及其开发利用》,《盐业与化工》2006 年第 4 期。
王择义等:《山西垣曲南海峪旧石器地点发掘考古报告》,《古脊椎动物与人类》1959 年第 2 期。
中国科学院考古研究所山西工作队:《山西芮城东庄村和西王村遗址的发掘》,《考古学报》1973 年第 1 期。
马依莎:《东庄村遗址出土仰韶文化"镂孔柱状器"正名》,《中国文物报》2011 年 9 月 16 日第 6 版。
卫斯:《新石器时代河东地区的农业文化》,《中国农史》1994 年第 1 期。
杨邦兴、裘士京:《文明的起源与旱作农业》,《安徽师大学报》1987 年第 2 期。
姚政权等:《山西襄汾陶寺遗址的植硅石分析》,《农业考古》2006 年第 4 期。
戴向明等:《山西绛县周家庄遗址》,《中国文物报》2011 年 8 月 12 日第 4 版。

王建平等:《山西周家庄遗址出土龙山时期铜片的初步研究》,《中国国家博物馆馆刊》2013年第8期。

《闻喜惊现夏代采矿炼铜遗存》,《山西日报》2011年12月7日。

张维慎:《〈史记〉"黄帝铸鼎"之荆山地望考》,《文史哲》2013年第4期。

仇士华等:《有关所谓"夏文化"的碳十四测定的初步报告》,《考古》1983年第10期。

董琦:《城门磔人——垣曲商城遗址研究之二》,《文物季刊》1997年第1期。

王睿:《垣曲商城的年代及其相关问题》,《考古》1998年第8期。

陈昌远:《商族起源地望发微——兼论山西垣曲商城发现的意义》,《历史研究》1987年第1期。

陈昌远:《论山西垣曲商城遗址与"汤始居亳"之历史地理考察》,《河南大学学报》2013年第1期。

邹衡:《汤都垣亳说考辨》,《国学研究》(第一卷),北京大学出版社,1993年。

袁广阔:《从城墙夯筑技术看早商诸城址的相对年代问题》,《文物》2007年第12期。

王睿:《垣曲商城的年代及其相关问题》,《考古》1998年第8期。

刘莉、陈新灿:《城:夏商时期对自然资源的控制问题》,《东南文化》2000年第3期。

山西考古研究所等:《山西绛县横水西周墓地发掘简报》,《文物》2006年第8期。

王会昌:《河北平原的古代湖泊》,《地理辑刊》第18号。

张修桂:《黄淮海平原水系变迁》,《中国历史地貌与古地图研究》,社会科学文献出版社2006年版。

谭其骧:《西汉以前的黄河下游河道》,《长水集》(下),人民出版社1987年版。

庄春雨:《黄帝部落与古满——通古斯族群》,《满族研究》2002年第1期。

李民:《〈禹贡〉、"冀州"与夏文化探索》,《社会科学战线》1983年第3期。

杨向奎:《应该给"有虞氏"一个应有的历史地位》,《文史哲》1956年第7期。

杨栋:《何簋与〈逸周书·度邑〉篇》,《中国典籍与文化》2012年第3期。

詹子庆:《周人自称"有夏"原因探析》,《古史拾零》,东北师范大学出版社,2005年。

王勇红,刘建生:《乾隆年间河东盐商经营贸易额的估算》,《盐业史研究》2005年第2期。

王勇浩,王勇红:《论白银资本对明清山西经济发展的影响——以河东盐业为例》,《运城学院学报》2011年第1期。

汤开建,吴宁:《明末天主教徒韩霖与〈守圉全书〉》,《晋阳学刊》2005年第2期。

后　记

根据中共山西省委宣传部关于做好《三晋史话》编写工作的通知精神，运城市委宣传部成立了《三晋史话·运城卷》编委机构。市委常委、宣传部长于波高度重视，多次召开会议，安排部署，并指示要认真编撰，确保质量。市委宣传部常务副部长黄勋会具体牵头，组织专家学者反复论证，认真研讨。历时一年，一部全面反映五千年文明，渗透着领导关怀、作者汗水的《三晋史话·运城卷》终于与读者见面了。

《三晋史话·运城卷》共 10 章 140 余个条目，以时间为序，从史前孕育中华文明的盐池、"世纪曙猿"化石、西侯度人类用火遗迹、黄帝、炎帝、蚩尤及尧舜禹，一直写到中华人民共和国成立。选择了各个历史时期具有代表性的事件、人物、家族、思想、学说、建筑、艺术、民俗等，以简洁的文字进行叙述与阐释，以期让读者花较少的时间获取大量的知识信息。可以说本书集知识性、趣味性、可读性于一体，有助于读者领略河东历史文化的恢弘博大，接受传统文化熏陶，启迪心灵，提高素养，承担起传承、弘扬优秀传统文化的责任。

《三晋史话·运城卷》由一支学术研究团队撰写完成。初稿第一至四章由李文涛先生执笔，第五章由李永康先生、杨强先生执笔，第六、七章由李文先生执笔，第八章由姚文永先生执笔，第九、十章由张启耀先生执笔。初稿先后由秦建华、王振川、马重阳、杨焕玉、王鸿翔等审读修改、润饰完善，最后由黄勋会先生审阅修订。另外，刘发明先生为本书提供了大量的图片资料。杨方岗先生、景惠西先生在成书过程中给予了大力支持。鲁哲、郭小红等同志在组织、协调、资料整理工作中也付出了大量心血，在此一并表示感谢！

由于每个人对历史观测的角度不同，认知不同，感受不同，写法不同，或许会影响到您的阅读。加上各位作者时间所限，可能书中还会存在这样那样的瑕疵与纰漏，敬请大家批评指正！

《三晋史话·运城卷》编写组

编后记

2014年初,中共山西省委宣传部决定编撰《三晋史话》丛书,系统梳理山西地区及所辖各市的历史文化,从历史的、文化的、哲学的层面对山西的历史文化以及文明贡献进行回顾总结。为此,山西省委宣传部组织动员各市委宣传部及各地历史文化学者组成了一百余人的工作团队,力求在较短的时间内高质量地完成这套丛书。

为与已出版的通史类著作、地方志类著作有所区别、互不雷同,我们首先在编撰思路上进行了较大的调整。特别强调在基本勾勒出山西地区及各地历史文化发展基本脉络的同时,突出其在文明发展进程中的重大贡献。思考研究问题的视野不能满足于仅仅说清一时一地一事,还要联系文明发展的大历史进行分析对比,以突出其重要价值与意义。在文体上,既强调可读性,更注重严谨性;既要满足一般读者的阅读需求,做到通俗好看,又要具备历史学科的学术品格,言出有据,并使二者较好地结合起来。为此,特别聘请我省的专家担任学术顾问,全面参与到撰写工作之中。各地也高度重视,组织了本地具有较高学术水平的学者专家承担本地史话的撰写任务。

这套丛书的编撰,从提纲的设定开始就进行了反复研究讨论。首先由各卷的编撰者提出初步纲目,再组织丛书的学术顾问与大家一起讨论,提出修改意见,反复数次才基本确定编撰纲目。仅《三晋史话·综合卷》一书的提纲就修改了九次之多。编撰纲目基本确定后,各卷分头撰写。初稿写出后,由学术顾问组的专家进行审阅,提出修改意见,大部分书稿进行了三次以上修改。编撰工作完成后,再次请学术顾问组的专家进行审读。同时出版社进入审稿程序，以期能够最大可能地消灭不准确、不正确、不严谨的问题。

尽管我们付出了极大的努力，但是这套丛书仍然存在一些问题。首先是撰写风格不够统一。其次是由于同一事件涉及不同地区，各地在编撰中均有涉及，难免有重复叙述的现象；三是限于我们的水平、能力，还有许多地方分析得不够、不准。所以，希望读者能够提出批评指导意见，以期在日后进行修改调整。

胡苏平同志主持了丛书的编撰工作。杜学文同志具体负责丛书的组织工作。王灵善、高春平同志具体负责丛书的审读、出版协调事务。渠传福、李书吉、赵瑞民、王灵善、降大任、高春平、巨文辉同志为学术顾问，负责各卷纲目与书稿的审读研讨。崔力、武献民、谢振中、高小勇同志参与了纲目与书稿的审读，负责组织协调工作。各市委宣传部组织协调了本市分卷的编撰工作与图片提供工作。

《三晋史话》丛书编委会

图书在版编目（CIP）数据

三晋史话丛书.运城卷／于波主编.--太原：山西人民出版社，2015.8
ISBN 978-7-203-09231-5

Ⅰ.①三… Ⅱ.①于… Ⅲ.①运城市—地方史 Ⅳ.①K292.5

中国版本图书馆CIP数据核字（2015）第202081号

三晋史话丛书·运城卷

主　　编：于　波
责任编辑：张建英
助理编辑：贾登红
印装监制：赵宏生　李佳音
出 版 者：山西出版传媒集团·山西人民出版社
地　　址：太原市建设南路21号
邮　　编：030012
发行营销：0351-4922220　4955996　4956039　4922127（传真）
天猫官网：http://sxrmcbs.tmall.com　电话：0351-4922159
E—mail　sxskcb@163.com　　发行部
　　　　　sxskcb@126.com　　总编室
网　　址：www.sxskcb.com
经 销 者：山西出版传媒集团·山西人民出版社
承 印 厂：山西臣功印刷包装有限公司
开　　本：787mm×1092mm　1/16
印　　张：19.75
字　　数：300千字
印　　数：1-6000册
版　　次：2016年5月　第1版
印　　次：2016年5月　第1次印刷
书　　号：ISBN 978-7-203-09231-5
定　　价：86.00元

版权所有　翻印必究

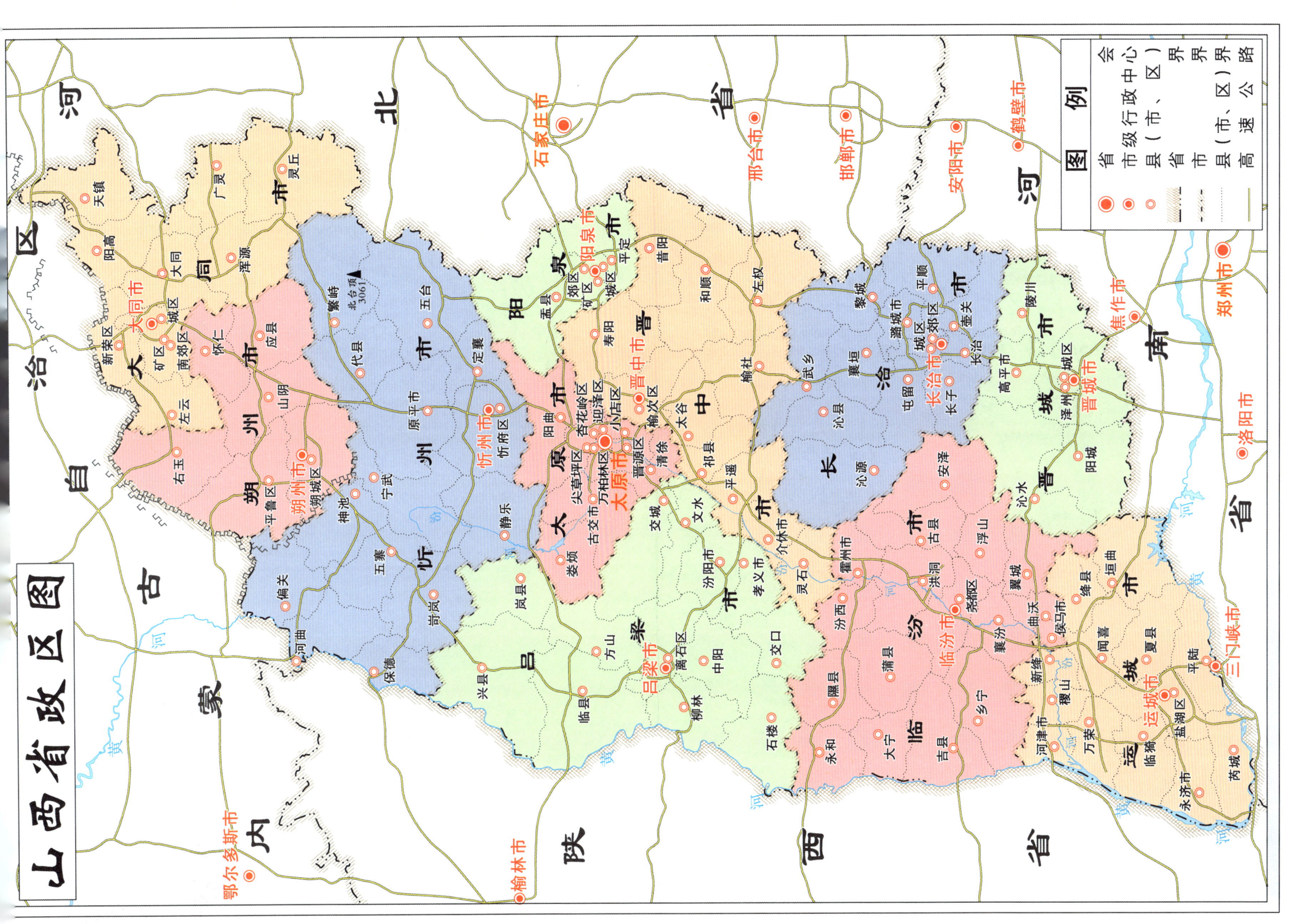